U0587998

本书系内蒙古师范大学高层次人才科研启动经费项目“当代资本主义股份资本性质及形态研究”（项目编号：2020YJRC027）成果之一

# 股份资本的私人性与社会性

## ——20世纪80年代以来美国现代公司治理

乔　涵◎著

# THE PRIVATE AND SOCIAL CHARACTERS OF STOCK CAPITAL:

## MODERN CORPORATE GOVERNANCE IN THE UNITED STATES FROM 1980S

**图书在版编目（CIP）数据**

股份资本的私人性与社会性：20世纪80年代以来美国现代公司治理/乔涵著．
—北京：经济管理出版社，2021.8
ISBN 978-7-5096-8221-0

Ⅰ. ①股… Ⅱ. ①乔… Ⅲ. ①企业管理—财务管理—研究—美国 Ⅳ. ①F279.712.46

中国版本图书馆CIP数据核字（2021）第169374号

组稿编辑：任爱清
责任编辑：任爱清
责任印制：黄章平
责任校对：王淑卿

出版发行：经济管理出版社
（北京市海淀区北蜂窝8号中雅大厦A座11层 100038）
网　址：www.E-mp.com.cn
电　话：（010）51915602
印　刷：唐山昊达印刷有限公司
经　销：新华书店
开　本：710mm×1000mm/16
印　张：16
字　数：279千字
版　次：2021年11月第1版 2021年11月第1次印刷
书　号：ISBN 978-7-5096-8221-0
定　价：88.00元

# 前言

在以跨国垄断资本作为最成熟资本形态的帝国主义时代，现代公司始终是最为重要、最为典型的资本组织形式。现代公司及其股份资本的矛盾运动规律是支配当代资本主义经济社会运动的基础力量之一，是理解当代资本主义发展规律及其未来发展趋势的重要方面。因此，本书研究的最终目的是揭示现代公司及其股份资本的矛盾运动规律。虽然既不能跳过也不能用法令取消自然的发展阶段，但现代公司治理的本质是如何能够缩短和减轻痛苦，即如何扬弃股份资本私人性与社会性之间的内在矛盾。

作为“许多资本”的特征之一，股份资本是对资本一般内在规定性的进一步展开。因此，资本一般私人性与社会性的矛盾在股份资本中获得了外部独立的实现形式。在这些实现形式中，资本私人性与社会性的矛盾找到了在其中借以实现和解决的运动形式，使股份资本获得了相较于个别资本的特殊的社会性质。具体来说，股份资本是比个别资本更加具有社会性质的资本形态，是使个别资本联合起来的有效形式，且股份资本的社会性质在其职能形态与虚拟形态相分离及其所有权与控制权相分离的双重过程之中被加强。但是，在资本主义私有制条件下，由个别资本向更具社会性质的股份资本的转化，依然局限于资本主义生产关系的界限之内。因此，股份资本是资本的社会性质与私人性质之间对立的消极扬弃，虽然它具有特殊的社会性质，但它依然是私人性与社会性矛盾的对立统一。

首先，资本私人性与社会性的内在矛盾在股份资本职能形态与虚拟形态的对立统一中获得了外部独立的实现形式，并进一步表现为其职能形态与虚拟形态存在形式上的对立和价值的偏离。一方面，它将股份资本私人性与社会性之间的内在矛盾转化为外部存在形式上的对立，并因此找到这一对矛盾在其中借以实现和解决的运动形式；另一方面，这并没有改变这一对矛盾的实质，也没有完成对这一对矛盾的积极扬弃，私人性与社会性之间的矛盾在股份资本职能形态同其虚拟形态的价值偏离中被表面化，并在这种偏离逐渐扩大的过程中不断被激化。在现实经济中，这种偏离可以表现为股票价格脱离其所能代表的实际资本价值而形成自身独立的运动。因此，股票价格泡沫形成与破裂的周期性过程，是私人性与社会性之间内在矛盾运动的结果，也是这一对矛盾进一步深化、激化、尖锐化的过程。自 20 世纪 80 年代以来，美国股票市场价格的波动和震荡变得愈加频繁和剧烈，且其波动周期不再与经济繁荣和衰退的周期高度相吻合。这些特征表明，由于美国在 1980 年之后股份资本虚拟形态价格同职能形态价值偏离的程度在进一步加深。因此，以之为表面化形式的股份资本私人性与社会性之间的内在矛盾也在进一步加深。

其次，资本一般私人性与社会性的内在矛盾在股份资本所有权与控制权分离的过程中获得了外部独立的实现形式。一方面，股份资本从两权合一走向两权分离是其私人性与社会性之间矛盾运动的结果；另一方面，在所有权与控制权的分离中，找到了私人性与社会性矛盾运动的方式，即将资本私人性与社会性之间的内在矛盾在股份资本中转化为其所有权主体与控制权主体之间的外部对立。并且在股份资本的两权分离中，对实际资本占有、支配、使用的权力同资本的私人所有权相分离，资本职能与资本私人占有权力之间直接的逻辑联系被打破，从而转化为一种具有社会化实现形式的资本职能。而自 20 世纪 80 年代以来，美国现代公司治理发生了从“经营者控制”到机构投资者干预主义和重新重视股东权益最大化的改变。在这种改变中，股份资本所有权与控制权在一个更为集中的集团手中实现合一，也就是股份资本导向了一个更具私人性的存在。而股份资本私人性与社会性之间的内在矛盾也在这一过程中不断被激化和加深。

无论是从 20 世纪 80 年代以来美国股份资本虚拟形态与职能形态的形式对立和价值偏离的现实特点来看，还是从其所有权与控制权从分离走向在一个更为集中的主体手中合一的现实过程来看，股份资本在现实逻辑中都导向了一个私人权力逐渐集中和膨胀的存在。一方面，对股份资本虚拟形态占有和支配的私人权力的膨胀使其虚拟形态同职能形态的偏离程度不断增强，波动也变得更为剧烈。而以这种偏离为表面化展现的私人性与社会性之间的内在矛盾，也在股份资本作为虚拟资本逐渐膨胀的私人权力同其作为社会化资本职能的对立中被不断激化。另一方面，在股份资本从两权分离走向两权合一的过程中，其所有权和控制权同时被更少数的资本集团所掌握。这样，对股份资本控制权的行使将基于更少数主体的更少的私人所有权，这不仅恢复了本来应在股份资本两权分离中所打破的实际资本控制权与私人所有权的直接的逻辑联系，也将与中小所有者对应的那部分控制权悉数转移到了同样作为私人所有者的大股东手中。也就是说，在控制权的归属上大股东完成了对中小股东的“驱逐”。这使股份资本获得了更加导向私人性质的存在，并且这种私人权力的行使局限于一个更为集中的经济主体手中。在这一过程中，股份资本丧失了其特殊的社会性质得以表现的可能性，而它的私人性质却得到了更为集中的复归。也是在这一过程中，它同时作为私人财富的性质和作为社会财富的性质之间的对立逐渐加深，即私人性与社会性的矛盾不断被激化。

乔 涵

2021 年 7 月 6 日

# 目　录

# 图目录

# 表目录

# 第一章

# 导 论

## 第一节 现代公司治理表象的背后

在资本主义生产方式及与之相对应的经济关系中，现代公司自出现以来就始终是资本最典型的组织形式。特别是当资本主义发展到垄断以后的帝国主义时代，代表着资本主义发展最成熟形式的跨国垄断资本的组织形式几乎都以现代公司作为一种典型的存在。这即决定了所有试图加入到世界资本竞争中的资本集团都必须以现代公司的形式组织起来。在当代资本主义世界中，美国代表着世界现代公司组织形式的最高水平。而自 20 世纪 80 年代以来，随着机构投资者干预主义的兴起以及金融危机频繁而剧烈地出现，美国的现代公司治理出现了一些新的变化。

首先，在第二次世界大战后，随着“经理革命”的发生，资本主义股份公司所有权和经营权相分离的状况愈加显著，股权分散化、多元化的发展不断使股份公司中股东的权力弱化，经营管理者地位不断增强，获取了公司的控制地位。然而进入 20 世纪 80 年代以来，随着机构投资者干预主义的兴起，在西方资本主义股份公司内部发生了作为机构投资者的大股东同公司经营者对公司资本控制权争夺的博弈以及公司实际资本控制权归属的改变。以美国为例，在第二次世界大战后，以商业银行、保险公司、基金公司为主体的机构投资者得到了迅速发展，逐渐成为大型股份公司的主要持股人。特别是自 20 世纪 80 年代以来机构投资者股东持股比重逐渐超过个人股东持股比重，并迅猛发展起来。截至 2017 年，美国华尔街指数投资基金的三巨头——黑石集团（Blackstone）、美国先锋集团（Vanguard）和美国道富集团（State Street）成为了 40%美国上市公司的最大股东，这些美国上市公司包括苹果、微软、通用电气和可口可乐。在标普 500 公司中，这一现象表现得更为极端。它们作为一个整体，是 90%标普 500 公司的最大单一股东。由于机构投资者持股具有集中持股比例较高、单向持股和持股稳定性较强的特征，机构投资者很容易对主要大型股份公司进行控制并参与决策。

其次，虽然 2008 年国际金融危机已经过去 10 余年，但局部的资本市场危机和金融动荡却此起彼伏。从 2010 年的欧洲主权债务危机到 2011 年的西班牙银行危机，从 2014 年的原油价格暴跌到俄罗斯卢布大规模贬值，再到 2015 年中国资本市场的异常波动和 2018 年中美贸易摩擦带来的全球股市暴跌，无一不警醒我们在金融全球化和金融创新长足发展的今天，资本市场不稳定和金融动荡依然是全球经济发展的威胁。以 2008 年的金融海啸为例：在危机爆发前夕，2007 年美股总市值超过了 GDP 总量，居民房产总值也超过了 GDP 总值。由于信贷被逐渐放松的同时金融监管力度不高，与房产相关的金融衍生产品层出叠见。再加上推出资产证券化的一系列工具之后，与房产相关的金融衍生产品占据了美国资本市场的绝大部分，在被金融机构大量购买之后，将其进行层层打包并上市。在 2008 年金融海啸中，美国金融市场在次级贷款的基础上进一步发挥了创造力，超万亿美元的住房抵押贷款支持债券（MBS）、担保债务凭证（CDO）和信贷违约掉期（CDS）充斥于市场的每个角落。在美国的个人金融资产中，金融衍生产品的比例达到 70%以上。随着整个市场的愈发繁荣，对金融市场交易主体的要求也进一步放松，许多不具有偿还能力、信用等级较差的交易主体也被纳入到贷款名单之中。而这些不良债务通过证券化（Securitization）的方式，使全球市场被传染。最终，债务链条逐节崩断，信用大幅紧缩，引发了整个经济体系的震荡。

从表象上来看，这些变化只是公司内部利益集团博弈的结果。而从本质上来看，这些变化足以在现代公司治理中发生某些质的改变。因此，对以美国为代表的现代公司治理的研究，特别是对 20 世纪 80 年代以来美国现代公司治理新变化的研究，能够对资本主义条件下现代公司治理的演进规律进行归纳，并以此指导我国社会主义市场经济建设过程中的现代公司治理改革，以期在日趋激烈的国际资本竞争中立于不败之地。在对现代公司治理的演进规律进行归纳的过程中，必须深入到本质性的联系之上，找到现代公司治理中包含最丰富经济关系的范畴作为研究对象，并以此来对美国现代公司治理中的积极与消极之处进行归纳。特别的是，将其置于 20 世纪 80 年代以来在美国现代公司治理中出现新变化的社会历史条件下，探索其运动的规律和发展的方向。因此，这里研究的现代公司治理，治理的对象不仅停留于股份公司运营管理的层面，而且还要考察股份公司内部经济关系层面上的现代公司治理，即治理的对象是股份资本私人性与社会性之间的内在矛盾。

以此为基础，试图考察以下两个层次的问题：第一个层次的问题是自20世纪80年代以来，美国现代公司治理发生了哪些新的变化？这包含两个具体性的问题：其一是探索股票作为股份资本的虚拟形态，其价格背离其所对应真实价值的过程和机理，并说明这种背离和膨胀可能带来的繁荣和危机。重点是通过对股票价格决定因素的研究，考查20世纪80年代以来美国股票价格与其所对应的真实资本价值是否发生了偏离，且同20世纪80年代以前相比，其偏离的规律和程度如何？其二是随着机构投资者干预主义的兴起，美国现代公司内部利益集团之间展开了斗争及对公司控制权的争夺，这使美国现代公司的治理结构同第二次世界大战后初期相比有了一些新的变化。本书所要考察的即是在这一系列的变化之中，公司资本所有权和控制权的分离趋势是更加明显还是有所减弱？并以此为基础分析自20世纪80年代以来美国股份资本是随着所有权和控制权更大程度的分离而更加具有社会性质，抑或是随着所有权和控制权分离程度的减弱甚至合一而使其私人性获得极大程度的回归？这两个具体问题的背后都同时对应着一个更为本质性的问题，也即本书所考察的第二个层次的问题：20世纪80年代以来，在以上述两个具体问题作为外化表现的美国现代公司治理的新变化中，股份资本私人性与社会性的矛盾是趋于缓和还是更加激化了？这是要被考察和回答的一个核心问题。而在资本主义私有制条件下，现代公司治理中的一切问题与对立，从生产关系的视角来看，其本源都是股份资本私人性与社会性这一对矛盾的外化和表现。因此，对这一核心研究问题的解答，可以在认清资本主义现代公司治理矛盾运动规律之基础上，探索私人性与社会性矛盾运动在20世纪80年代以来美国现代公司治理中的发展程度。

总之，在牢牢抓住股份资本私人性与社会性及其矛盾运动这一核心研究对象的基础上，构建对现代公司治理问题的研究框架。这一研究框架的核心在于，公司治理的对象不再仅仅停留于股份公司运营管理的表面，而是考察股份公司内部经济关系层面上的现代公司治理，即治理的对象是股份资本私人性与社会性之间的内在矛盾。进一步地，通过选取股份资本的职能形态与虚拟形态和股份资本所有权与控制权的合一与分离作为两对中介范畴，来对20世纪80年代以来美国股票市场泡沫与危机和现代公司内部治理结构的变化进行现实考察，并以此为基础分析股份资本私人性与社会性的矛盾在 20 世纪 80 年代以来美国现代公司治理中的发展情况及其可能的演进方向。

# 第二节 现代公司治理与股份资本
## ——概念辨析与研究现状

## 一、现代公司治理问题——概念、经济理论与治理对象

学术界关于现代公司治理问题的研究可谓汗牛充栋，其中，涉及经济学、法学、政治学等多个学科的成果。在这里，主要以经济学视角对它们进行系统性梳理，从现代公司治理的概念、经济理论基础、治理的对象及目的等方面对国内外现有文献进行综述。另外，将涉及美国现代公司治理结构、机制、演进的文献进行归纳，以期全面了解有关这一问题的研究现状及前沿。

### （一）现代公司治理问题的提出及其概念辨析

关于现代公司治理问题的提出，一个主流的观点是：对公司资本所有权与实际控制权的相互分离是现代公司治理问题提出的现实基础。其实，关于公司治理问题的研究可以回溯至亚当·斯密时期，在其 18 世纪经典著作《国民财富的性质和原因的研究》一书中，他已注意到所有权与控制权在股份公司中相互分离，以及由此可能导致的不同利益集团的冲突和委托代理问题。[①] 此后，马克思也关注到了股份公司中所有权与控制权相分离的趋势，并以此为基础讨论了在这一过程中财富同时作为私人财富的性质和其作为社会财富的性质之间矛盾的消极扬弃。[②] 正式提出现代公司治理中两权分离问题的是伯利和米恩斯。在他们的著作《现代公司与私有财产》一书中，他们对美国大型公司中所有权与控制权相分离的情况进行了详尽考察，并指出所有者与控制者之间

---

① ［英］亚当·斯密．国民财富的性质和原因的研究（下卷）［M］．郭大力，王亚南译．北京：商务印书馆，1974：303.

② 中共中央马克思恩格斯列宁斯大林著作编译局．马克思恩格斯全集（第二版）（46）［M］．北京：人民出版社，2003：498-499.

可能的利益冲突，特别是在“强管理者，弱所有者”的情况下，公司管理者凭借其控制地位对所有者的“驱逐”及对股东利益的损害（Berle and Means，1932）。以此为基础，Jensen 和 Meckling（1976）将其发展成为委托代理理论，认为在大型公司中，股东与公司经营管理者之间存在着代理关系，并且这种代理关系的形成以契约关系作为基础。在代理关系中，代理人（管理者）基于被代理人（股东）的利益执行决策服务。在此过程中，被代理人需要让渡部分决策权给代理人。当双方利益发生冲突时，代理人凭借其决策权而并非按照实现被代理人的最好利益行事就成为可能。进一步地，钱德勒对美国经理式管理企业进行了研究并提出了“经理革命”的概念。他认为在这类企业中，科层制管理模式逐渐代替了个人式管理模式，企业的经营决策和生产计划都通过这一多部门的组织结构来进行（Chandler，1987）。此时，在股权及其分散的情况下，公司的实际控制权已经几乎全部由所有者手中转移到了主要由经理人员所组成的公司管理者手中，而所有者仅仅保留了其享有一部分公司利润的权利（Lazonick，1993）。在这种情况下，由于所有者控制权地位的丧失，因此，他们无力左右公司决策，而公司管理者则有可能在其行使控制权时由于目标不一致而对所有者利益构成损害。Oliver Hart（1995）认为，当存在代理问题并且交易成本大到代理问题不能通过契约来解决时，公司治理问题就必然在一个组织中产生。所以，在公司所有权与控制权相分离的情况下，股东同公司经营管理者之间的委托代理问题以及不同利益集团之间的利益冲突问题是直接导致现代公司治理问题出现的关键，也是现代公司治理中的核心问题。

也有学者认为，现代公司中所有权与控制权并未完全分离，并不存在绝对意义上的委托人与代理人之间的利益冲突和矛盾。Andrei Shleifer 和 Robert Vishny（1997）通过对世界财富 500 强企业所有权与控制权分离情况的研究发现，在大部分公司中都存在大股东，即股权并未分散到不存在任何具有相对较多持股比例大股东的地步。在这种情况下，大股东同时掌握着公司的所有权与控制权，而两权分离并不是在大型公司中具有普遍意义的基本特征。La Port 等（1998）对全球 27 个发达国家中大型公司两权分离情况的研究也得出了相似的结论。从这一派观点来看，如果大型公司中依然存在具有相对较高持股比例的大股东，那么所有权与控制权在大股东手中就并未分离。这时公司管理者只是作为大股东的代表而存在，大股东在公司运行和管理决策中占据实际的控制地位。一方面，大股东基于其私人所有权以实现利润最大化作为唯一的动机和目的；另一方面，他们又能在事实上完全掌握公司经营决策的控制权，这样，同时作为所有者和控制者的大股东就能够保证公司的经营决策始终围绕利润最大化的目标而进行（Andrei Shleifer and Robert Vishny，1997）。因此，他们认为大股东的存在和公司管理者从属于大股东的地位，决定了所有者与控制者之间的利益冲突以及委托代理问题是子虚乌有，因而也不能作为公司治理的核心问题。然而也有观点认为，大股东的存在并不能很好地化解委托代理问题。当大股东仅仅起到对公司经理人的监督作用而非真正实际参与公司的经营决策时，那么这无非是把经营的风险转移给了经理人，而并未保证公司在运行过程中将实现股东利益最大化作为首要的目标（Jensen and Murphy，1990）。因此，依然需要建立有效的公司治理机制以确保股东利益的实现。也有学者认为，虽然大股东的存在能在一定程度上化解股东与管理层之间的委托代理问题，但在大股东存在的情况下，作为附属的管理层与大股东之间往往通过合谋而获取利益的一致性。因此，这里的核心问题并不是股东作为一个整体而与公司经营管理层之间的委托代理问题，而是大股东（及其与管理者的合谋）对中小股东的利益侵害问题（Mary A. O' Sullivan，2000；La Porta et al.，1999；唐英凯、赵宏宇，2006；朱伟一，2014）。

总体而言，现代公司治理问题是在两权分离的背景之下提出来的，根本目的是为了讨论当公司管理者获得公司实际控制权后，如何有效约束作为代理人的职业经理人的行为以保证所有者的权益不受侵害，即现代公司中所有者和经理人之间利益一致的协调及代理问题的解决。

目前，学术界并未形成对现代公司治理这一术语的统一界定。大体而言，主要有以下三种界定方法：一是将现代公司治理的概念区分为广义的公司治理和狭义的公司治理（何自力，1999；赵增耀，1998；毕克新、高岩，2008）。狭义的公司治理是指在公司内部形成的某种组织结构。一般而言，这种组织结构由股东大会、董事会、职业经理人等组成。广义的公司治理则把其当作是公司作为一个整体的安排，包括文化、法律和制度等方面。二是将现代公司治理视为决策职能、监督职能与经营执行职能之间的权力制衡，即股东、董事会、职业经理人之间的权力制衡（厉以宁、曹凤岐，1999；吴敬琏，1994；李淑珍、刘刚，2008）。三是将公司治理视为一种制度安排（Colin Mayer，1995；青木昌彦、钱颖一，1995）。总体而言，上述关于现代公司治理的界定都是围绕在两权分离背景下公司内部的代理关系而展开的，其核心都是关注在现代公司运营过程中委托代理问题的解决，以及委托方和受托方之间的利益分配问题。也就是说，在已有界定中，无论公司治理是作为一种制度安排、权力制衡机制还是一种组织安排，都是围绕化解在现代公司所有权与控制权相分离的情况下，公司内部不同利益集团之间的利益冲突和委托代理问题，以及由此衍生出的信息不对称、财务造假、股价泡沫、滥用控制权等一系列问题。

## (二) 经济学基础

目前主流的关于现代公司治理问题的研究大多以新古典主义经济学作为其理论基础。其中，最为核心的理论基石是有效市场假说。在新古典主义经济学的研究框架中，自由市场被奉为实现资源最优配置的唯一有效手段。在自由市场中，每个个体作为“理性经济人”的行为决策都是独立最优解。因此，在完全有效市场中通过自由交易可以形成最有效率的均衡价格，此时并没有公司组织存在的必要性。而科斯认为，在不完全有效的市场中，交易成本的产生决定了公司组织存在的必要性。[①] 因此，在科斯看来，公司组织存在的最大意义在于交易费用的节省。因此，当交易成本较高时，股东会把决策权甚至一部分支配权让渡给公司董事会来监督、制约公司的直接管理者——职业经理人的行为，以保证自身利益不受侵害。

即便如此，在现代公司治理的主要制度安排之中依旧坚持市场主导，这一点在美国的现代公司治理中表现得尤为明显。具体而言，虽然现代公司组织形式的出现是减少不完全市场所带来的交易成本，而在构建现代公司治理结构和解决现代公司治理问题时，所依靠的仍然是市场的有效性，即主要利用外部市场控制来实现公司治理模式的构建。其中，最具代表性的是公司控制权市场机制（“华尔街法则”）以及资本市场“用脚投票”机制（谢冲，2003；包睿，2008；何自力，1998）。并认为市场主导是实现公司有效治理的根本性方向，因而形成一整套新古典式的公司治理模式。这一模式的主要特点表现在以下两个方面：一是高度分散的股权，极强的市场流动性，主要由以公司控制权市场和资本市场为主导的外部控制来实现公司治理，体现为一种外部市场治理；二是公司治理的目标是实现股东价值的最大化，即遵循“股东至上”的基本逻辑（李俊江、李晗和盛冰樨，2003）。

另外，新古典主义经济学框架下的公司治理极其强调股东利益的实现，带有强烈的股东主权主义色彩（李秀萍，1999）。这种新古典的股东治理观强调

① ［日］佐藤孝弘．社会责任对公司治理的影响——美国、日本、德国的比较［J］．东北大学学报（社会科学版），2009（5）：436.

对实现股东利益最大化目标是唯一追求，并认为在现代公司中，由于股东承担着“剩余风险”，因此公司治理应该为其他利益相关者对股东利益损害的一切可能性提供解决方案。尽可能化解所有者与控制者之间的利益冲突使其尽量趋于一致从而降低代理成本，或是在公司治理中健全监督机制和信息披露机制从而降低股东利益受损的可能性。总之，这类观点强调在公司治理中将实现股东利益最大化作为最终目标，并且认为股东利益最大化的实现必然意味着社会财富最大化的实现（李青，2008）。

### （三）现代公司治理对象和目的研究

关于现代公司治理对象的研究，一个主流的观点认为，现代公司治理的核心对象就是当所有权和控制权相分离时可能产生的委托代理问题，即在两权分离的情况下公司管理者对所有者的“驱逐”问题及其可能带来的股东利益损失（Jensen and Meckling，1976；楚金桥，2002；李维安，2002）。Jensen 和 Meckling（1976）认为，在公司组织内部最为核心的契约关系就是股东同职业经理人之间的委托代理关系。在这种委托代理关系之中，股东作为委托人将一部分决策权下放给作为代理人的职业经理，并让他们按照实现股东利益最大化的目标经营公司。由于委托人和代理人之间的私人利益目标并非时刻一致，因此，代理人完全有可能出于自身利益的实现而做出损害股东利益的行为。对这种代理成本的约束，就是现代公司治理的核心对象。李维安（2002）也认为，公司治理问题的提出在于股东与管理层之间信息的不对称性和契约的不完备性，因此，公司治理的对象就在于如何对公司经营管理者进行监督并实现权力的制衡，以解决由于信息不对称和契约不完备所带来的各种委托代理问题。

也有学者认为，现代公司治理的对象不应仅局限于股东与公司管理者之间的委托代理问题，还应该关注同样作为所有者的大股东对中小股东利益的掠夺问题（唐英凯、赵宏宇，2006；黄磊、闫存岩和孟宪伟，2008）。Shleifer 和 Vishny（1997）首次提出，在代理人的决策行为能够被有效监督的条件下，公司治理应该更加注意的对象是作为控股股东的公司最终控制人对小股东以及其他利益相关者利益的掠夺。La Porta 等（1999）认为，在大型公司中作为最终控制人的大股东通常能够凭借其控制地位获取各种私人收益，包括通过各种隐蔽的方式和关联交易对公司的利润或资产进行转移。Johnson 等（2000）将这种最终控制人资产转移行为称作“隧道行为”（Tunneling），把由此产生的效应称为“隧道效应”。他们认为，当一家公司存在具有相对较高持股比例的大股东时，这些大股东作为最终控制人与中小股东之间存在着显著的委托代理关系。

还有学者认为，公司治理的对象还应包括股东同公司其他利益相关者（如债权人和公司一线职工）之间的利益冲突。刘永谋、周金泉（2006）认为，在现代公司中，股东通过对公司其他利益相关者利益的剥夺也能够获得某些私人收益。因此，公司治理的对象不应仅限于股东同管理层之间的委托代理问题，也要关注股东可能对其他利益相关者的掠夺，以此保证每个人都能够从公司中得到公平的回报。

关于现代公司治理目的的研究，主流观点认为，现代公司治理的目的就是实现股东利益的最大化，即保证在两权分离中公司管理者完全按照股东最优利益实现公司运营（Willamson，1984；徐明、杨柏国，2010；Alfred Rappaport，1986；Tirole，2001）。Willamson（1984）用交易费用的方法对企业契约关系进行了研究，他认为，在公司的诸多利益相关者中，只有股东的利益是无法通过市场定价和有效契约来保证的，因此，需要董事会对其提供公司治理服务才能保证股东利益的实现。在此框架之下，实现股东利益的最大化就作为公司治理的唯一最终目标而成为现代公司治理不容动摇的信条（Lazonick，1999）。一切公司治理的手段（包括公司制度安排、法律手段等）都围绕这一目的进行。

也有学者指出，这种以实现股东利益最大化为目标的股东中心主义的公司治理很可能异化为股价至上主义，进而导致投资者与经营者行为的短视并为财务造假提供了充足的动机（卞江，2010）。对股东利益至上的公司治理目的的批判远不止于此。还有学者认为，把股东利益最大化视为公司治理的唯一目的的治理理念本身存在着巨大的缺陷。这种唯股东利益马首是瞻的治理理念将直接干扰公司按照技术规律和生产规律从事企业经营（沈越，2002；Lazonick and O' Sullivan，2000）。因为在以唯股东利益最大化为目标的公司治理中，只有当引进新技术带来的成本削减能够弥补已投资资本的贬值时，企业才会选择投资科技创新（Oskar Lange and Fred M. Taylor，1938）。

在此基础之上，一些学者提出了利益相关者理论，即认为现代公司治理的目的不应仅仅局限于对股东价值最大化的追求，而应该将公司其他利益相关者的利益实现纳入到公司治理的目标之中（Blair，1995；乔学华等，2006；崔之元，1996）。其中，最具代表性的是Blair（1995）主张将利益相关者纳入到公司治理的框架之中。她认为，“公司是一种治理着的专业化的制度安排，……

即雇员、贷款人、供货商都可以（并且经常是如此）做出专业投资，这些投资与股东们的投资一样面临完全的风险。所有在企业从事的业务活动中做出特殊投资的各方，都事先假定并期望他们能从企业内部这些资产的联合运用所创造的利润中获得相应份额的收益”。[①] 即现代公司组织是由地位平等的不同利益相关者构成，股东只是其中的一个部分，公司经营管理者进行的公司实际生产和经营活动要顾及所有利益相关者利益的实现（包括股东及其他的利益相关者）。此外，基于对大小股东之间委托代理问题的研究，一些学者认为公司治理的目的不应仅限于股东利益最大化或是利益相关者利益的实现，而应该包含保护中小股东免受大股东剥夺的目标。也就是说，在公司治理中应该关注并实现“外部人”（中小股东）利益免受“内部人”（大股东、管理者或两者的利益联合体）侵害的问题（刘永谋、周金泉，2007；朱伟一，2014）。

然而，即使学术界涌现许多对股东价值最大化作为公司治理唯一目标的批评，但这并不妨碍股东至上主义依旧是公司治理目的的主流。特别是在美国的公司治理中，其治理结构和治理机制的安排，甚至是现代公司治理的社会监督手段和法律手段都紧紧围绕以实现股东利益最大化为最终目标。公司治理致力于解决股东与公司经营管理者之间的委托代理问题和利益冲突问题，以确保公司管理者实际控制的生产和经营活动与股东的利益相一致及股东利益最大化目标的实现。

### （四）美国现代公司治理结构、机制及演进的研究

一般认为，在当代资本主义世界存在两种公司治理模式：一种是以美国和英国为主要代表的市场导向型模式（Market-Oriented System），另一种是以德国和日本为主要代表的组织控制型（Netword-Oriented System）或关系控制型模式（Moerland，1995）。在这里，主要梳理关于美国现代公司治理模式的研究文献，从美国公司治理的结构、机制和演进过程等方面大致考察关于美国现代公司治理研究的成果。

关于美国现代公司的治理结构，学界有两种说法：一种说法认为美国现代公司治理是“一元治理结构”（戴德明、夏鹏，2004；沈越，2002）或“单层治理结构”（鲍睿，2008）；另一种说法认为美国现代公司治理是“二元治理

① 程秀生，曹征．利益相关者共同治理现代企业的法律经济学价值［J］．国外理论动态，2008（4）：45.

结构”（叶祥松，2001）。但不论是哪一种说法，实际上所描述的都是同样一种治理结构：公司内部结构由股东大会、董事会和职业经理人组成，公司董事长一般兼任首席执行官。股东大会是公司最高权力机构，公司一切重大决策和人事变动都需获得股东大会的批准和认可，并由股东大会选出董事会成员并组成公司实际生产经营的决策机构。董事会主要由独立董事或外部董事组成，并下设审计委员会、报酬委员会和提名委员会，即在公司的机构设置上并不设有独立的监事会，而是由董事会同时承担业务执行职能和监督职能（叶祥松，2001；纪显举，2003；邹树平，2008；沈越，2002）。这也是美国公司治理结构同德国与日本公司治理结构最大的不同。在德日公司治理结构中，存在与董事会平行的监事会独立执行监督职能（李青，2008），而在美国的公司治理结构中，监督职能和业务执行职能同时由董事会承担。

现代公司治理机制分为内部治理机制和外部治理机制两个方面（安丰明，2008；张资，2010）。其中，内部治理机制是指对公司内部管理者（包括董事会和职业经理人）的监督和激励机制，目的主要是通过内部控制化解由股东同公司管理者利益不一致导致委托代理问题。外部治理机制是指通过外部市场机制来实现对公司管理者的监督，倒逼管理者尽量按照实现股东利益最大化的目标进行经营决策。

美国现代公司的内部治理机制由对管理者的监督和激励两个维度构成（张钢、陈佳乐，2014）。对管理者直接的监督机制主要是独立董事制度。由于在美国公司中不设监事会，董事会承担着监督经理人的职能。独立董事一般由擅长公司经营的非股东出任，他们与公司没有任何经济联系，处于绝对中立的地位。因而主要由独立董事组成的董事会能够相对独立、公平，且权力不再过于集中，从而加强对经理层的监督，尽可能维护股东利益不受侵害（李青，2008；洪功翔，2009）。因此，独立董事制度的意义就在于当经理人与股东利益出现分歧之时，他们应当极力保护股东利益，尽量避免股东利益受损（安丰明，2008）。但也有学者认为，因为独立董事缺乏为实现股东利益最大化而行动的充分激励，所以独立董事制度并没有实现其设立的初衷（Robert C. Clarke，1999）。并且其独立性的缺失或同管理层的合谋会严重威胁到股东利益的实现（庞冲、谭昵，2010；杨得前，2004），甚至成了经理人的橡皮图章，很难对其实现监督和制约（张云来，2006）。美国现代公司治理中对公司管理者的间接监督机制主要有两个：一是机构投资者积极主义，二是双层股权制度的实施。这两种监督机制发挥作用的本质都是重新赋予股东对公司实际生产和经营决策的控制权，以削弱公司管理层的权力或对其形成制衡，从而解决由所有权与控制权分离而导致的委托代理问题。机构投资者积极主义的兴起使机构投资者作为现代公司的大型所有者逐渐参与到现代公司的治理之中。凭借其相对于个人投资者的优势以及使“用脚投票”成为下策，机构投资者在现代公司治理中能够很好地发挥对经理人的监督作用，从而实现有效的公司治理和股东财富的增加（Nesbitt，1994；Michael P. Smith，1996；董华春，2003）。但也有学者认为，机构投资者干预主义的兴起使公司的所有权与控制权重新集中于私人所有者手中，机构投资者作为大股东可能与公司管理者形成合谋而侵害中小股东的利益（何自力，1997；O' Sullivan，2000）。双层股权制度是指不同于单一股权结构下的“一股一票”表决制度，通过向公众投资者发行无投票权股票，或向公司创始人发行享有数倍于普通股表决权的特殊投票权股票（高菲，2018），以此来避免由于股权的分散而导致的公司管理者对所有者控制权的“驱逐”。其本质是通过法律手段使在股权分散条件下公司的控制权依旧掌握在股东手中，以使所有权与控制权重新回归股东手中，以此解决委托代理问题。关于双层股权制度的优劣在学界褒贬不一。一些学者认为，不论是发行“一股一票”的同等投票权股票，还是发行具有特殊投票权的股票，都是市场选择和自由契约的结果，不需要加以干涉。市场选择就是能够实现帕累托改进的行为，有利于减少代理成本（Easterbrook and Foschel，1996；马立行，2013）。而 Louis Lowenstein（1989）对此进行了尖锐的指责，他认为由于证券市场信息的不对称性，普通投资者很难对证券价值进行正确估算。因此，不能仅靠市场选择来实现所有人利益的最大化。相反，在双层股权制度下，发行者很有可能利用信息的不对称性损害大众投资者的利益。此外，在双层股权制度下，不仅可能赋予股东以较少的持股比例而获得公司的控制权，并且这种情况也极有可能发生在管理层身上，即管理层凭借极少的持股比例而掌握公司的控制权，这将更加不利于对管理层行为的监督和委托代理问题的解决（张舫，2012）。

在美国现代公司治理中对管理者的激励机制主要是通过薪酬激励，特别是股票期权激励实现（卞江，2010）。股权激励制度使公司经理人同股东的利益趋于一致，从而尽量缓解两者之间可能产生的利益冲突，以此来降低代理成本和解决委托代理问题（洪功翔，2009；余兴厚，2003）。然而这种激励机制也受到了尖锐的批评，并被认为它为职业经理人财务造假、股市投机等提供了充足的动机。一些学者认为，股票期权作为一种高收益低风险的单边激励机制，直接导致了经理人股票价格至上的经营理念，这助长了其在经营决策过程中进行高风险的短期行为，并使投机大行其道，使股东至上主义异化为股价至上主义，导致经理人短视化行为特征和财务造假成瘾（卞江，2010；张云来，2006；杨得前，2004）。

美国现代公司外部治理机制的核心是通过外部市场机制来实现对公司管理者经营决策行为的监督和约束，包括证券市场的约束、公司控制权市场的竞争、经理人市场的竞争（张义忠，2003）。首先，证券市场价格变动是在股权极度分散的条件下，对公司管理者行为进行约束的基础手段。在流动性极强的有效金融市场中，投资者对公司经营情况的判断能够直接灵活反映在股票价格的涨跌上，并以此来约束对公司管理者的行为，从而形成公司治理的外部机制之一（包睿，2008；曲扬，2010；管仁勤、李娟娟，2003）。由于股权极度分散，投资者“用脚投票”和“搭便车”的现象极为普遍，因此所有者通过证券市场对公司管理者的影响只是暂时的，并且很有可能助长公司经理人决策行为的短期化和股价至上主义（沈越，2002；曲扬，2010）。其次，在公司外部的控制权市场和经理人市场的竞争中，并购的威胁和公司代理权争夺有助于提高公司信息公开的透明度，并且能够倒逼公司管理者在执行经营决策时提高效率，更好地为实现股东利益最大化的目标提供公司治理服务（连建辉、傅明华，2002；安丰明，2008；姜华未，2001）。但也有学者认为，公司控制权市场和经理人市场作为现代公司的外部治理机制也存在一定的局限性，例如，公司控制权市场无法有效运作的问题和经理人绩效衡量的问题（谢冲，2003）。此外，立法手段和社会监督也是美国现代公司外部治理机制的重要组成部分。

一般认为，美国现代公司治理模式的演进大体经历三个阶段：第一阶段是古典的私人股东主导的公司治理模式；第二阶段是职业经理人主导的公司治理模式；第三阶段是机构投资者主导的公司治理模式（张清、严清华，2005）。这三个阶段分别对应着由“私人股东导向型”到“经理人导向型”再到“机构投资者导向型”的转变，也对应着现代公司所有权与控制权从合一到分离再到重新合一的过程。在这三个发展阶段中，美国现代公司治理主要经历过五次重要的制度变革：第一次变革是从自由企业制度到监管型社会的来临；第二次变革是独立董事和董事会中心主义的兴起；第三次变革是利益相关者理论和对上市公司社会责任的关注；第四次变革是机构投资者积极主义的兴起；第五次变革是《萨班斯-奥克斯利法案》的颁布（李凯，2008）。纵观历次变革，大体方向都以保护股东利益、实现股东利益最大化，从而解决委托代理问题为最终目标。因此，可以认为，美国现代公司治理的演进过程就是在不同的社会历史条件下通过公司治理机制解决委托代理问题的过程。

从世界范围来看，一个主流的观点认为，现代公司治理市场导向型的英美模式和组织控制型的日德模式存在明显的融合趋同趋势。具体表现为：英美模式开始强化对所有权的约束并强化了机构投资者作为大股东对公司治理的参与，同时加强了对信息披露和中介机构的监管。而日本和德国在公司治理模式中则开始偏向市场导向，增强股权的市场流动性，通过强化外部资本市场实现对公司经营管理者的外部约束，以达到实现股东利益最大化的目的（娄淑志、宫玉松，2004）。因此，从总体上来看，这种公司治理模式在世界范围内的趋同主要是日德组织控制公司治理模式逐渐向英美市场主导公司治理模式的靠拢，即日德模式的日渐衰微和英美模式逐渐成为主流。因此，在这里所重点研究20世纪80年代以来的美国现代公司治理也可以被认为是整个资本主义世界公司治理模式的主要代表。也有学者从经济全球化的角度说明公司治理模式在世界范围内的趋同（Coffee，1999；Khanna et al.，2002）。还有学者发现，这种世界范围内公司治理的趋同在各国公司法的趋同中表现得更加明显。Hansmann和Kraakman（2001）指出，各国公司法正在走向趋于股东导向的趋同，这更加清楚地表明公司治理模式正在向着市场主导和股东主导的英美模式单向运动。但是，依然有学者强调各国公司治理模式演进的路径依赖，认为由于政治制度和社会文化的差异各国的公司治理模式依然会保持鲜明的特色（La Porta et al.，1999；Guillen，1999）。

总体而言，目前国内外学术界关于现代公司治理问题的研究都是以新古典主义经济学作为理论基础，重点解决在现代公司所有权与控制权相分离的情况下可能产生的委托代理问题，即通过公司治理机制的完善来避免公司管理者对股东利益的损害。但这些研究始终局限在现代公司作为一个表面经济形式的治理本身，所关注的也仅仅是以委托代理问题为核心的公司治理中的表面问题。这种表面化具体表现为以下三个方面：一是以追求股东利益最大化作为现代公司治理的最终目的。尽管利益相关者理论的提出使人们开始意识到对公司其他利益相关者利益实现的保护，但实现股东利益最大化的治理目的却丝毫没有被动摇。这固然是新古典主义经济学的传统，但股东利益最大化的实现也是公司治理的一个极其表象化的目的，丝毫没有触及资本主义公司的本质——榨取剩余价值以及由此产生的不平等的经济关系。二是以现代公司中的委托代理问题，特别是股东与公司管理者之间的委托代理问题作为研究对象。尽管也有研究涉及大股东（及其与公司管理者的合谋）对中小股东利益的掠夺，但也仅仅停留在它作为一个表面经济问题的研究，而丝毫没有触及资本主义公司中的实质性矛盾——股份资本私人性与社会性之间的矛盾以及由此产生的现代公司中的阶层对立。三是由于对现代公司治理对象和目的认知的表面化，直接导致已有研究对美国现代公司治理结构、机制、演进和相关问题的研究也仅仅停留在将其作为一个表面经济形式的治理结构和治理机制的研究，从而进一步导致了对这种治理结构和机制中存在问题的研究也趋于表面化，并未探求这些问题背后所对应的本质性矛盾。当在一个更为抽象的层面重新界定现代公司治理的对象、目的，并重新看待美国现代公司治理结构、机制及其存在的问题之时，将得到一些更为一般性的结论，并构建一个不同于现有研究的理论框架。

对现代公司治理问题进行一个更加本质性的研究要求重新在一个更加抽象的层次上界定这一问题研究对象，进而探讨其中包含的某种一般性的、本质性的联系。也就是要选取在现代公司中最能够体现经济关系的范畴作为研究对象展开对现代公司治理问题的研究。在现代公司中，包含最丰富经济关系的经济范畴当属现代公司的资本，即股份资本，且其私人性与社会性的对立统一代表着现代公司治理中一切具体现实问题的一般的规定性。因此，在本书的研究中，现代公司治理问题的研究对象是股份资本及其私人性与社会性的内在矛盾，以及由此衍生出的一切矛盾和对立；且现代公司治理的目的也不再是单纯地实现股东利益的最大化，而是对股份资本私人性与社会性矛盾的调和与化解。因此，在正式的研究开始之前，同样有必要对已有的关于股份资本研究的文献加以梳理，掌握学界关于股份资本研究的共识和前沿内容，并在此基础之上展开进一步研究。

## 二、股份资本的存在形式、功能及演化

学术界关于股份资本理论的研究大体可分为三个方面：一是对股份资本的二重性质及其存在形态的研究。这一部分的研究大多以马克思的股份资本理论为基础展开，以资本一般的二重性质为起点，讨论股份资本二重性质的一般性及特殊性，并在此基础之上研究股份资本存在形态的矛盾及对立，剖析资本市场不稳定的根源。二是对股份资本功能及作用的研究。这部分文献大多通过对股份制分别作为资本组织形式和企业组织方式的研究，分析股份资本的宏观社会功能及微观主体作用，涉及亦正亦反两个方面。三是对股份资本的产生、发

展和演进的研究。这部分文献大多从时间维度展开对股份资本形成基础、发展轨迹、形态演进的研究。这部分的研究或以资本社会化进程为轴、或以资本主义发展阶段为界，探讨股份资本在时间维度上的存在、地位、演变和发展，并对当代股份资本发展的新特点进行了初步探索。

## （一）股份资本的二重性质及其存在形态

已有研究对股份资本性质的界定已基本达成共识，即认为股份资本兼具私人性质和社会性质，是两者的对立统一，是资本一般内在属性的外化形式。张彤玉（2002）认为，股份资本同单个私人资本相比最明显的变化是资本所有权同资本经营权（资本职能）的分离，在这种条件下，形成了股份资本的二重产权结构。他从法律所有权和经济所有权的角度区分了股份资本的私人性质和社会性质。具体而言，法律所有权以资本收益权、投票权和对股票的让渡权为代表，反映股份资本的私人性质；而经济所有权以对公司真实资本实际占有和支配权为代表，反映股份资本的社会性质。股份资本推动生产力社会化发展的作用便主要体现在其社会性质之上，它是比单个私人资本更具社会性的资本存在形式。吴海山、苏布德（2006）认为，股份资本包含资本所有权关系的深刻变革，具体表现在资本所有权和经营权的分离、资本所有权和控制权的分离、资本收益权的社会化、资本所有权和劳动的分离的四重分离过程，这些过程使股份资本较单个私人资本而言更加具有社会资本的性质。张协隆、秦淑娟（1994）从股份制产生和发展的基础论述其性质，认为股份资本是实现资本集中最简单、最有效的资本组织形式，它摆脱了基于私人所有权对资本的直接控制，使资本获得了更加具有社会性质的存在形态。同时股份资本包含所有权与管理权分离、资本价值形态与实物形态分离、股权与产权分离的三重分离过程，这充分凸显了股份资本私人性质和社会性质的对立统一。

在对股份资本私人性质和社会性质的对立统一研究基础之上，已有研究分析了股份资本基于其内在性质的存在形式。张彤玉（2002）认为，“在股份资本形态上，资本内含的私人性和社会性的矛盾，外化为虚拟化的所有权资本和真实资本的对立”。[①] 具体而言，股份资本的私人性质体现在其作为私人资本所有权的资本上，且在股份资本形态上，所有权资本以股票作为私人资本所有权和剩余索取权证书，在股票市场上形成了自身价格的独立决定和运动；股份

① 张彤玉．论股份资本的二重性质［J］．当代经济研究，2002（1）：13.

资本所有权的社会性质则以公司股本的形式体现真实资本上，真实资本作为在实际生产过程中执行职能的资本，在股份公司的实际运行中形成了区别于以股票形式存在的所有权资本的运动。钟伟、张朱博（1998）认为，股份资本具有双重的存在形式，即现实资本和虚拟资本，这种双重的存在形式是股份资本风险性的根源。并且其作为现实资本纸质复本的虚拟存在形态决定了它在股票市场上价格的独立运动，这加深了其构成现实资本的假象。姚迈（1998）则更加清晰地指出，股份资本同时采取两种形态存在：一是股份公司通过发行股票筹集而来的公司股本，是作为“真实资本”的股份资本；二是股东在投资后取得的资本所有权证书，即股票，则是作为“虚拟资本”的股份资本。真实资本进入再生产过程，执行资本的职能，生产剩余价值。而虚拟资本则只是投资者行使股东权利的凭证。

### （二）股份资本的功能及作用

关于股份资本的功能及作用的研究，已有文献涉及股份资本的宏观社会功能及微观主体作用两个方面。就宏观社会功能而言，股份资本的功能主要集中于以下五点：一是通过助推社会闲置资本的集中过程，股份资本有效地克服了通过单个资本积累实现资本积聚的缓慢性，资本规模的骤然增大迅速冲破了单个资本积累的最低限度，将闲置资本转变成运动的工业资本，从而对社会化大生产和社会资本的加速积累具有促进作用（卫兴华、宫玉松，2000；卢嘉瑞，1987；顾钰民，2016；林澍，1992；侯恒，1991）。然而，资本主义生产的目的服从于私人资本积累的逻辑和逐利动机，股份资本并没有成为所有行业部门的普遍性统一组织形式。因此，其对加速资本积累的作用也因资本主义经济是建立在私人获取利润基础上的这一历史局限性而无法发挥到极致（伊藤·诚、考斯拉斯·拉帕维查斯，1999）。二是通过促进现存资本主义公司的兼并与合并，股份资本帮助克服处于运动过程中的资本难以实现集中其他资本的困难，帮助运动中的资本实现联合与集中，既不需要新货币的支付，也不需要停止资本的运动（伊藤·诚、考斯拉斯·拉帕维查斯，1999；胡钧，1998）。三是股份制可以使资本和生产资源朝着更能产生利润的部门的方向，在所有行业中重新配置，完成生产要素的重组和产业结构的优化（伊藤·诚、考斯拉斯·拉帕维查斯，1999；林澍，1992；钟伟、张朱博，1998）。同时，伊藤·诚和考斯拉斯·拉帕维查斯（1999）在同一本书中指出股份资本优化生产资源配置功能的局限性。他们认为，在资本市场中，货币资本重新配置的有效性并不必然转变成生产性资源重新配置的有效性。四是由于股份资本对巨大生产能力的构建存在酝酿期，投机性利润的预期会受到刺激，这将导致经济现存生产能力的实质性增加，从而加剧资本主义生产过剩的危机（伊藤·诚、考斯拉斯·拉帕维查斯，1999；卫兴华、宫玉松，2000）。五是股份制使资本主义的寄生性得到了更进一步的发展，产生了新的金融贵族，同时在股票的发行和交易方面再生产出了投机和欺诈活动，形成资本市场不稳定和金融动荡的根源（卢嘉瑞，1987；李其庆，1998；卫兴华、宫玉松，2000；伊藤·诚、考斯拉斯·拉帕维查斯，1999）。

就微观主体作用而言，已有研究对股份制作为一种企业组织方式所可能产生的微观作用进行了探讨。Artur Sajnog（2014）通过 DEA 模型实证研究发现股份资本的增加有利于提高企业的微观经济效率。钟伟、张朱博（1998）分别讨论了股份资本同企业行为以及股份资本结构同企业绩效的关系。他认为，股份资本所有权和经营权的分离容易产生委托代理问题，使股份企业的行为不一定是追求利润极大化，且尽管股份制可能导致经理革命，但也存在股份资本结构和企业绩效相关性不大的可能。R. Mckean 和 J. Kania（1978）以及 P. Hall（1978）分别对美国和英国企业的实证研究则为上述观点提供了佐证。顾乃忠（1992）对有关股份制下企业行为及经济效益的研究进行了系统梳理，认为股份制下的企业行为既可能是长期化的，同时又可能无法克服企业的短期行为。且股份制经济既有可能促进经济效益的提高，又有可能面临难以解决的困难。

### （三）股份资本的产生、发展及演进

已有文献关于股份资本产生条件的研究主要集中于社会化生产的发展、信用制度的建立、产业发展的需要三个方面。首先，生产社会化程度的提高导致个别资本积聚的局限性尤为凸显，而资本在股份形式上的巨大结合使社会资本的迅速集中突破了个别资本积聚的限制，是社会化大生产发展的需要，且随着资本主义社会化程度的提高而发展（熊志军，1986；李其庆，1998；邢占军，1999）。其次，大量闲置资本的存在和信用制度的建立是股份资本产生的前提和基础。单个资本在社会范围内的大规模联合而形成股份资本，必须借助银行信用和金融关系把从生产过程中游离出来的分散资本集中起来。如果没有发达的货币市场和信用制度，股票的发行将无从想象，股份资本也将无法形成（林忠，1995；吴幼喜，1994；王志毅，1993；熊志军，1986；李其庆，1998；邢占军，1999）。最后，股份资本的产生被认为是巨额固定资本投资产业发展

的需要。当资本积累的主导领域从固定资本要求相对较少的轻纺织工业转变成为具有大量固定资本要求的重工业时，股份资本被用来实现分散资本的集中以满足固定资本投资的需要（伊藤·诚、考斯拉斯·拉帕维查斯，1999）。

关于股份资本演进及发展的研究，已有文献可以分为两条分支：一支以资本主义发展阶段为界，另一支则以资本社会化进程为轴，将股份资本置于时间维度进行纵向历史考察。伊藤·诚、考斯拉斯·拉帕维查斯（1999）是以资本主义发展阶段为划分对股份资本进行历史分析，他们认为，股份资本萌生于重商主义时代，在经历“南海泡沫”事件后其影响逐渐减弱。在自由主义时代，资本的统治形式是私人工业资本，棉花工业的发展并不需要以股份资本为基础的社会分散资本广泛联合。在帝国主义及以后的时代，股份资本从铁路逐渐扩散到其他重要工业部门，对固定资本投资的巨大要求使股份资本得到了迅速发展。此外，他们认为，“产生于一般资本、竞争和信用之后的股份资本是资本的最高与最完整形式。从历史上来看，资本主义还没有产生一个超越股份资本的资本形式。希法亭的金融资本、列宁的垄断资本和现代的跨国公司都只是具有其自身国家及跨国特征的巨型股份公司的具体表现形式”。[①] 另一条分支则以资本社会化进程作为依照，对股份资本的发展和演进过程进行历史考察。这部分的研究基本达成共识，即股份资本作为产生于资本一般、竞争和信用之后资本的最高形式和最恰当形式，始终贯穿于资本社会化进程之中，是资本社会化的初始形态和基础形态。在资本社会化过程中发展形成的垄断资本、金融资本、法人资本、国家资本、国际资本，都是在股份资本的基础之上演化而来。余文烈、吴海山（2006）认为，资本社会化在当代呈现了多种表现形式，股份资本是资本社会化的初始形态和基础形态。垄断资本的形成和金融资本的发展助推了资本社会化的进程，它们作为股份资本的集合体及其成倍的发展形式，更加具有社会化性质。直到法人资本的出现和国家资本的广泛发展，资本社会化进程迎来了新的阶段。而资本国际化和国际资本的出现则形成了具有跨国特征的、更加广泛社会化了的股份资本。龚唯平（1992）认为，从资本主义发展历史纵向来看，资本本身在不断运动中发生变化，出现新旧形式的替换和演变。在资本社会化过程中，主要产生了三种中间形式：股份资本、国家资本、国际资本，其中，股份资本是现代资本的最基本形式。成保良

① ［日］伊藤·诚，［希］考斯拉斯·拉帕维查斯．货币金融政治经济学［M］．孙刚，戴淑艳译．北京：经济科学出版社，2001：140.

(2005) 认为，“现代资本主义社会，就资本所有制关系来说，一个重大变化和根本特点是，……个人资本迅速向股份资本、社会资本转化，一句话，资本社会化发展了”①。他将社会化的资本形式，按照资本社会化的程度由低到高概括为简单私人股份资本、集团私人股分资本、法人社团股份资本、国有股份资本、国际股份资本。股份资本形态始终贯穿于资本社会化的过程之中，只是随着资本社会化的程度不断加深，其本身形式发生了演化和发展。

总体来看，已有文献基本涉及股份资本理论研究的各个方面，既有对其性质、形态、功能的横向研究，也有对其产生、发展、演进的历史研究。然而，如果更加细致地审视这一理论问题，已有研究仍然存在以下两点空缺和不足之处：一是虽然已有文献关于股份资本二重性质及其存在形态的研究已较为深入，且在两者之间建立了一定的逻辑联系。但关于股份资本二重性质的一般性及特殊性研究却不够系统，特别是关于在资本一般—“许多资本”—股份资本的逻辑链条中，私人性与社会性矛盾的运动及表现鲜有文献涉及。而股份资本作为“许多资本”的特征之一，是资本自我扬弃（消极扬弃）的最高形式，其私人性与社会性之间矛盾的表现，是由资本一般私人性与社会性之矛盾最抽象、最一般的规定性发展而来。也就是股份资本私人性与社会性之间的矛盾是资本一般私人性与社会性最一般规定性的具体展开和表现，这本身就是一个从抽象上升到具体的过程。二是关于股份资本在当代资本主义现代公司治理中新特点及新变化的研究寥若晨星，亟待完善。首先，股份资本私人性与社会性的内在矛盾在现代公司运营和治理中外化为股份资本职能形态与虚拟形态存在形式的对立及其价值的偏离。而在现有文献中，鲜少以股份资本虚拟形态价格同其职能形态价值的偏离作为股票价格泡沫程度的测量，现有研究对股票价格泡沫的测度都是不准确的。因此，现有文献无法准确描述股份资本职能形态与虚拟形态价值偏离的程度、波动的周期和特点，因而也无法回答以之为具体外化表现的股份资本私人性与社会性的矛盾在当代资本主义现代公司的运行和治理中是趋于缓和了，还是更加激化了？其次，股份资本是私人性和社会性的对立统一，而股份资本的社会性质在很大程度上是通过资本所有权和控制权的分离而实现的，正是“两权分离”的过程使股份资本成为了资本自我扬弃的最高形式。而对 20 世纪 80 年代以来资本主义现代公司股份资本所有权与控制权到底是趋向分离，还是趋向在一个更为集中的主体手中合一，尚鲜有研究涉及。

① 成保良．现代资本所有制形式和资本主义发展阶段［J］．当代经济研究，2005（9）：4.

且以此为基础的股份资本，是更加偏向私人性质，还是更加偏向社会性质？股份资本私人性与社会性的矛盾是趋于缓和了，还是更加激化了？这些问题尚未得到科学的解答。因此，针对已有研究的空白之处，本书将对现代公司治理及股份资本私人性与社会性的矛盾进行一个较为系统的考察。

## 第三节 对现代公司治理的重新定义——表象和本质

### 一、作为表象的现代公司及其治理

从表象上来看，研究的对象是 20 世纪 80 年代以来美国的现代公司治理。下面，将对现代公司及其治理进行界定。

现代公司是指公司作为独立的法人、能够发行股票、定期发放股息、股东负有限责任，并且股票能够在证券市场上流通的企业组织形式。它产生于 17 世纪中叶、发展于 19 世纪，并在 19 世纪后半叶达到全盛时代。换言之，现代公司作为一个历史性的范畴，它经历了从相互独立相互竞争的私人企业到将无数个人财富集中于统一的控制和管理之下的巨型公司的过程，并从 19 世纪后期开始，这种巨型公司就成为始终在资本主义经济中占主导地位的经济组织。① 而在现代公司这种企业组织形式中，特别是在巨型公司中，股东往往只拥有对公司资本的所有权，而公司生产决策的权力大多归董事会和职业经理人所掌握。因此在现代公司中所有权与控制权相分离是一个普遍的现象，这在一定程度上形成了股东同公司实际管理者之间的代理关系，而现代公司的治理正是对这种代理关系的治理。

但这里所定义的现代公司治理不仅限于将这种代理关系作为一个表面经济问题的研究，而是要在一个更加本质的层面上对现代公司治理的问题进行考察。在这里的界定中，现代公司治理的对象不再是作为一个表面经济形式的现

① ［日］伊藤·诚，［希］考斯拉斯·拉帕维查斯．货币金融政治经济学［M］．孙刚，戴淑艳译．北京：经济科学出版社，2001：135.

代公司本身，以及对这种表面经济形式的治理结构、治理机制以及由此产生问题的研究，而是在一个更加抽象的层面挖掘现代公司治理中的本质联系，也就是考察在现代公司治理中最能够体现经济关系的范畴及其矛盾。并以此为基础分析 20 世纪 80 年代以来美国现代公司治理中的典型问题。在现代公司中，包含最多经济关系的范畴当属股份资本，而股份资本私人性与社会性之间的内在矛盾也是现代公司治理中一切现实问题的本质。因此，在这里的界定中，现代公司治理的对象不再是作为一个表面经济形式的现代公司本身，以及作为一个表象的股东同公司管理者之间的委托代理问题，而转变为股份资本私人性与社会性的内在矛盾，以及由此衍生出的一切矛盾和对立；现代公司治理的目的也不再是单纯地实现股东利益的最大化，从而转变为对股份资本私人性与社会性之间内在矛盾的调和与化解。简单来说，在这里对现代公司治理的界定不再是为实现股东利益最大化和解决委托代理问题而进行的公司内部或外部的制度安排，而是对股份资本私人性与社会性之间矛盾运动和发展的治理与考察。

## 二、作为本质的现代公司治理——股份资本及其私人性与社会性之矛盾

从本质上来看，研究的对象是股份资本及其私人性与社会性之间的内在矛盾。下面将对股份资本及其私人性与社会性之间的矛盾进行一个简单的界定。

股份资本的概念是随着现代公司组织形式的出现而产生的，是现代公司作为独立的法人，通过发行股票的方式把分散而独立的个别资本集中起来实行统一经营的资本集合。因此，同现代公司一样，股份资本也是一个历史性的范畴，经历了从自由竞争资本主义时代的简单私人股份资本，到垄断资本主义时代的巨型股份资本的过程。具体来说，这里所考察的股份资本是与现代公司和现代股票市场同时出现的资本形式，是现代意义上的股份资本。究其本质，股份资本是分散的个别资本在现代公司组织形式中的资本集合。

从逻辑的角度来看，股份资本是作为“许多资本”特征之一的资本形式。因此，它是资本一般内在规定性的具体展开，是作为资本一般更具体的、现实的资本形式来进行考察。故而股份资本的逻辑起点应该是资本一般，且其从资本一般上升到股份资本的实质性联系应是从资本一般上升到“许多资本”的逻辑。在资本一般中，资本的一切个别要素都包含在作为资本整体的一般性之中，它所表现的是资本整体最抽象、最一般的规定性。在“许多资本”中，

资本一般的内在规定性获得了外部独立的表现，逐渐展示出个别资本全部的、具体的规定性。股份资本作为“许多资本”的特征之一，是竞争和信用借以运动和表现的一种资本形式，同时也是资本一般内在规定性在个别资本相互关系中的具体展开。资本一般是将资本作为一个整体而进行的最简单、最抽象、最一般的考察，其中，包含的是具有各种独立要素的“许多资本”的一般规定性；而从资本一般到作为“许多资本”特征之一的股份资本的过程，是资本运动、资本形式从简单上升到复杂，从抽象上升到具体的过程。因此，在逻辑上，股份资本是资本一般内在抽象规定性的进一步具体展开，是资本一般抽象规定性的进一步具体发展形式。资本一般作为过程的起点，蕴含着作为“许多资本”特征之一的股份资本最抽象的规定性；而股份资本作为过程的展开，既形成了自立于资本一般之外的一种关系，又与资本一般有着本质上的联系。具体而言，股份资本是资本一般内在规定性的具体展开，在其特殊的组织形式和存在形式中，一方面，股份资本与资本一般有着本质上的联系；另一方面，形成了自立于资本一般之外的关系和性质。首先，股份资本作为资本一般的具体展开，其本身包含资本一般的抽象的内在规定性，即它同时作为私人财富与社会财富的对立统一，也就是私人性质与社会性质的对立统一。其次，由于股份资本具体的、特殊的组织形式和存在形式，它使资本一般的内在规定性获得了外部独立的实现形式，展示其自身复杂的、全部的规定性，形成了自立于资本一般之外的关系和性质。具体表现为，股份资本作为使个别资本联合起来的有效形式，它是比任何分散的个别资本都更加具有社会性质的资本，并且这种社会性质在其职能形态与虚拟形态相分离及其所有权与控制权相分离的过程之中被加强。需要特别指出的是，在资本主义私有制条件下，由个别资本向更具社会性质的股份资本的转化，依然局限于资本主义生产关系的界限之内，是私人性与社会性之间内在矛盾的消极扬弃。因此，虽然股份资本具有特殊的社会性质，但它依然是私人性与社会性的对立统一。① 这是由逻辑的起点——资本一般私人性与社会性矛盾对立统一的内在规定性所决定的。

从历史的角度来看，股份资本是在生产社会化程度不断提高以及信用制度的建立背景下逐渐出现的资本组织形式，是生产关系不断适应生产力发展的结果。关于股份资本产生的时间问题，目前学界并没有一致的确切结论。有学者

① 中共中央马克思恩格斯列宁斯大林著作编译局．马克思恩格斯全集（第二版）（46）［M］．北京：人民出版社，2003：497-499.

认为，股份资本产生于16世纪中期的英国，随着现代股份公司基本特征的出现而产生。[①] 然而，虽然在以英国和荷兰为中心的海外殖民进程的驱动下，为了实现以远程航运为主要方式的海外贸易，实现个别资本的集中，一系列以合股集资为资本募集方式的公司相继成立，但是严格来说，那一时期的企业组织形式代表着资本主义经营活动中的合伙制形式，投资者需承担无限责任，并不是现代意义上的股份公司。在这一时期成立的以合股集资为资本募集方式的公司中，最负盛名的是于17世纪初成立的英属东印度公司及荷属东印度公司，且荷属东印度公司（VOC）明确规定股东为有限责任。因此，也有学者认为，股份公司的历史发端于17世纪的开端。[②] 然而，在英属东印度公司成立的最初半个世纪，即17世纪上半叶中，其企业组织形态始终是一种临时性的股份企业，投资者为每一次的航海筹集资金，航海结束即行结算，参与者将本利收回，因此投资者和投资额都是不稳定的。[③] 这一时期的临时性股份企业并不作为独立的法人而存在，公司组织形式较不稳定、股本具有临时性和短期性特征、股息一次性结算并发放，股票不能通过证券市场流通，因此它们只能被看作是"现代股份公司的前驱"，而并不具备现代股份公司的基本特征。而这里界定的股份资本概念是与现代股份公司相对应的，是现代股份公司作为独立的法人，通过发行股票的方式把分散和独立的个别资本集中起来实行统一经营的资本集合。因此，16世纪中期到17世纪初期并不能被当作股份资本真正意义上的出现。直到17世纪上半叶，英国在詹姆士一世统治时期首次颁布法令确认公司是一个独立法人的观点，随后在1657年英国出现了稳定的公司组织，股东负有限责任，股本长期化，股息定期发放，股票通过证券市场流通，[④] 传统股份形式开始向现代股份公司过渡，这时股份资本才算是真正意义上的出现。从某种意义上也可以认为股份资本是与现代股份公司——即公司作为独立的法人、能够发行股票、定期发放股息、股东负有限责任，并且股票能够在证券市场上流通的企业组织形式——同时出现并同时发展壮大的资本组织形式，是现代股份公司通过发行股票的方式所集中的个别资本集合，是由股份公司股

---

① ［日］伊藤·诚，［希］考斯拉斯·拉帕维查斯．货币金融政治经济学［M］．孙刚，戴淑艳译．北京：经济科学出版社，2001：130.

② ［日］奥村宏．股份制向何处去——法人资本主义的命运［M］．张承耀译．北京：中国计划出版社，1996：28.

③ 李永杰等．国外股份经济100年［M］．广州：广州出版社，1997：6.

④ 李永杰等．国外股份经济100年［M］．广州：广州出版社，1997：7.

东们出资认购股份所筹集的公司财产总额。

因此，这里所界定的股份资本是现代股份公司作为独立的法人，通过发行股票的方式把分散和独立的个别资本集中起来实行统一经营的资本集合。也就是，在这里所考察的股份资本是同现代公司和现代股票市场同时出现的资本形式，是现代意义上的股份资本。

马克思在《资本论》第一卷“商品的拜物教性质及其秘密”中，对商品的私人性质与社会性质及其矛盾进行了简单界定。以此为基础，本书将对这一对矛盾的分析拓展至股份资本。在马克思的界定中，商品同时具有私人性质与社会性质的矛盾是由它同时作为私人劳动和社会劳动的结果决定。商品中所包含的具体劳动与抽象劳动之间的对立，说明商品既是独立私人劳动的结果，又是一般社会劳动的结果；既具有私人性质，又具有社会性质。如此，私人性与社会性的矛盾在商品中实现了对立统一。① 将这一对矛盾运动的研究拓展至股份资本②必须借助资本一般—“许多资本”—股份资本的逻辑推演。在资本一般的规定性中，其私人性质主要表现为生产资料私有制条件下资本家个体作为资本所有者所拥有的对其所有资本占有、支配和使用的私人权力；而其作为一种社会权力的社会性质则主要表现为在社会化的生产过程中形成的一系列社会经济关系以及社会化的生产方式本身。更进一步地，将资本一般私人性与社会性矛盾抽象的规定性上升为在股份资本中获得的具体表现形式，将得出两点结果：一是股份资本形态本身的出现就是私人性与社会性之间矛盾运动的结果；二是作为一种具体的、特殊的资本存在形态，股份资本依然是基于资本一般内在规定性的私人性与社会性矛盾的对立统一，而它只是形成了自立于资本一般之外的具体的展开形式，且获得了外部的独立的实现形式，展示出其自身的复杂的、全部的规定性。这一对矛盾在股份资本中的具体展开表现为，股份资本所对应的资本私人权力不再是对其所拥有资本的实际占有、支配和使用的权力，其私人权力仅仅表现在所持有的资本所有权证书和剩余索取权证书（即股票）及对它们的占有和支配上。由于股份资本本身作为“许多资本”的特征之一，是资本集中最有效和最便捷的方式，是将分散、独立的个别资本联合起来，并使之转化为一种作为资本集体的具有社会性质的资本权力。因此，在

① 中共中央马克思恩格斯列宁斯大林著作编译局．马克思恩格斯全集（第二版）（46）［M］．北京：人民出版社，2003：88-92.

② 从商品私人性与社会性的矛盾拓展到股份资本私人性与社会性矛盾的对立统一的具体过程请见第二章。

股份资本中资本一般私人性与社会性的矛盾找到了在其中运动的形式，并获得了外部独立的实现形式，且实现了在资本主义生产方式范围内的扬弃。但在资本主义条件下，这种扬弃始终是消极的，并且在股份资本形态上获得了新的形式的对立和发展。

## 三、方法

从总体上来看，本书所运用的基本方法是唯物辩证法，即从现实的前提出发，运用抽象力的方法，找到完整的表象蒸发后的抽象的规定，再把抽象的规定在特定的思维形成中完成具体的再现。在形式上，我们有必要将研究的方法与叙述的方法区分开来，以便在研究过程中占有的材料在富有逻辑的叙述中更具生命力。

首先，于研究过程中，在充分收集 20 世纪 80 年代以来美国现代公司日常经营和治理的相关材料，包括其历史发展过程和经济现实材料的基础上，对股份资本在 20 世纪 80 年代以来美国现代公司中的发展形式进行了详细地分析，并试图运用抽象力的方法探寻这些发展形式的内在联系，即“分析经济形式，既不能用显微镜，也不能用化学试剂。两者都必须用抽象力来代替”[①]。也就是从现代公司这一表面的经济形式和实在的前提开始，从其历史发展过程及 20 世纪 80 年代以来新的现实经济表现的分析中，运用抽象力的方法找到完整的表象蒸发后的抽象的规定，即找到支配现代公司这一表面的经济形式运动及其表现的一切现实矛盾的基础性力量。在充分研究和分析已有材料的基础上认为，股份资本私人性与社会性的矛盾运动是决定现代公司及其一切矛盾表现的根源所在，是现代公司治理的一切现实问题的最一般、最抽象的规定性。

其次，本书的叙述方法可概括为从抽象上升到具体的方法，这是思维用来掌握具体的方式，是把它当作一个精神上的具体再现出来的方式，但绝不是具体本身的产生过程。这里的“具体总体作为思想总体、作为思想具体，事实上是思维的、理解的产物；但是，绝不是处于直观和表象之外或凌驾于其上而思维着的、自我产生着的概念的产物，而是把直观和表象加工成概念这一过程

① 中共中央马克思恩格斯列宁斯大林著作编译局．马克思恩格斯全集（44）［M］．北京：人民出版社，2001：8.

的产物”。[①] 因此，政治经济学的方法绝不是停留在对混沌的表象的研究，而是要从这种混沌的表象中达到越来越稀薄的抽象。继而从抽象出来的范畴出发，在逻辑上实现具体的再现，即用思维来掌握具体。这时的具体不再是实在的、现实的具体，而上升为“具体总体”。“思想总体”对“具体总体”再现的过程，是思维用来掌握具体并把它在逻辑上当作一个精神上的具体再现出来的过程。“具体总体”作为这一过程的结果，是经过思维加工的、“思维着的头脑的产物”。“整体思维运动的结果就是在由概念、范畴构成的整体的转变中，不断地将历史和现实构成的客观世界再现出来，从而使思维和历史、现实达成统一，也就是逻辑和历史的统一。……因此，构建经济学体系的方法或‘结构的方法’其实就是运用‘思维着的头脑’，对已形成的概念、范畴进行从抽象上升到具体的演绎，从而在思维的整体上把握客观世界。”[②]

因此，在叙述进程中，本书首先将在一个相对抽象的层面上探讨股份资本范畴及其私人性与社会性的内在矛盾，而这一对矛盾的运动是现代公司治理一切现实问题最抽象的规定性。进一步地，将借助两对中介范畴来完成从抽象上升到具体的过程，即用“思想总体”再现“具体总体”的过程，在逻辑上用思维再现“具体总体”。这两对中介范畴分别是股份资本的职能形态与虚拟形态和股份资本的两权合一与两权分离。在这两对中介范畴中，股份资本私人性与社会性的内在矛盾重新以一个比较表面化的形态得以外化，表现为外部的对立。同时，把它放置于20世纪80年代以来美国现代公司治理的特定历史条件下，反观股份资本私人性与社会性的矛盾在这两对中介范畴中的发展程度。这样，就完成了股份资本私人性与社会性的内在矛盾这一抽象的规定在特殊历史条件下的现代公司治理中具体的再现，这时的现代公司将不再是一个作为表面经济形式的混沌的表象，而是一个具有很多规定和关系的丰富的总体，即“具体总体”。这些特殊的规定和关系则完全由股份资本私人性与社会性的矛盾运动所决定。这基本遵循了马克思所说的：“虽然正是由于它们的抽象而适用于一切时代，但就这个抽象的规定性本身来说，同样是历史条件的产物，而且只有对于这些关系并在这些关系之内才具有充分的意义。”[③]

---

① 中共中央马克思恩格斯列宁斯大林著作编译局. 马克思恩格斯全集（第一版）（46）（上）[M]. 北京：人民出版社，1979：38-39.

② 张旭. 马克思经济学体系研究 [M]. 北京：中国人民大学出版社，2002：92.

③ 中共中央马克思恩格斯列宁斯大林著作编译局. 马克思恩格斯全集（第一版）（46）（上）[M]. 北京：人民出版社，1979：43.

以上是整体主线的研究方法和叙述方法，而在各章的细节之处还包含历史的方法和定量的方法等，这些都是作为一些辅助的方法来对核心研究对象进行一个更加立体的考察。例如，在第四章第一节对股份资本历史演进的考察中就不可避免地用到了历史的方法。这却又不仅是历史的梳理，而是在围绕核心研究对象——股份资本私人性与社会性的内在矛盾运动——的基础上，运用历史的方法进行的理论研究，即从逻辑与历史相统一的角度考察私人性与社会性这一对矛盾在股份资本的历史演进中是如何发展的。再如，在第五章以现实经济指标考察 20 世纪 80 年代以来股份资本私人性与社会性矛盾在美国公司治理中的运动和发展时，运用了一些定量分析的方法，通过两对中介范畴的现实指标来衡量这一对矛盾在特定历史条件下的发展程度。

## 第四节　从股份资本上升到现代公司
## ——内容安排及研究进路

### 一、各章节内容安排

从大体上来看，主要的研究内容可分为三个部分：第一部分是以资本一般私人性与社会性的矛盾为起点考察这一对矛盾在股份资本形态上的存在与发展；第二部分是探讨股份资本私人性与社会性矛盾在现代公司日常经营活动和治理结构中的两个外化，即外化为其职能形态与虚拟形态的对立统一及其所有权与控制权的对立统一；第三部分是以这两个外化为基础考察股份资本私人性与社会性的内在矛盾在 20 世纪 80 年代以来美国现代公司治理中的发展程度。

在第一部分中，按照资本一般—“许多资本”—股份资本的研究思路，分别探讨私人性与社会性的矛盾在其中存在、运动和发展的方式。在对资本一般的私人性与社会性展开研究以前，对商品和货币作为在逻辑上和历史上都比资本先出现范畴的私人性与社会性之矛盾进行考察。首先，商品私人性与社会性之间的内在矛盾由它同时作为私人劳动和社会劳动的结果决定，并在交换过程中得以表现。在价值形式的两极对立中，商品私人性与社会性之间的内在矛盾转化为外部矛盾，并随着价值形式的发展转化为商品与货币之间的矛盾。在这种外部对立中，商品私人性与社会性之间的内在矛盾找到了它在其中运动的形式。其次，货币作为特殊形式的商品也是私人性与社会性的对立统一，其社会性质体现在它作为其他一切商品价值的表现形式所获得的独特社会职能；其私人性质体现在对货币商品的私人占有和支配上。这一对矛盾在货币作为流通手段和支付手段的职能中表现出来。再次，资本一般作为一定数量货币的集合，是货币在一定生产方式下的特殊运动中发展转化而来的。因此，在资本主义经济关系中，由货币转化而来的资本，是货币的发展形式，因而具有货币所固有的属性——私人性与社会性的对立统一。而资本本身也就不仅具有生产资料私人占有条件下的私人性质，同时也成为了社会劳动和社会权力的发展形式和转化形式，具有了社会性质，表现为一种直接的社会权力。最后，股份资本作为“许多资本”的特征之一，它既为资本私人性与社会性矛盾找到了外部独立的实现形式，同时又使这一对矛盾不断加深。也就是说，在股份资本形态上，资本私人性与社会性的矛盾获得了一定程度上的扬弃。但这种扬弃始终局限于资本主义的生产方式之内，是一种消极的扬弃。因此，在资本主义条件下，虽然股份资本具有特殊的社会性质，但它依然是私人性与社会性的对立统一，并且使这种对立获得了新的形式上的发展。

在第二部分中，研究的主要目的是考察股份资本私人性与社会性的内在矛盾是如何在现代公司日常经营活动和治理结构中得以外化的，即以两对中介范畴作为连接股份资本的内在矛盾同现代公司治理的现实问题之间的桥梁。首先，以股份资本职能形态与虚拟形态的分离作为第一对中介范畴，讨论私人性与社会性之间的内在矛盾如何在股份资本职能形态与虚拟形态的对立统一中获得外部独立的存在形式。这种外化不仅体现在股份资本职能形态与虚拟形态存在形式的外部对立中，也体现在股份资本职能形态与虚拟形态的价值偏离之中。并且这一对矛盾在其职能形态与虚拟形态的价值偏离中被不断激化。其次，以股份资本所有权与控制权的合一与分离作为第二对中介范畴，讨论私人性与社会性之间的内在矛盾如何在股份资本两权合一与两权分离的过程中不断运动和发展。股份资本从两权合一走向两权分离的过程本身是私人性与社会性矛盾运动的结果，在这一过程中资本私人性与社会性的内在矛盾外化为股份资本所有权与控制权的对立统一。并且股份资本从两权合一走向两权分离的过程实际上是其不断偏向更加具有社会性质的存在的过程，也是私人性与社会性矛盾在一定程度上得以扬弃的过程。但这种扬弃却始终是消极的，并随着所有权与控制权在一个更为集中的主体手中回归而变得更加激化。

在第三部分中，以上述两对中介范畴为基础，分别考察这两对中介范畴的外部对立所表现出来的股份资本私人性与社会性的矛盾在20世纪80年代以来美国现代公司治理中的发展程度。这一部分的研究内容既包括20世纪80年代以来美国股份资本职能形态与虚拟形态价值偏离泡沫及其破裂产生和发展的周期性规律，又包括以每股净资产同股票价格的比例等变量作为现实经济指标刻画的价值偏离规律；既包括20世纪80年代以来美国股份资本从两权分离走向两权合一的经济表现，又包括以美国大型股份公司实际持股状况和控制权归属情况作为现实经济指标来刻画的所有权与控制权分离与合一的程度。也就是说，从经济事实的理论性描述和现实数据指标两个方面考察两对外化了的矛盾在20世纪80年代以来美国现代公司治理中的发展情况，即职能形态与虚拟形态的价值偏离是否存在、所有权与控制权是更加分离还是趋向合一。进而以此为基础分析股份资本内在矛盾在当代美国现代公司中是否向着获得“积极扬弃”的方向演进，即以股份资本和股份公司作为过渡点向更高级社会形态的演变在当代资本主义的现实发展条件下是否有可能实现。

## 二、研究思路

第一章整体思路可以被概括为以下三个方面：一是在一个抽象的层面上探讨股份资本私人性与社会性的内在矛盾，并把它当作现代公司作为一个表面的经济形式的表象蒸发后的抽象的规定，后文的研究全部紧紧围绕这一对矛盾的运动和发展而展开。二是借助两对中介范畴，即股份资本职能形态与虚拟形态和股份资本所有权与控制权的合一与分离，将股份资本私人性与社会性矛盾的抽象的规定运用到现代公司治理问题之中，考察这一对矛盾在现代公司治理中是如何被外化和表现的。三是以这两对中介范畴为基础，通过对客观经济事实的理论分析和对现实经济指标的定量分析来考察股份资本私人性与社会性的矛盾在20世纪80年代以来美国现代公司治理中的发展程度。

第二章是在抽象层面上对股份资本的私人性与社会性及其矛盾进行研究。主要思路是从商品的私人性与社会性及其矛盾出发，研究私人性与社会性之间的矛盾是如何在资本一般—“许多资本”—股份资本的形态上不断运动和发展的。在这里不仅包含逻辑链条的梳理，也包含历史的分析，即从逻辑与历史相统一的角度考察私人性与社会性这一对矛盾在从资本一般到股份资本的具体展开过程中是如何发展的。

第三章是以股份资本的职能形态与虚拟形态的对立统一作为第一对中介范畴展开的对资本私人性与社会性内在矛盾的研究。重点在于讨论资本一般私人性与社会性的内在矛盾是如何在股份资本职能形态与虚拟形态的对立统一中外化和表现的，这种外化不仅体现在其职能形态与虚拟形态存在形式的外部对立之中，也体现在两者价值的偏离之中，并且在这种价值偏离中这一对矛盾被不断激化。

第四章是以股份资本所有权与控制权的合一与分离作为第二对中介范畴展开的对资本一般私人性与社会性内在矛盾在股份资本中获得外部独立的实现形式的研究。重点在于研究股份资本的特殊的社会性质是如何在股份资本从两权合一走向两权分离的过程中得以表现的，并且讨论在这一过程中股份资本私人性与社会性之间的内在矛盾是如何外化的。特别是讨论在两权分离中股份资本私人性与社会性矛盾的消极扬弃及其私人性与社会性的动态偏向。

第五章是以两对中介范畴为基础，从经济现实的角度对上述两对中介范畴在 20 世纪 80 年代以来美国现代公司治理中的现实表现进行考察。其中，不仅包含对 20 世纪 80 年代以来美国现代公司中股份资本职能形态与虚拟形态价值偏离以及所有权与控制权分离/合一情况客观经济事实的理论分析，也包含基于现实经济指标对两者的量化考察。在对现实经济指标的量化考察中，第一对中介范畴——股份资本职能形态与虚拟形态的形式对立和价值偏离——选取每股净资产同实际股价的比率作为现实经济变量来衡量；第二对中介范畴——股份资本所有权与控制权的合一与分离——选取美国现代公司治理中的股东持股情况及其控制权归属情况作为现实经济指标来衡量。以此为基础，本章进一步讨论股份资本私人性与社会性的矛盾在 20 世纪 80 年代以来美国现代公司治理中的发展程度及其可能的演进方向。

第六章是对主要研究结论的总结。一个核心的结论是：自 20 世纪 80 年代以来，股份资本私人性与社会性的矛盾在美国现代公司治理中被不断加深和激化，股份资本正在导向一个更具私人性的存在，其可能具有的特殊的社会性质正在不断地丧失其能够得以表现的可能。因此，在股份资本中实现私人性与社会性之间矛盾的积极扬弃，并完成经由股份资本和股份公司作为过渡点的，向更高级的社会形态的过渡依然遥不可及。

## 第五节 主要创新之处及不足

### 一、主要创新之处

第一，把股份资本私人性与社会性的内在矛盾作为现代公司治理问题的研究对象，这将现代公司治理问题的研究推向了一个更加本质的层次，抛开其作为一个表象的经济形式的表面联系而探索其背后包含着的经济关系及其矛盾运动。并且认为，股份资本私人性与社会性这一对矛盾的运动是决定现代公司治理中的运行规律及其一切矛盾的根源。

第二，将私人性与社会性之间矛盾的对立统一从资本一般的分析拓展到股份资本，并建立了资本一般—“许多资本”—股份资本的逻辑链条，从逻辑与历史相统一的角度分析了这一对矛盾在上述过程中的存在、运动和发展。同时，把上述形态变化的全过程作为私人性与社会性矛盾运动的结果而加以考察。

第三，不仅在质上讨论了股份资本的私人性与社会性及其矛盾的对立统一，也试图借助两对中介范畴在量上考察 20 世纪 80 年代以来这一对矛盾在美国现代公司治理中的发展程度。这种考察不仅限于对特定经济事实的理论分析，也包含对现实经济指标的定量分析。基于此，本书创新地提出了在股份资本中实现马克思当年所设想的对资本私人性与社会性矛盾的扬弃（即使是在资本主义生产方式内部的消极扬弃），在当代资本主义的发展中几乎无法实现。甚至在 20 世纪 80 年代以来美国现代公司的特定社会历史条件下产生了一种倒退的发展趋势，使这一对矛盾在生产社会化持续扩大的前提下进一步加深和积累，而非向着对其实现“积极扬弃”的方向演进。

### 二、不足之处

第一，对现代公司治理问题的研究仅考虑了美国的情况，而并未涉及对其他主要发达资本主义国家不同治理结构和治理模式的比较。因此，对当代资本主义股份资本私人性与社会性矛盾运动和发展的研究也仅限于美国的情况，并不能全面地了解这一对矛盾在当代资本主义现代公司治理中的发展程度。

第二，在现实经济指标的选择及定量分析中，为了更清楚地说明问题，仅选取了与论点相关的核心指标并进行了比较简单的量化研究。同时，样本的选择也具有一定的局限性，并未将美国所有现代公司的情况全部纳入考察的范围。因此，对 20 世纪 80 年代以来美国现代公司治理的定量分析是围绕核心研究对象的大致考察，不甚全面。

# 第二章

# 股份资本私人性与社会性之矛盾

## 第一节　商品私人性与社会性矛盾的展开

在以资本主义生产方式为核心的经济生活中，商品表现为经济的细胞形式。因此，在对当代资本主义发展最成熟的资本组织形式——股份资本私人性与社会性矛盾运动的展开之前，应该首先考察商品私人性与社会性的对立统一。值得注意的是，不论是从逻辑还是历史的角度，这里所讨论的商品私人性与社会性矛盾的对立统一不仅在简单商品经济中适用，同样也在资本主义商品经济中适用，并在资本主义经济关系中进一步发展了这一对矛盾的运动。

### 一、决定于生产者的劳动的矛盾

基于对商品这一外界对象的现象表面背后的本质的揭示，马克思对商品同时作为使用价值和价值的内在矛盾展开了剖析。一方面，商品作为使用价值，构成真正的物质财富；另一方面，商品作为价值，是“共有的这个社会实体的结晶”①。

商品的使用价值，即商品作为劳动产品的物的有用性，总是某种有用劳动的结果。作为不同目的的有用劳动结果的不同质的使用价值，构成了商品得以相互对立的基础。“如果这些物不是不同质的使用价值，那么不是不同质的有

① 中共中央马克思恩格斯列宁斯大林著作编译局．马克思恩格斯全集（44）［M］．北京：人民出版社，2001：51.

用劳动产品，它们就根本不能作为商品来互相对立。”[①] 因此，只有相互独立的且互不依赖的私人劳动产品，才能够作为商品相互对立。因而从商品的使用价值层面来看，每种商品都包含着不同质的使用价值，即包含着不同目的的有用劳动。反过来说，这种私人的、独立的、具体的劳动凝结为商品的使用价值[②]，从而赋予了商品必然的私人性质。

如果把商品实体个别的、特殊的使用价值撇在一边，商品就只剩下它作为无差别人类劳动凝结的劳动产品属性。这种无差别的人类劳动凝结形成商品价值。当商品实体的使用价值被抽掉，体现在商品使用价值中的具体劳动的特殊有用性也被抽掉了。即“各种劳动不再有什么差别，全都化为相同的人类劳动，抽象人类劳动”。[③] 这种抽象人类劳动是人类劳动力的单纯耗费，而商品价值是“共有的社会实体的结晶”。因此，一方面，抽象劳动代表着各种劳动在生理上的无差别耗费；另一方面，代表着所有生产商品的劳动的同一性。这即决定了虽然不同的有用劳动是私人的、个人的，但是在商品价值中它表现为社会劳动的一部分。抽象劳动的社会方面因而可被归结为一切商品所共有的社会实质。因此，这种社会的、一般的、抽象的劳动凝结为商品的价值[④]，进而决定了商品必然的社会性质。

故而抽象劳动所代表的是劳动的一般性和社会性，是商品生产中的劳动成为社会劳动的一部分的基础。所以，抽象劳动不仅意味着各种劳动的有用性的消失，同时意味着所有个人劳动的同一性，并把每种个人的劳动归结为社会劳动的一部分。[⑤] 这种一般性和社会性的抽象劳动形成商品的价值，进而决定了商品的社会性质。另外，商品中所包含的不同质的使用价值和不同的具体劳动，是商品之所以能够成为商品相互对立的基础。[⑥] 因此从商品的使用价值层面来看，每种商品都是不同质的具体劳动的耗费，其中，所包含的是不同目的

---

① 中共中央马克思恩格斯列宁斯大林著作编译局. 马克思恩格斯全集（44）［M］. 北京：人民出版社，2001：55.

②④ ［苏联］卢森贝．《资本论》注释（第一卷）［M］. 赵木斋，朱培兴译．北京：生活·读书·新知三联书店，1963：63.

③ 中共中央马克思恩格斯列宁斯大林著作编译局. 马克思恩格斯全集（44）［M］. 北京：人民出版社，2001：51.

⑤ ［苏联］卢森贝．《资本论》注释（第一卷）［M］. 赵木斋，朱培兴译．北京：生活·读书·新知三联书店，1963：78.

⑥ 中共中央马克思恩格斯列宁斯大林著作编译局. 马克思恩格斯全集（44）［M］. 北京：人民出版社，2001：55.

的私人劳动。这种个别的和私人的具体劳动形成商品的使用价值，进而决定了商品的私人性质。

不论在简单商品经济还是在资本主义商品经济制度中，劳动在如下意义上都是社会性的：即生产商品的活动“不仅要生产使用价值，而且要为别人生产使用价值，即生产社会的使用价值”。[①]也就是说，商品生产者不是为了满足私人的直接现实需要进行生产，而是为了满足他人，为了满足社会的需要来从事有目的的生产劳动。[②]每一单个商品生产者的这种生产劳动，在商品生产和商品消费方面都对其他商品生产者的生产劳动形成依赖。这种依赖主要体现在一个经济单位对其他经济单位中生产和消费资料的有偿获取。这一切则在社会分工中充分体现。也正是商品生产者之间的这种相互依赖，赋予了在商品经济中私人劳动所具有的特殊的社会性质。同时，从另一角度出发，劳动完全、也必须是私人的，这是商品之所以成为商品的基础，也是商品经济的基本特点。[③] 在商品经济中，每一单个的商品生产者在表面上都是完全自由地从事对自己有利的劳动，并且能够独立地按照个人意愿组织劳动。[④] 正是劳动这两个方面——私人性与社会性之间的矛盾决定了商品私人性与社会性之间矛盾的对立统一。

总之，商品是使用价值与价值之间矛盾的对立统一体，这种矛盾本身代表商品的自然属性及其受一定历史条件制约的社会属性之间的矛盾。商品的二重性根源于商品中包含着的生产者劳动的二重性，即生产使用价值的具体劳动和生产价值的抽象劳动之间的对立统一。这是构成商品私人性质与社会性质之间矛盾的基础。私人性与社会性的矛盾在商品范畴中实现了对立统一。也就是说，私人劳动和社会劳动的矛盾决定了商品使用价值和价值的矛盾，进而决定了商品范畴私人性质与社会性质的矛盾的对立统一。

## 二、在交换过程中表现

只有作为同一的社会单位，即无差别的人类劳动耗费，商品才能具有价值

---

①② 中共中央马克思恩格斯列宁斯大林著作编译局．马克思恩格斯全集（44）［M］．北京：人民出版社，2001：54.

③ 中共中央马克思恩格斯列宁斯大林著作编译局．马克思恩格斯全集（44）［M］．北京：人民出版社，2001：55.

④ ［苏联］卢森贝．《资本论》注释（第一卷）［M］．赵木斋，朱培兴译．北京：生活·读书·新知三联书店，1963：104-105.

的对象性，因此商品的价值对象性纯粹是社会的，并且只能在商品与商品之间的社会关系—交换过程中才能够表现出来。

一方面，劳动产品成为商品，是由于它们是互相独立的私人劳动的产品，其中，包含着具有不同目的的私人生产劳动，即不同的使用价值；另一方面，只有完成了交换过程的劳动产品才能够成为商品。这即决定了具有不同目的的私人劳动在生产不同使用价值的同时必须是社会劳动的一部分，即这些相互独立的私人劳动的总和形成社会总劳动。① 因为商品生产者只有通过交换过程才能发生社会接触，也只有在交换过程中，这些独立、个别的私人劳动之社会性质才能得以表现。在交换过程的社会联系中，商品生产者的私人的生产劳动的社会性质（商品的社会性质）得以表现。

首先，劳动产品要成为商品，则必须在交换过程中实现，也就是在交换过程中把商品转移到将它作为使用价值占有之人手中。“劳动产品只是在它们的交换中，才取得一种社会等同的价值对象性，这种对象性是与它们的感觉上各不相同的使用对象性相分离的。”② 只有在交换过程中，商品的价值形式才得以存在并与其使用价值相分离。也只有在商品的交换过程中，商品的社会性质，从而私人劳动的社会性质，才得以表现出来。在商品的实际交换中，私人劳动的社会性质反映在“劳动产品必须有用，而且是对别人有用的形式中”③。因此，商品只有在完成交换过程之后，其价值对象性才能够得以实现；也只有在完成交换过程之后，其所包含的私人劳动才能够成为社会总劳动的一部分而具有特殊的社会性质，也即商品的社会性质才能得以表现。

其次，商品之间之所以能够发生社会联系，决定于商品占有者对它所占有商品的交换意愿。只有交易双方达成一定的共识，交换过程才能顺利进行，交易双方才可以让渡自己的商品而交换他人的商品。这种共同意志之基础是交易的双方都必须无条件承认彼此对其所有商品私人占有之权力。④ “这种具有契

---

① ［苏联］卢森贝．《资本论》注释（第一卷）［M］．赵木斋，朱培兴译．北京：生活·读书·新知三联书店，1963：70.

② 中共中央马克思恩格斯列宁斯大林著作编译局．马克思恩格斯全集（44）［M］．北京：人民出版社，2001：90.

③ 中共中央马克思恩格斯列宁斯大林著作编译局．马克思恩格斯全集（44）［M］．北京：人民出版社，2001：91.

④ ［苏联］卢森贝．《资本论》注释（第一卷）［M］．赵木斋，朱培兴译．北京：生活·读书·新知三联书店，1963：117；中共中央马克思恩格斯列宁斯大林著作编译局．马克思恩格斯全集（44）［M］．北京：人民出版社，2001：103.

约形式的（不管这种契约是不是用法律固定下来的）法的关系，是一种反映经济关系的意志关系。这种法的关系或意志关系的内容是由这种经济关系本身决定的。”① 这种契约关系的前提是，一方面，所交换的劳动产品是其所有者不需要但另一方交易当事人却作为使用价值所需要的物品；另一方面，参加交换的双方契约当事人具有平权意义上的平等地位，即他们相互承认对方对其参加交换物品的私人所有权，即自由支配它的权力。②

从交换双方契约当事人来看，交换过程对于他们来说是个人的过程，反映他们对其所有物品的私人所有权并能够自由支配它们的权力。契约双方只是想要通过交换过程，以让渡自己所占有的商品为代价，获得另一个他们缺乏但能够满足其某方面需要的商品的使用价值。因此，从这个角度来说，一方面，交换过程以商品的私人所有和私人支配为前提，内含着商品私人性质的体现；另一方面，商品的私人所有者能否实现自己商品的价值，取决于商品能否证明它是一种能够满足社会需要的使用价值。因为只有以满足社会需要的形式耗费的人类劳动，才能够作为价值实现。而某种人类劳动耗费的结果——劳动产品——是否能够满足社会的需要，只有在商品交换的过程中才能得到证明。因此，从这个角度来说，交换过程的顺利进行是私人劳动的社会性质——同时是商品的社会性质——得以表现之必要条件。③ 也就是说，在商品的交换过程中，商品才得以作为价值形式与其使用价值相对立，形成商品使用价值与价值之间（商品私人性与社会性之间）矛盾的对立统一。因此，也只有在交换过程之中，商品私人性与社会性之矛盾才能够得以表现。

之所以使用“表现”一词，主要是为了避免以下误解：商品私人性质与社会性质之间的矛盾似乎只有在交换中才存在，即商品（以及商品生产所耗费的劳动）只有在交换过程中才开始具有社会性，在这以前它只是私人的。而其实，它很早就具有了社会性质，因为商品生产者在生产过程中所耗费的人类劳动即是整个社会劳动的一部分。④ 但由于社会分工的存在，商品生产者的

---

① 中共中央马克思恩格斯列宁斯大林著作编译局．马克思恩格斯全集（44）［M］．北京：人民出版社，2001：103.

② ［苏联］卢森贝．《资本论》注释（第一卷）［M］．赵木斋，朱培兴译．北京：生活·读书·新知三联书店，1963：116-117.

③ ［苏联］卢森贝．《资本论》注释（第一卷）［M］．赵木斋，朱培兴译．北京：生活·读书·新知三联书店，1963：116-119.

④ ［苏联］卢森贝．《资本论》注释（第一卷）［M］．赵木斋，朱培兴译．北京：生活·读书·新知三联书店，1963：80.

劳动只有在交换过程中才能表现为社会劳动，从而商品的社会性质才能得以显现。因此，在以交换为目的的商品生产阶段已包含了私人劳动的特殊社会性质，也即包含了商品的社会性质及其同私人性质之间的矛盾对立。在以交换为目的的商品生产阶段，商品生产者便已不是在为自己生产使用价值，而是在为他人生产使用价值，所以他们的劳动产品在生产阶段就已经成为商品，并成为价值与其使用价值相对立。因此，在生产阶段已形成了商品私人性与社会性之间的内在矛盾，只是在交换过程中这种矛盾才能够得以表现。①

## 三、在价值形式的两极对立中外化

在商品交换的过程中，总有一个商品的价值通过另一个商品表现出来，而后者则被当作这种价值表现的材料。即在交换过程中一个商品的价值被另一个商品表现出来。这时“前一个商品的价值表现为相对价值，或者说，处于相对价值形式。后一个商品起等价物的作用，或者说，处于等价形式”。② 这两个不同商品分别作为相对价值形式和等价形式的外部对立，无非是商品使用价值与价值之间——即商品私人性与社会性之间内在矛盾在交换关系中外化之结果。

商品的简单价值形式包含了相对价值形式和等价形式之间的对立，它们相互排斥且互为前提。一方面，一个商品不能同时既是相对价值形式又是等价形式；另一方面，一个商品处于其中一种形式以另一个商品处于另一种形式为前提。因此，商品价值表现的两极——相对价值形式和等价形式之间的矛盾，在参与交换的两种商品的对立统一中体现出来。而在交换关系中起着对立作用的这两种商品的统一，无非是商品使用价值与价值之间，从而商品私人性与社会性之间矛盾的外化形式。

抽象的商品价值在一个商品同另一个商品发生交换关系中得以表现，并获得了完全具体的形式。这时商品的抽象价值不能通过商品本身表现出来价值，而是通过另一种商品具体地表现出来。两种商品进行交换的前提是它们都作为

---

① ［苏联］卢森贝．《资本论》注释（第一卷）［M］．赵木斋，朱培兴译．北京：生活·读书·新知三联书店，1963：80.

② 中共中央马克思恩格斯列宁斯大林著作编译局．马克思恩格斯全集（44）［M］．北京：人民出版社，2001：62.

“共有的这个社会实体的结晶”① 的同一性。因此，不同商品之间交换关系之基础是它们价值的相等。但这种相等是在两种特殊的价值形式，即相对价值形式和等价形式中表现出来的。虽然这两种商品在交换中作为价值量是同一单位的表现，是同一性质的物，但它们在交换关系中所处的地位是完全相异的。只有处于相对价值形式的商品的价值被表现出来，并在其等价物的价值关系中独立地表现出来，即“在一个商品和另一个商品的交换关系中，……一个商品的价值性质通过该商品与另一个商品的关系而显露出来”。②

在交换中，等价物并不能表现出自身的价值，而其作为商品实体是另一种商品价值的体现物。也只有等价物成为其所对应相对价值形式的价值体现物，处于相对价值形式的商品的价值才能获得具体的外部表现。在这里，本身内生于同一商品体使用价值与价值之间的内在矛盾似乎外化为两个不同商品之间的外部对立。换句话说，同一商品内部私人性与社会性的内在矛盾也外化为分别处于相对价值形式和等价形式的两个商品之间的外部对立。

价值表现的两极使商品的抽象价值获得了具体的物质表现形式，同时也揭示出将一个商品的价值表现在另一个商品上而导向的一切矛盾。马克思将这些矛盾总结为三个方面：一是“使用价值成为它的对立面即价值的表现形式”；二是“具体劳动成为它的对立面即抽象人类劳动的表现形式”；三是“私人劳动成为它的对立面的形式，成为直接社会形式的劳动”③。在交换关系中，使用价值成为价值的表现形式；具体的私人劳动就成为与其对立的抽象的社会劳动的表现。因此，在交换关系中商品使用价值与价值的内在矛盾外化为在价值形式两极对立中两个商品之间的矛盾，也即将商品私人性质与社会性质之间的内在矛盾转化为两个不同商品之间的外部矛盾。

## 四、转化为商品与货币的矛盾

从历史的角度来看，随着社会生产力的发展，生产界限的扩大，交通运输

---

① ［苏联］卢森贝．《资本论》注释（第一卷）［M］．赵木斋，朱培兴译．北京：生活·读书·新知三联书店，1963：70.

② 中共中央马克思恩格斯列宁斯大林著作编译局．马克思恩格斯全集（44）［M］．北京：人民出版社，2001：65.

③ 中共中央马克思恩格斯列宁斯大林著作编译局．马克思恩格斯全集（44）［M］．北京：人民出版社，2001：71-74.

业的发展，新的地区的发现，都有可能推动商品经济向着崭新的阶段发展。这时，商品生产和交换的规模和范围都将不可避免地扩张，价值形式获得了进一步的发展，即从简单的、个别的、偶然的价值形式过渡到总和的、扩大的价值形式，再到一般价值形式和货币形式。这一系列过渡不仅反映商品价值形式的发展，还可以反映商品生产的历史，即商品在自然经济内部产生和不断发展的历史。

随着生产的发展和交换范围的扩大，商品的价值获得了大量的表现，这意味着价值形式本身的进一步发展，即各种抽象人类劳动彼此全面的相等并成为商品价值的表现。但同时又说明商品经济并没有相当发展，因为虽然价值有大量的表现、大量的形式，但还没有唯一的确定的形式。也就是说，这时的等价物不是一个商品，而是所有商品轮流充当价值的体现物，在它上面耗费的人类劳动是作为抽象劳动的劳动。因此，随着交换的扩大，商品（以及包含在其中的劳动）的社会性比在简单价值形式中的等价形式鲜明得多。但是，由于等价物并不固定于一种商品而不断轮流交替，商品价值表现为使用价值仍然带有一定的偶然性。

商品生产和交换更进一步扩大的结果是一般等价形式的出现。这时，“商品价值表现在以下两个方面：一是简单的，因为都是表现在唯一的商品上；二是统一的，因为都是表现在同一的商品上。它们的价值形式是简单的和共同的，因而是一般的”。①一般等价形式使商品世界的价值都表现在同一种商品上，而这种商品是与整个商品世界相分离的。一般等价物的出现意味着价值已经开始同它的形式相结合，并获得了同一的外部表现一般等价物。这时，价值已经发展到了它的完成形式。一般等价物的自然形式被当作是一般人类劳动的现实化身，是“一般的社会的蛹化”。相对价值形式同等价形式的两极对立，也在一般等价形式中固定起来。商品价值表现为使用价值以及抽象劳动表现为具体劳动将完全不具有偶然性。

当商品的等价形式与这种充当一般等价物的特定商品的自然形式“社会地结合”在一起时，这种特定的商品就成为了货币商品。并且由于社会的习惯，商品金成为被商品世界排挤出来的特殊商品，它作为货币商品与其他一切商品相对立。而只有当金普遍成为一般等价物时，商品价值形式的发展才算彻

① 中共中央马克思恩格斯列宁斯大林著作编译局．马克思恩格斯全集（44）［M］．北京：人民出版社，2001：81.

底完成，货币形式则作为完成形态的价值形式执行其社会职能。

我们已经知道，商品使用价值与价值的内在矛盾在价值形式的两极对立中外化为两个不同商品之间的外部对立，从而商品私人性与社会性的内在矛盾也在这种两极对立中转化为外部矛盾。进而随着一般等价物和货币形式的出现，商品私人性与社会性的内在矛盾转化为商品和货币之间的矛盾。当商品私人性与社会性的内在矛盾转化为两个商品之间的外部矛盾进而转化为商品与货币的矛盾时，一方面，商品私人性与社会性的内部矛盾得到了解决；另一方面，却是在新的形态上发展了这种矛盾。因为“正是商品世界的这个完成的形式——货币形式，用物的形式掩盖了私人劳动的社会性质以及私人劳动者的社会关系，而不是把它们揭示出来”。①

正是价值形式的存在，即把一个商品的价值反映在另一个商品上，直接把生产者之间劳动的社会关系偶像化为物与物之间的社会关系。这种偶像化的程度随着商品价值形式的发展而不断加强，直到价值形式的完成形态——货币的出现，这种偶像化的程度达到了顶峰，即从商品拜物教发展为货币拜物教。在这一过程中，商品私人性与社会性之间的内在矛盾先是转化为两个对立商品之间的外部矛盾，接着转化为商品与货币之间的矛盾。这种转化一方面解决了商品私人性与社会性之间内部矛盾对交换范围和过程的限制，创造出这些矛盾能在其中运动的形式；另一方面把这一矛盾背后所对应的劳动的私人性与社会性之间的矛盾用物与物的表面对立关系隐藏起来，并使上述矛盾在新的形态上继续发展，而不是对这一矛盾进行积极地扬弃。

## 第二节　货币的私人性与社会性

随着生产和交换的扩大，商品的价值形式不断发展，商品内部使用价值与价值之间的对立发展成为一切商品与货币之间的对立。在这一过程中，商品私人性与社会性的内在矛盾先是转化为两个商品之间的外部矛盾，进而转化为商品与货币之间的矛盾。商品私人性与社会性之间的内在矛盾即在这一过程中寻

① 中共中央马克思恩格斯列宁斯大林著作编译局．马克思恩格斯全集（44）［M］．北京：人民出版社，2001：93.

求解决。而这种矛盾的解决并不是完成对矛盾的积极扬弃，而是为这些矛盾创造得以在其中运动的形式。“一般说来，这就是实际矛盾赖以得到解决的方法。”[①][②] 另外，随着货币形式的出现，商品私人性与社会性之间的内在矛盾被商品与货币的表面对立关系隐藏了起来，并在新的形态上发展了这一对矛盾。

## 一、货币商品的二重使用价值及其社会性

货币是作为交换过程逐渐扩大的必然结果而产生的。在交换关系不断扩大和加深的过程中，商品使用价值与价值之间的内在矛盾，（从而其背后所对应的劳动的私人性与社会性之间的对立以及商品私人性与社会性之间的内在矛盾）不断发展起来。为了保证交换过程在不断扩大中的顺利进行，需要上述矛盾获得某种外部的表现。这必然要求商品价值获得独立的形式，并与一种独特商品的自然形式相结合，充当其他一切商品的一般等价物。“这个需要一直存在，直到由于商品分为商品和货币这种二重化而最终取得这个形式为止。”[③] 货币的出现是一般等价形式与货币商品的自然形式社会地结合在一起的结果：一方面它是一种商品，另一方面它始终充当其他一切商品的一般等价物。

作为一种特殊的商品，货币的使用价值具有二重性。一方面，它作为一种商品，与其他任何商品一样都具有某种特殊的使用价值，也同其他商品一样是某种具体劳动的成果；另一方面，它作为货币，是其他一切商品价值的表现形式，因此又取得了一种由它的独特的社会职能产生的形式上的使用价值。而后者是货币商品作为货币行使职能的前提和基础。因此，作为从交换过程中分离出来的，充当其他一切商品的一般等价物的货币，它的使用价值主要表现在成为其他一切商品价值的表现形式上，即由它的社会职能所决定的形式上的使用价值。正是这种形式上的使用价值，决定了货币区别于其他任何商品的特殊的社会性质和社会职能。

货币充当其他一切商品的一般等价物，是物物交换的直接媒介，这是其社

① 中共中央马克思恩格斯列宁斯大林著作编译局．马克思恩格斯全集（44）［M］．北京：人民出版社，2001：124.

② 中共中央马克思恩格斯列宁斯大林著作编译局．马克思恩格斯全集（44）［M］．北京：人民出版社，2001：124-125.

③ 中共中央马克思恩格斯列宁斯大林著作编译局．马克思恩格斯全集（44）［M］．北京：人民出版社，2001：106.

会性质的最集中体现，即货币商品包含商品世界广泛的社会联系，是商品之间社会联系的媒介。在商品交换的过程中，相互独立的物取得了社会联系和社会性质。与此同时，劳动的社会规定性也在一定的生产方式之基础上获得了物质形式，这就是货币商品的实质。由此可知，货币作为商品价值的化身，同时也是劳动的社会规定性的物质代表。

当商品使用价值与价值的内在矛盾，即商品私人性与社会性之间的对立，由商品内部的对立转化为两个商品之间的外部对立，再到商品与货币之间的对立时，基于交换关系的物与物之间的一切社会关系都被固定于一种商品，即货币商品之上。这使货币商品必须充当其他一切商品的价值的化身，并成为交易的媒介。只有这样才能创造出商品私人性与社会性的内在矛盾在其中借以实现和解决的运动形式，从而保证交换过程的顺利扩大和不断加深。因此，货币商品作为物物交换的媒介，被赋予了一种特殊的社会性质。① 这种特殊的社会性质主要体现在以下四个方面：一是货币是作为其他商品价值借以取得社会表现的材料的使用价值；二是它作为其他一切商品的价值的化身，包含着其他一切商品之间的社会联系；三是它作为物物交换的媒介，是在不断扩大和加深的交换过程中商品与商品之间发生社会关系的必要介质；四是它是劳动的社会规定性在一定的生产方式基础上的物质表现。因此，不仅货币的产生过程是商品的价值形式同商品的自然形式社会地结合的结果，同时货币商品本身也包含着特殊的社会性质。

## 二、货币商品的私人性

虽然货币是从商品世界中被排挤出来的一种独特存在，但这并不妨碍货币本身就是作为商品存在的事实。因此，货币同其他任何商品一样，都是可以成为私人占有的外界物，对货币商品私人占有和自由支配的权力决定了货币的私人性质。

在交换过程中，不论是商品之间的物物交换还是商品与货币的交换过程，交易双方都必须承认对方对其商品或货币的私人占有权。这是具有契约形式的交易双方共同一致的意志行为，也是用自己的商品（或货币）与别人的货币

① ［苏联］卢森贝.《资本论》注释（第一卷）［M］. 赵木斋，朱培兴译. 北京：生活·读书·新知三联书店，1963：122.

(或商品)相交换能够顺利实现的前提和基础。因此，进入交换过程的货币商品首先必须是私人的，这是它能够被交换的前提。具体而言，商品与货币之间之所以能够进行交换，决定于商品和货币的占有者对它所占有的商品或货币的交换意愿。它们之间交换的顺利进行必须建立在交易双方具有共同一致的意志行为的基础之上。而这种共同的意志行为的根底在于交易双方都必须承认彼此对其商品或货币的私人占有权。这种具有契约形式的法的关系是由一定的生产方式所决定的，是其内部经济关系的映射。

商品与货币的交换过程，一方面，将满足原本的货币占有者对其交易对方的商品占有者所占有物品的使用价值的直接需要；另一方面，将满足原本的商品占有者对货币的使用价值的需要，这种需要主要表现在货币作为一般等价物的使用价值，即进一步通过让渡自己手中私人占有的货币以交换其他能够满足自己对某种商品使用价值的需要。因此，参加交换的双方契约当事人具有平权意义上的平等地位，即他们相互承认对方对其参加交换商品或货币的私人所有权和自由支配它们的权力。从交换双方契约当事人来看，交换过程对于他们来说是个人的过程，反映他们对其所占有商品或货币的私人所有权且能够自由支配它们的权力。契约双方只是想要通过交换过程让渡自己所占有的货币或商品，以交换另一个能够满足他所需要的使用价值的商品，或是通过获取作为其他一切商品的一般等价物——货币来进一步交换他所需要的某种其他商品的使用价值。因此，从这个角度来说，交换过程以商品和货币的私人占有和私人支配为前提，内含着商品和货币私人性质的体现。

正是由于货币本身作为一种特殊的商品，并且作为一种可以成为私人财产的外界物，货币的社会权力就成为一种私人权力。因此，虽然商品私人性与社会性之间的内在矛盾在价值形式的发展中转化为外部矛盾，并最终转化为商品与货币之间的外部对立，且这种转化一方面创造出矛盾能在其中运动的形式，在一定程度上解决了商品私人性与社会性的内在矛盾对交换扩大和加深的限制，但另一方面商品私人性与社会性之间的矛盾对立在货币形式中依然存在，并在新的形式上获得了发展。首先，货币形式的出现把劳动的私人性与社会性之间的矛盾，以及生产者之间劳动的社会关系偶像化为物与物之间的表面对立，这并不代表对矛盾的扬弃，反而是上述矛盾在新的形式上的发展。因为货币形式的出现并不揭示私人劳动的社会性质以及私人劳动的社会关系，反而用物与物之间的表面对立将它们隐藏了起来。其次，在货币商品本身中包含着私人性与社会性之间的矛盾。一方面，货币是一种商品，是可以成为任何人的私有财产的外界物，并且交换过程的实现也要求交易双方必须承认对方对其所有商品或货币的私人占有和支配权。这是货币私人性质的表现。另一方面，货币充当其他商品的一般等价物，是其他一切商品的价值的化身，也是物物交换的媒介。同时，货币形式包含着其他一切商品的社会联系。这是货币社会性质的体现。因此，货币形式本身也内含着私人性与社会性之间的对立。

## 三、货币作为流通手段和支付手段及其矛盾的运动

以上的分析表明，不论是商品还是货币，都是作为社会关系和一定的社会性质的物的表现，而对物（商品和货币）的私人占有是由一定的经济关系决定的具有契约形式的法的关系。这种私人性与社会性之间的对立在商品和货币形式中得到了统一。而本小节所侧重的是把商品和货币作为一种运动的、循环的过程来研究，并在其中探讨商品和货币的私人性与社会性之间矛盾的运动。

在马克思看来，货币的价值尺度是它的基本职能，这是由货币的实质决定的，即货币是商品价值的形式，是其他一切商品的一般等价物，商品价值不仅以货币形式在质上表现为一般人类劳动的耗费，而且也必须在量上表现为具有以一定金量的形式所表现的一定劳动量。商品与货币之间的这种内在的公约性，决定了它的外部表现，即货币的价值尺度。① 而货币作为流通手段和支付手段是交换过程的直接参与者和交易的媒介，是商品流通过程中的重要环节。但也恰恰是货币作为流通手段和支付手段使商品和货币在运动过程中其私人性与社会性的矛盾进一步加深。

当交换过程的扩大和加深造就了商品和货币的分离，商品使用价值与价值，即商品私人性与社会性之间的内部对立转化为了商品与货币之间的外部对立。在这种对立中，货币商品实际上只是交换价值，它的使用价值只是观念地在其对应的相对价值系列中表现，并通过这个相对价值的表现系列与对立着的商品发生关系。这时，“商品的交换过程是在两个互相对立、互为补充的形态变化中完成的：从商品转化为货币，又从货币转化为商品”。② 这两种形态变化对应着商品和货币占有者的两种行为：对于商品占有者来说，是卖，是用商

① 中共中央马克思恩格斯列宁斯大林著作编译局．马克思恩格斯全集（44）［M］．北京：人民出版社，2001：114.

② 中共中央马克思恩格斯列宁斯大林著作编译局．马克思恩格斯全集（44）［M］．北京：人民出版社，2001：126.

品交换货币；对于货币占有者来说，是买，是用货币交换商品。但不论是卖还是买，最终的目的都是买，是用自己的劳动产品同别人的劳动产品进行交换，而货币只是产品交换的中介。因此“这两种行为的统一就是：为买而卖”。①

商品和货币之间的形态变化由两个相互对立而又相互补充的两个运动阶段组成：商品转化为货币和货币转化为商品。商品与货币之间的转化过程是由商品和货币占有者之间的社会交换过程完成的，并反映在商品占有者和货币占有者之间经济角色的对立上。这时，商品的形态变化形成了“商品形式，商品形式的抛弃，商品形式的复归”② 的循环。在交换中，每种商品形态变化的循环都同其他商品形态变化的循环不可分割地交织在一起，这全部过程表现为商品流通。

不论是在形式上还是实质上，商品流通都同简单而直接的劳动产品交换有所不同。在商品流通中，一方面，货币打破了直接的劳动产品交换的范围和对象的限制，丰富了不受交换的当事人所控制的天然的社会联系；另一方面，货币把让渡自己的劳动产品并同时获得他人劳动产品的直接的同一性，分裂为买与卖这两个相对立运动过程。③ 这样，商品所有者通过让渡自己的劳动产品以获得他人的劳动产品的过程被割裂为有条件发生时间和空间变化的两个阶段：即通过让渡自己的劳动产品以获得货币，继而通过让渡自己的货币以获得能够满足自己需要的他人的劳动产品。因此，在商品流通过程中，劳动产品之间直接进行交换的内部统一运动于外部对立中。这恰恰使商品私人性与社会性之间的内在矛盾，在以货币为流通手段的商品流通过程中，取得了发展了的运动形式。

货币作为流通手段不仅使商品私人性与社会性之间的内在矛盾取得了发展了的运动形式，同时也进一步发展了货币形式本身私人性与社会性之间的矛盾。因为货币作为流通手段，既是商品流通的介质，也是货币社会性质的最显著的表现。货币作为包含其他商品最广泛社会联系的特殊商品，恰恰加深了它的社会性质同其私人占有之间的矛盾。

---

① 中共中央马克思恩格斯列宁斯大林著作编译局．马克思恩格斯全集（44）［M］．北京：人民出版社，2001：126.

② 中共中央马克思恩格斯列宁斯大林著作编译局．马克思恩格斯全集（44）［M］．北京：人民出版社，2001：133.

③ 中共中央马克思恩格斯列宁斯大林著作编译局．马克思恩格斯全集（44）［M］．北京：人民出版社，2001：126-130.

随着商品流通的发展，商品实际让渡行为的发生同货币的现实获取在时间上逐渐开始分离开来。这时，商品与货币并不同时出现在交换过程的两极上，即货币作为支付手段行使职能。① 当它作为支付手段时，其作为价值尺度的职能和它作为价值的实际实现是在两个分离的时刻进行的。在让渡商品的时刻，货币只执行观念上的购买手段的职能，商品的转手并不以买者现实地出让货币为前提。这种分离使支付的相互抵消成为可能。② 而当必须进行实际货币支付时，“货币又不是充当流通手段，不是充当物质变化的仅仅转瞬即逝的中介形式，而是充当社会劳动的单个化身，充当交换价值的独立存在，充当绝对商品”。③ 也就是说，在必须进行实际支付时，卖方只接受实实在在的货币，一旦有人不能如期支付现实货币，那么一系列支付链条将被打乱，造成信用危机。货币作为支付手段所决定的商品让渡同商品价值的实际实现在时间上的分离，进一步拉长了“商品—货币—商品”形态转化过程的时间链条，因而也使商品使用价值与价值之间，即商品私人性与社会性之间的内在矛盾，在新的形态上获得了更进一步的发展。这是因为当危机发生时，商品作为价值实现的难度将大大增加，生产者的私人劳动作为社会劳动的实现也因此变得更艰难。这是商品私人性与社会性之间内在矛盾不断加深的体现。

在商品流通中，货币作为流通手段，使“商品—货币—商品”的形态转化成为能在时间和空间上相分离的两个阶段（商品—货币的卖的过程和货币—商品的买的过程），即把让渡自己的劳动产品并同时获得他人劳动产品的直接的同一性分裂为买与卖这两个相对立的运动过程。这样，劳动产品之间直接进行交换的内部统一便在外部对立中运动起来。这两个阶段在时间和空间上的割裂，很可能导致商品的价值在另一个商品使用价值上的实现存在时滞，因为商品总是先与货币进行交换，进而再同能够真正满足需要的另一种作为使用价值的商品进行交换。而这种价值实现的时滞很有可能导致商品流通过程的淤塞，因为卖方在让渡自己商品的同时并不一定马上用交换得来的货币买入能够满足自己需要的其他商品，这就很有可能导致其他商品所有者的商品无法正常进入交换过程，从而形成对商品流通链条的破坏。这会进一步影响其他商品作为价值的实现，也会使生产者的私人劳动作为社会劳动的实现变得更加艰难。

---

① 中共中央马克思恩格斯列宁斯大林著作编译局. 马克思恩格斯全集（44）［M］. 北京：人民出版社，2001：158.

②③ 中共中央马克思恩格斯列宁斯大林著作编译局. 马克思恩格斯全集（44）［M］. 北京：人民出版社，2001：161.

因此，当货币作为流通手段，由于商品形态转化的两个阶段在时间上的分离，将导致私人性与社会性之间的内在矛盾不断加深并获得新的形式上的发展。此外，货币作为支付手段所直接导致的商品让渡同商品价值的实际实现在时间上的分离，进一步拉长了“商品—货币—商品”形态转化过程的时间链条，因而也使商品使用价值与价值之间，即商品私人性与社会性之间的内在矛盾不断加深，并在新的形态上获得了更进一步的发展。

## 第三节　资本一般的私人性与社会性及其矛盾

资本一般私人性与社会性的矛盾，是作为“许多资本”特征之一的股份资本私人性与社会性矛盾的逻辑起点，是资本私人性与社会性矛盾的最抽象、最一般的规定性。因此，对股份资本私人性与社会性矛盾的分析必须以资本一般作为研究的起点展开。

### 一、由货币转化而来的资本

以货币为媒介的商品流通是资本的起点，且货币作为商品流通的最终产物，是资本的初始表现形式。值得注意的是，货币是在一定的生产方式下的特殊运动中成为资本形式的，而这种运动同它在简单商品流通中的运动大不相同。

作为货币的货币和作为资本的货币的本质区别体现在它们的流通形式之中。[①] 作为货币的货币是商品流通的媒介。商品流通的直接形式是“商品—货币—商品”的形态转化，即卖是中间过程，而买是最终目的。也就是说，在商品流通中，货币只是作为交换的媒介参与流通，而这整个过程的全部最终目的是商品与商品之间的交换，是两种商品使用价值之间的交换，尽管在中间过程中采取了不同的价值形式。但作为资本的货币流通过程却完全不同，它的直接形式是“货币—商品—货币”的形态转化，即买是中间过程，而卖是最终

① 中共中央马克思恩格斯列宁斯大林著作编译局. 马克思恩格斯全集（44）［M］. 北京：人民出版社，2001：172.

目的，商品成为了整个过程的中介。在流通的两极上，没有质的差别（都是货币），而这一过程之所以有意义，只能是因为它们有量上的不同。[①] 因此，资本流通过程所追求的并不是商品与商品之间使用价值的交换，而是价值的增殖。资本形式的货币不仅服务于商品的交换，而且也服从于价值增殖的目的。

在简单商品流通中，商品私人性与社会性之间的内在矛盾转化为商品与货币之间的外部对立。在资本的流通中，商品的价值表现为一个资本实体，它始终处于过程之中，且具有自我运动和自我扩张的能力，而商品和货币只是这个实体存在的两种形式。简单商品流通的最终目的是商品之间使用价值的交换，在交换的过程中商品与货币之间形式的变化并不会导致价值量发生改变。而作为资本的货币流通过程则不同，其整个流通过程的目的就是获得价值量的增加，即价值增殖。但由商品交换的内在规律所决定的等价交换原则，似乎使这种价值量的增加无法实现。这就是资本总公式的矛盾的实质。而雇佣劳动的出现，即劳动力转化为商品，是上述矛盾得以解决的前提。

因此，作为货币的货币与作为资本的货币最本质的区别是两者在运动中的地位和流通的目的。作为货币的货币是商品流通的媒介，其运动的最终目的是交换两种商品的使用价值，并不涉及价值在量上的变动。而作为资本的货币流通的最终目的就是其本身量的增加，即价值的增殖。正是这种最终目的的不同，决定了私人性与社会性的内在矛盾在作为资本的货币中进一步加深。由于作为资本的货币流通的最终目的是获得尽可能多的价值增殖，因此，资本与劳动之间的不等价交换将达到其最大限度，即资本占有者以最大的限度压低劳动力商品的交换价值，使其等于甚至低于劳动力商品的价值。而劳动力占有者以出卖自己的劳动力商品而交换得来的货币——即工资，是消费的主要来源。这样，一方面是生产和积累的扩大，另一方面则是消费的不足。这就构成了生产与消费之间的对抗性矛盾。当有效需求极端不足时，将表现为生产过剩的危机。这时，商品价值实现的难度将极度增大，商品的流通过程将难以顺利进行，商品生产的私人劳动难以作为社会劳动实现，即私人性与社会性的内在矛盾在资本形态中被进一步加深。

---

① 中共中央马克思恩格斯列宁斯大林著作编译局．马克思恩格斯全集（44）［M］．北京：人民出版社，2001：176.

## 二、资本私人性与社会性矛盾的一般规定性

在商品交换中被最终分离出来的作为货币的货币，一方面，为商品私人性与社会性内在矛盾创造出能在其中以运动方式寻求矛盾的解决；另一方面，货币作为流通手段和支付手段使一种商品价值在另一种商品使用价值上的实现过程存在时滞，而这恰恰加深了其私人性与社会性的内在矛盾，并在新的形式上发展了这一对矛盾。此外，货币作为一种特殊的商品本身也是私人性与社会性的对立统一体。资本的最初表现形式就是这种商品流通的最后产物——货币。从表面上来看，资本就是一定数量的货币。但上述分析表明，货币是在特定的生产方式和经济关系中，在特殊的运动中转化为资本的。这种特定的生产方式和经济关系就是资本主义的生产方式及与之相适应的生产关系和交换关系。

在资本主义的生产关系和交换关系中，资本是由货币转化而来的一种货币的发展了的形式，因而具有货币所固有的属性——私人性与社会性的对立统一。资本本身也就不仅具有资本主义生产资料私人占有条件下的私人性质，也成为社会劳动的发展形式和转化形式，并表现为一种直接的社会权力。具体而言，随着资本积累和积聚的增长过程，“资本越来越表现为社会权力，……但是资本表现为异化的、独立化了的社会权力，这种权力作为物，作为资本家通过这种物取得的权力，与社会相对立。由资本形成的一般的社会权力和资本家个人对这些社会生产条件拥有的私人权力之间的矛盾，越来越尖锐地发展起来”①。因此，资本一般作为由货币转化而来的资本主义生产关系的核心体现，是私人性与社会性矛盾的对立统一。这种私人性与社会性之间的矛盾不仅是货币私人性与社会性之间对立的表现，也是资本作为一种直接的社会权力而同这种社会权力的私人掌控之间对立的进一步发展，因而也是私人性与社会性矛盾的进一步激化和加深。

货币转化为资本的过程是在特定的生产关系条件下完成的，因此资本本身不是物，而是以物作为承担者的社会生产关系。资本一般作为资本主义社会生产关系的承担和体现，其背后必然对应资本主义生产资料私有制为主导的所有制关系。这种以私有制为主导的所有制关系和资本主义生产关系，一方面使资

---

① 中共中央马克思恩格斯列宁斯大林著作编译局. 马克思恩格斯全集（第二版）（46）[M]. 北京：人民出版社，2003：293-294.

本作为具有社会性质的存在，另一方面也赋予了资本内生的私人性质。在资本主义生产资料私人占有的条件下，资本必然作为私人性质而存在。这种私人性质在现实经济关系中体现为，资本家个体凭借私人所有权对其所有资本占有、支配和使用的私人权力。资本的这种私人权力在实际经济生活中是通过具有契约性质的法权关系来保证的。在法权关系上，资本的私人权力表现为资本家对其所有资本之不可侵犯的财产所有权，体现为法律上的一种私人财产关系。

同时，生产资料私有制条件下的私人资本，作为资本主义社会生产关系和所有制关系的承担者，本身也具有一定的社会性质。首先，资本作为生产资料私有制条件下剥削关系的体现，它所反映的是生产资料的所有者对雇佣劳动者所创造剩余价值的无偿占有和剥削。这是在资本主义制度下资本与劳动进行社会结合的方式，体现生产资料的私人占有者同劳动者之间的社会关系，也是资本社会性质的第一重体现。其次，随着社会化大生产的发展，资本作为一种结合起来的社会力量和社会权力，反映的是资本自身的社会结合方式，也是占有生产资料的不同私人资本家之间的社会结合方式。它所对应的是随着社会生产力的发展，资本主义生产社会化的程度和资本的社会结合方式不断变化的关系，这是资本社会性质的第二重体现。因此，资本主义的生产方式使经济关系更为全面地社会化了，这体现为生产过程、交换过程和分配过程的全面社会化，在这一过程中，私人资本逐渐作为一种社会力量而实现联合的存在。因此，资本的社会性质随着资本主义生产方式的发展和生产社会化程度的提高(生产和资本的集中)，作为一种同其所有制性质所决定的私人性质相悖的力量发展起来。并且随着社会化生产的不断推进，资本的私人权力同它的社会性质之间的对立将更为尖锐地表现出来。而这种对立具体表现为生产资料占有的私人性与其相互结合方式的社会性不断扩大之间的矛盾，即生产资料私人占有与生产社会化之间的矛盾。

## 三、资本一般私人性与社会性矛盾的表现

资本是私人性与社会性之间矛盾的对立统一，这是私人性与社会性之间内在矛盾运动的结果。私人性与社会性之间的矛盾是主要矛盾，它的存在与发展规定和影响着其他矛盾的存在与发展，并在资本一般的其他矛盾中得以表现。

首先，资本是价值保存过程、价值增殖过程和价值实现过程的统一。但这三个过程是彼此独立存在的外在过程，存在时间和空间上相互分离的可能性。

即使它们统一构成资本，且每一个过程都是另一过程的前提和基础。因此对于个别资本家来说，这三个过程的统一是偶然的。在生产过程本身中，资本的价值增殖表现为资本对雇佣劳动剩余价值的剥削；而当资本作为商品资本时，它却表现为生产过程之外的流通过程。作为商品资本，它必须是使用价值，并且是社会需要的使用价值；同时它必须与货币进行交换，完成从商品资本到货币资本的转换。它作为使用价值是它能够作为价值与货币进行交换的前提，同时它能够完成从商品资本向货币资本的转化是它作为社会需要的使用价值实现的前提。这构成了资本的固有矛盾之一，即生产与价值增殖实现之间的矛盾。这一矛盾的根源在于商品价值能否顺利实现，即商品生产的私人劳动能否作为社会劳动的一部分而存在。它的限制在于社会对该商品的需要，即消费本身。当资本离开生产过程进入流通时，“资本作为生产出来的产品会遇到现有消费量或消费能力的限制”。[①] 作为具体劳动的结果而存在的特殊的、质的使用价值，是在一定限度内被社会所需要的。当某种使用价值超出了社会需要的限度，它将不再是社会需要的使用价值，也将无法作为价值而实现。因此，生产与价值增殖实现之间的矛盾，是资本一般私人性与社会性之间内在矛盾的表现形式之一，也是简单商品流通中所有矛盾以新的形态的复归。在简单商品流通中，“产品作为使用价值同作为价值的自身相矛盾，换句话说……同它自身作为价值只在对象化劳动形式上具有的那种实体相矛盾”。[②]而在资本流通中，“这个矛盾……表现为：用使用价值来估量产品，在这里被断然规定为由交换者对该产品的总需要，即由总消费量来估量产品”。[③]因此，在生产过剩的危机中，资本私人性与社会性的矛盾并不仅仅表现在生产资本之间，而是表现在处于生产过程中的资本和处于生产过程以外独立作为货币存在的资本之间，表现为生产与价值增殖实现之间的矛盾。

其次，在以资本逻辑为基础的生产过程中，资本本身包含一种特殊的对生产的限制，这种限制构成其与资本扩张的内在冲动的矛盾，这是资本私人性与社会性之间矛盾的另一种表现。这种自身的限制在于以下四个方面：①必要劳动是活劳动能力的交换价值的界限；②剩余价值是剩余劳动和生产力发展的界

---

① 中共中央马克思恩格斯列宁斯大林著作编译局．马克思恩格斯全集（30）［M］．北京：人民出版社，1995：384.

②③ 中共中央马克思恩格斯列宁斯大林著作编译局．马克思恩格斯全集（30）［M］．北京：人民出版社，1995：386.

限；③货币是生产的界限；④使用价值的生产受交换价值的限制。[①] 而资本扩张的内在冲动所造成的一般结果就是资本不顾这种自身对生产的限制，从而造成生产过剩，并导致普遍的商品价值实现困难，激化私人性与社会性之间的内在矛盾。

因此，私人性与社会性的内在矛盾在从商品到货币再到资本的发展过程中不断运动并得以加深。一方面，在这一过程中，商品私人性与社会性的内在矛盾获得了它们能在其中运动的形式；另一方面，商品私人性与社会性的内在矛盾在货币和资本形式本身中获得了发展，表现为货币和资本形式上私人性与社会性之间的对立。资本一般私人性与社会性之间的对立表现在：资本既是私有制条件下具有法权关系的神圣不可侵犯的私有财产，又是社会劳动和社会权力的发展形式和转化形式。因此，作为由货币转化而来的资本主义生产关系的核心体现，资本是私人性与社会性矛盾的对立统一。

## 四、资本一般与“许多资本”

在马克思经济学体系中，资本一般的内涵可以概括地表述为资本的一般规定，这种一般性的规定不仅包含资本形式的一般性和资本概念的一般性，也包含“总的来说的资本”的意思。即在资本一般中，它所代表的是资本的最一般、最抽象的规定，是思维用来掌握具体的起点。

第一，资本一般是与作为商品的价值和作为货币的价值相区别来考察的资本。资本同以商品为载体的价值和货币本质的区别在于，后者运动的最终目的是交换两种商品的使用价值，并不涉及价值在量上的变动；而前者运动的最终目的就是其本身量的增加，即价值的增殖。因此，资本一般是使资本的价值区别于单纯作为商品或货币的价值的总的规定性的起点。从逻辑上来讲，在从商品到货币再到资本的运动过程之中，资本的最先存在形式就是“资本一般”。因为它在逻辑上包含了资本区别于商品和货币的最抽象、最一般的总和的规定性。

第二，资本一般是区别于任意单个资本特殊形式的资本，即它既不是资本的某种特殊存在形式，也不是某种特殊的单个资本。在资本一般中，它所代表

---

① 中共中央马克思恩格斯列宁斯大林著作编译局．马克思恩格斯全集（30）［M］．北京：人民出版社，1995：397.

的是资本作为一个总体而具有的一般性的特征，是资本范畴总和的、抽象的规定性。也就是说，资本一般是撇开任意单个资本特殊的、具体的规定性之后，代表着各个单个资本所具有的相同规定性的资本形式。“因此，‘资本一般’可以是社会总资本的形式，也可以是撇开了单个资本特殊性质的个别资本的形式。”①

第三，资本一般是作为资本内在矛盾进一步展开的初始形式，其中所包含的矛盾是资本内在矛盾的最一般的规定性。在资本一般中，起决定性作用的矛盾是私人性与社会性之间的内在矛盾，它的运动和发展决定着其他矛盾的运动和发展。因此，私人性与社会性之内在矛盾在资本一般意义上的表现，是资本各具体形式的矛盾进一步展开的逻辑起点。资本的各具体形式中私人性与社会性之间内在矛盾的存在和运动，是资本一般私人性与社会性矛盾的内在规定性的进一步展开。而“‘资本一般’内在规定性的进一步展开，只是‘产生资本的实际运动在观念上的表现’”。②

“许多资本”的概念是马克思在《1857~1858 年经济学手稿》中首次涉及的。马克思指出，“从概念来说，竞争不过是资本的内在本性，是作为许多资本彼此间相互作用而表现出来并得到实现的资本的本质规定，不过是作为外在必然性表现出来的内在趋势。资本是而且只能是作为许多资本而存在，因而它的自我规定表现为许多资本彼此间的相互作用”。③ 从这个意义上来讲，“许多资本”是竞争借以运动的资本形式，同时也是资本一般内在规定性的进一步展开。因此，资本一般作为资本整体的内在规定性是以各种独立要素而存在的“许多资本”在逻辑上和理论上的基础。而内含在资本一般中私人性与社会性矛盾的内在规定性也是作为资本的具体展开形式的“许多资本”中种种矛盾的基础。因此，资本一般是“许多资本”的逻辑起点，从资本一般上升到“许多资本”的过程，是“资本运动、资本形式由简单上升到复杂、由抽象上升到具体的发展过程”。④换言之，资本一般作为逻辑的起点，其中蕴含着“许多资本”的最一般、最抽象的规定性，而“许多资本”作为逻辑的展开，既形成了自立于资本一般之外的相对独立的实现形式，又与它存在着本质上的联系。这种本质上的联系表现为，资本一般始终包含“许多资本”抽掉资本的个别性和特殊性要素之后的一般性规定。

---

① 顾海良．在马克思经济学道路上［M］．保定：河北大学出版社，1997：184-185.

②④ 顾海良．在马克思经济学道路上［M］．保定：河北大学出版社，1997：185.

③ 中共中央马克思恩格斯列宁斯大林著作编译局．马克思恩格斯全集（30）［M］．北京：人民出版社，1995：394.

具体而言，在资本一般同“许多资本”的关系中主要包含以下三个要点：一是资本一般是将资本作为一个整体来考察的形式，是撇开了资本的一切个别性和特殊性要素的一般性规定，它所表现的是资本整体最一般、最抽象的规定性。也就是在资本一般中反映的是个别资本所具有的共同的规定性，是一般意义上的存在和表现。二是“许多资本”是资本一般的具体展开形式，且在“许多资本”中，资本的一般的规定性获得外部相对独立的实现形式，它所反映的是资本在个别意义上的复杂的、特殊的规定性。三是资本一般是“许多资本”内在矛盾展开的逻辑起点，即“许多资本”是在资本一般内在规定性基础之上的进一步展开。因此，资本一般私人性与社会性矛盾的内在规定性是剖析“许多资本”矛盾展开的起点，而对作为“许多资本”特征之一的股份资本矛盾的考察也必须以资本一般内在矛盾的抽象规定性为基础。在结构上，作为“许多资本”特征之一的股份资本私人性与社会性的矛盾在资本一般之后，作为资本一般私人性与社会性矛盾内在规定性的更加具体、现实的考察。

## 第四节　股份资本的私人性与社会性

### 一、作为“许多资本”特征之一的股份资本

按照马克思在1857~1858年逐步形成的《政治经济学批判》全部著作计划，这部著作应分为六册①，在第一册对资本的考察中，应包含四篇，分别考察资本一般、竞争、信用、股份资本②。可见，股份资本作为“更具有专门性

① 1857年8月，马克思在开始写作《1857~1858年经济学手稿》时提出了经济学著作的“五篇计划”。在“五篇计划”中，马克思将“资本”部分按照黑格尔《逻辑学》中的一般、特殊和个别的概念展开，形成“资本”部分的“三分结构”，打算按照从抽象上升到具体这一依次递进的逻辑序列展开对资本本质规定性的论述。而随着“许多资本”概念的提出，马克思对他的经济学著作的结构计划进行了重要修正。到1858年2月，马克思提出了经济学著作的“六册计划”，“资本”被列为“六册计划”中的第一册。1858年4月初，马克思将“六册计划”中《资本》册的结构重新划分为“资本一般、竞争或许多资本的相互作用、信用、股份资本”，形成了《资本》册的“四篇结构”（顾海良．在马克思经济学道路上［M］．保定：河北大学出版社，1997：190-191）。

② 中共中央马克思恩格斯列宁斯大林著作编译局．马克思恩格斯全集（35）［M］．北京：人民出版社，2013：422.

质”的资本，在马克思的研究体系中是作为资本范畴的特殊性被加以讨论的，即是作为“许多资本”的特征之一被加以讨论的。因此，它既与资本一般的内在规定性有着本质的联系，同时又使资本一般的规定性获得了某种外部独立的实现形式，是资本一般内在规定性的具体展开。也就是资本一般私人性与社会性矛盾的内在规定性是股份资本私人性与社会性矛盾的基础，而在股份资本中，这一对矛盾在资本一般中的内在规定性获得了外部独立的实现形式，并获得了进一步的具体展开。

作为“许多资本”的特征之一，股份资本达到了资本最后的形式，因为“在这里资本不仅按它的实体来说自在地存在着，而且在它的形式上也表现为一种社会力量和社会产物”。[①] 这是股份资本作为“许多资本”的特征之一，对资本一般私人性与社会性矛盾内在规定性的最重要的展开，也是这一对矛盾的一般规定性在股份资本中所获得的自立于资本一般之外的最特殊的独立实现形式，即在股份资本中资本的社会性质获得了特殊的表现。

具体而言，在股份资本中，“那种本身建立在社会生产方式的基础上并以生产资料和劳动力的社会集中为前提的资本，在这里直接取得了社会资本（即那些直接联合起来的个人的资本）的形式，而与私人资本相对立，并且它的企业也表现为社会的企业，而与私人企业相对立。这是作为私人财产的资本在资本主义生产方式本身范围内的扬弃”。[②] 在股份资本形态上，分散的个别资本被联合起来的个人的资本所代替，分散的独立的生产被联合起来的生产所代替，分散的私人的企业被更大规模更加适应生产社会化的股份公司所代替。因此，股份资本是比个别资本更加具有社会性质的资本形态，是使个别资本联合起来的有效形式。此外，在股份资本中资本职能同资本所有权的分离，“是资本再转化为生产者的财产所必需的过渡点，不过这种财产不再是各个相互分离的生产者的私有财产，而是联合起来的生产者的财产，即直接的社会财产”。[③] 因此，马克思认为，股份资本和股份公司的出现，是“资本主义生产

---

① 中共中央马克思恩格斯列宁斯大林著作编译局. 马克思恩格斯全集（30）［M］. 北京：人民出版社，1995：528.

② 中共中央马克思恩格斯列宁斯大林著作编译局. 马克思恩格斯全集（第二版）（46）［M］. 北京：人民出版社，2003：494-495.

③ 中共中央马克思恩格斯列宁斯大林著作编译局. 马克思恩格斯全集（第二版）（46）［M］. 北京：人民出版社，2003：495.

方式转化为联合的生产方式的过渡形式”①，股份资本是“单个资本的表面独立性和独立存在”被扬弃的“最高形式”，也是“资本在与它相适应的形式中的最终确立”②。也就是股份资本作为“许多资本”的特征之一，在其中“资本不仅按它的实体来说自在地存在着，而且在它的形式上也表现为社会力量和社会产物”③。从这个意义上来讲，股份资本是资本主义生产关系界限之内的资本自我扬弃的最高形式，是对“资本主义的私人产业的扬弃”④。然而，由个别资本向股份资本的转化始终局限于狭隘的资本主义生产关系之内，在资本主义私有制依然存在的前提下，这种转化并没有克服资本的社会性质和私人性质之间的对立，只是在新的形态上将这种对立在更大的程度上进行了发展。这种更大程度上的对立在经济现实中表现为更多的财富被更少的人所控制。并“把资本主义生产的动力——用剥削他人劳动的办法来发财致富——发展成为最纯粹最巨大的赌博欺诈制度，并且使剥削社会财富的少数人的人数越来越减少”⑤。而从另一个角度来说，股份资本的发展所带来的生产方式的变化，即由分散的个别生产发展成为联合的生产方式，为向更高的社会形态的转化提供了物质基础和组织基础。

因而从这个意义上来讲，一方面，股份资本的产生是使个别的、分散的生产方式向联合的、社会的生产方式发展的过渡点。在股份资本中，区别于单个资本家的所有，过渡为“结合资本家”⑥ 的所有。在资本主义私有制条件下的股份资本，既满足了社会化大生产的需要，又保留了资本主义的私人占有；既实现了资本的集中，又维护了资本的私人所有权。另一方面，虽然股份资本所具有的“专门”的社会性质是作为私人财产的资本的自我扬弃，但这种扬弃始终局限于在资本主义生产方式本身的范围之内。因此，股份资本作为“许

① 中共中央马克思恩格斯列宁斯大林著作编译局. 马克思恩格斯全集（第二版）（46）［M］. 北京：人民出版社，2003：499.

② 中共中央马克思恩格斯列宁斯大林著作编译局. 马克思恩格斯全集（31）［M］. 北京：人民出版社，1998：50.

③ 中共中央马克思恩格斯列宁斯大林著作编译局. 马克思恩格斯全集（30）［M］. 北京：人民出版社，1995：528.

④ 中共中央马克思恩格斯列宁斯大林著作编译局. 马克思恩格斯全集（第二版）（46）［M］. 北京：人民出版社，2003：497.

⑤ 中共中央马克思恩格斯列宁斯大林著作编译局. 马克思恩格斯全集（第二版）（46）［M］. 北京：人民出版社，2003：500.

⑥ 中共中央马克思恩格斯列宁斯大林著作编译局. 马克思恩格斯全集（44）［M］. 北京：人民出版社，2001：388.

多资本”的特征之一，是对资本一般私人性与社会性矛盾在消极扬弃意义上的进一步展开。

在股份资本中，资本一般私人性与社会性的矛盾获得了相对独立的实现形式，是对它的进一步展开。而这一对矛盾在股份资本中相对独立的实现形式和展开形式主要体现在其相比较于个别资本的特殊社会性质的表现上。这种特殊的社会性质一方面在股份资本所有权和控制权的分离中表现，另一方面在作为通过发行股票筹集而来的职能资本和作为实际资本所对应的所有权证书之间的分离中表现。这两种分离为股票价格脱离实际资本价值的独立运动创造了条件，也埋下了金融风险和经济动荡的祸根。从另一个角度来说，这种金融上的不稳定也是股份资本作为私人财富的性质和作为社会财富的性质之间的对立在现实经济中的表现。同时，在资本主义私有制条件下，股份资本的私人性质将始终存在，因而其私人性质与社会性质之间的对立也始终无法被克服。更进一步地，当经济控制权被更少数人所掌握时，这种对立将在更加集中、更加高级的形态上获得进一步的发展。

## 二、股份资本私人性与社会性矛盾的对立统一

作为“许多资本”特征之一的股份资本，是对资本一般私人性与社会性矛盾内在规定性的进一步展开。在股份资本中，这一对矛盾的存在和运动既与资本的一般规定性有着本质的联系，同时又形成了自立于资本一般之外的独立的实现形式。

在资本一般中私人性与社会性的矛盾表现在以下两个方面：一是生产与价值增殖实现之间的矛盾；二是资本本身对生产的限制同资本扩张的内在冲动之间的矛盾。这构成资本私人性与社会性矛盾的一般规定性。而股份资本作为“许多资本”的特征之一，其私人性与社会性矛盾获得了外部独立的实现形式，是资本一般私人性与社会性矛盾的具体展开。值得强调的是，在资本主义私有制条件下，股份资本作为资本一般内在规定性的进一步展开，私人性与社会性的矛盾在其中取得了外部独立的实现形式，但这并未改变这一对矛盾存在的实质，只是使这一对矛盾在新的形式上获得了发展。

就私人性质而言，股份资本所代表的资本私人权力不再对应对其所拥有资本的实际占有、支配和使用的权力，他们的私人权力仅仅表现在所持有的资本所有权证书和剩余索取权证书（即股票）及对它们的占有和支配上。由于股

票能够在资本市场上形成脱离实际资本的自身的独立运动，所以随着股份资本所有权和控制权的分离及其职能形态和虚拟形态的分离，大部分资本所有者失去了对其所对应职能资本的实际控制和使用的权力。

就社会性质而言，首先，股份资本本身作为资本集中的最有效和最便捷的方式，将个别资本联合起来实现了私人资本所有权的社会化。分散、独立的个别资本在股份资本形态上联合起来，转化为一种作为资本集体的具有社会性质的资本权力。其次，股份资本的产生和发展不仅促进了资本的集中，更推进了生产集中的发展，这使作为职能资本的股份资本也进一步具有了更具社会化的性质。生产的社会化联合以及资本所有权同控制权的分离，为这种社会性质的体现创造了条件。当对实际资本占有、支配、使用的权力同资本所有权相分离时，资本职能也就摆脱了私人权力，转化为一种社会职能。因为在这种情况下，资本职能与资本私人占有权力之间直接的逻辑联系被打破，从而转化为了一种具有社会化实现形式的资本职能。

值得注意的是，股份资本的私人性质是主要通过其对资本所有权证书或剩余索取权证书的私人占有和支配的权力体现的，而其社会性质是主要通过其作为更加集中的现实资本集合并使资本职能摆脱了私人权力而转化为一种社会职能体现的。换言之，股份资本的私人性质主要体现在其对资本所有权证书或剩余索取权证书的私人所有权上，而其社会性质主要体现在其作为社会化联合形式的资本职能上，即对职能资本的区别于私人控制权力的社会控制权力上。但这并不是说对股份资本所有权只能对应其私人性质的体现，因为股份资本本身作为筹集分散的个别资本最简单、最便捷的形式，将分散的个别资本所有权联合起来，这本身就是私人资本所有权的社会化表现。因此，在这个意义上，股份资本的所有权中也包含一定程度的社会性质的表现。同时，对股份资本作为职能资本的控制权也很有可能不被社会化的主体所掌握（即使在两权分离的条件下）而表现出一定程度的私人性。故而，不论在股份资本的作为虚拟资本的所有权还是在其作为职能资本的控制权中，都同时包含着私人性与社会性的对立统一。只是在所有权中，占主导地位的是私人性质的表现；而在控制权中，占主导地位的是社会性质的表现。

总而言之，在股份资本形态上，分散的个别资本被联合起来的个人的资本所代替，分散的独立的生产被联合起来的生产所代替，分散的私人的企业被更大规模更加适应生产社会化的股份公司所代替。因此，股份资本是比个别资本更加具有社会性质的资本形态，是使个别资本联合起来的有效形式，且股份资本的社会性质在其职能形态与虚拟形态相分离及其所有权与控制权相分离的过程之中被表现出来。但在资本主义私有制条件下，由个别资本向更具社会性质的股份资本的转化，依然局限于资本主义生产关系的界限之内。因此，股份资本对资本一般私人性与社会性矛盾内在规定性的进一步展开，一方面，表现为在股份资本中这一对矛盾获得了外部独立的实现形式；另一方面，表现为对资本私人性与社会性之间对立的消极扬弃。虽然这一对矛盾在股份资本的外部独立实现形式中获得了特殊的社会性质，但从更一般的意义上来看依然是私人性与社会性矛盾的对立统一，只是使这一对矛盾获得了新的形式上的发展。

## 三、特殊的社会性质

股份资本作为“许多资本”的特征之一，一方面，是资本私人性质与社会性质的对立统一，这是它的一般性；另一方面，它具有区别于作为个别资本存在的特殊的社会性质，即资本一般私人性与社会性的矛盾在股份资本中获得了特殊的实现形式和运动方式，这是它的特殊性。股份资本特殊的社会性质主要通过股份资本的两重分离过程体现出来：第一重分离是股份资本职能形态与虚拟形态的相互分离；第二重分离是股份资本所有权与控制权的相互分离。

### （一）股份资本职能形态与虚拟形态的相互分离

股份资本职能形态与虚拟形态的相互分离，即作为通过发行股票筹集而来的职能资本和作为实际资本所对应的所有权证书（股票）之间的分离。这种分离使股份资本取得两种存在形态：一种是股份公司通过发行股票筹集而来的实际资本，这部分资本作为公司股本在股份公司的实际运行中作为职能资本发挥作用；另一种是以实际资本的所有权证书和获取剩余价值的凭证（即股票）的形态而存在，本身并不是实际资本也不是实际资本的组成部分。股份资本的这两种形态所代表的是同一部分的现实资本，这部分资本一方面作为股份公司在实际生产中投入并执行职能的资本而实际存在，另一方面则仅仅作为资本所有权证书而存在。在这里把股份公司通过发行股票筹集而来的现实资本，即真正用来投入生产并执行职能的资本称为股份资本的职能形态；把与之相对应的，股东手中所持有的资本所有权证书或剩余索取权证书所代表的股份资本称为股份资本的虚拟形态。

股份资本职能形态和虚拟形态的分离，使资本一般的私人性质与社会性质的内在对立获得了外部的两种独立的存在形式和表现形式。在股份资本中，资本的私人权力体现在对所有权证书的私人占有和支配上。因此，资本所有权证书私人占有的法权关系是资本私人性质的外部体现，即股份资本的私人性质在其虚拟形态上被完全表现出来。股份资本的社会性质则体现在公司管理者和一线劳动者对职能资本运行决策和控制之中。（见图 2-1）因此，股份资本的社会性质以公司实际财产的形式体现在股份资本的职能形态上。作为实际执行职能的资本，它在股份公司实际生产中形成了区别于单纯的所有权证书的运动。

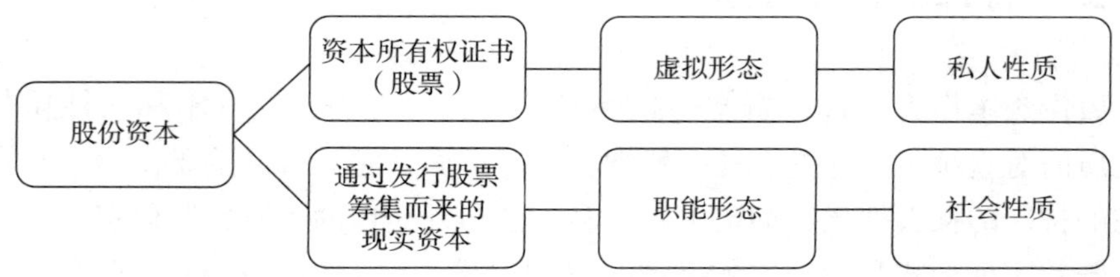


**图 2-1　股份资本私人性和社会性的内在对立与其职能形态和虚拟形态的分离①**

从理论上来讲，如果没有欺诈，股份资本的职能形态（靠发行股票筹集而来的，实际已经投入或将要投入的实际资本）和虚拟形态（这个资本所实现的剩余价值的相应部分的所有权证书，即股票）应该是相互对应的。然而由于信用制度的发展，股票逐渐成为了可以在公开市场买卖并可以作为抵押标的的金融产品，股票作为虚拟资本在金融市场中获得了自我膨胀和独立运动的方式，这直接导致了股票价格的波动在一定程度上偏离了其所对应职能资本的价值。而股票价格的这种独立的运动将在信用膨胀的过程中不可避免地导致股份资本职能形态和虚拟形态的价值偏离，这也是形成股价泡沫和金融动荡的根源。

## （二）股份资本所有权与控制权的相互分离

股份资本所有权和控制权的分离是股份资本特殊社会性质的第二重体现。

① 无论在股份资本中作为虚拟资本的所有权还是在其作为职能资本的控制权中，都同时包含着私人性与社会性的对立统一。只是在所有权中，占主导地位的是私人性质的表现；而在控制权中，占主导地位的是社会性质的表现（具体分析见第二章第四节）。

股份资本所有权与控制权的分离，即在股份资本中依靠发行股票筹集而来的实际资本的管理和运行已经与资本所有权相分离，而对实际资本的直接控制权则由股份公司管理者所持有。也就是说在股份资本中，资本职能已经逐渐同资本的所有权相分离。正如马克思所言，“随着信用而发展起来的股份企业，一般地说也有一种趋势，就是使这种管理劳动作为一种职能越来越同自有资本或借入资本的占有权相分离”。[①]

这种分离使股份资本特殊的社会性质得以表现，也使资本一般私人性与社会性的矛盾在股份资本中获得了外部独立的实现形式。因为在资本所有权与控制权相分离的条件下，对在生产中实际执行职能的资本的控制权将不再归属于股份资本的众多私人所有者，而有可能归属于股份公司中的其他集团，即具备专门管理能力的公司管理者，或具有实际一线工作经验的劳动者。[②] 这时股份资本的私人所有权仅仅表现在股东对资本所有权证书的自由支配（买卖股票）和对剩余价值分配的获取（获取股利）上，而不再拥有对在实际生产中执行职能的资本的控制权。作为在实际生产中执行资本职能的股份资本，以联合的资本形式被区别于其私人所有者的主体所控制，这赋予了股份资本区别于其他任何资本形式的特殊的社会性质。当资本所有权与控制权的分离达到极大的程度时，即任何股东都无法对实际资本的运行加以影响时，“是资本再转化为生产者的财产所必需的过渡点，不过这种财产不再是各个相互分离的生产者的私有财产，而是联合起来的生产者的财产，即直接的社会财产”。[③] 虽然股份资本所具有的“专门”的社会性质是作为私人财产的资本的自我扬弃，但这种扬弃始终被资本主义生产方式本身的范围所局限，即是对资本一般私人性与社会性矛盾的消极扬弃。

---

① 中共中央马克思恩格斯列宁斯大林著作编译局. 马克思恩格斯全集（第二版）（46）［M］. 北京：人民出版社，2003：436.

② 需要强调的是，在这里仅仅是说明在股份资本所有权与控制权相分离的状况下，职能资本控制权归属情况的可能性。实际上，在资本主义条件下，职能资本的控制权完全归一线劳动者所有的情况仅限于理论上的可能性，而在现实中其可能性几乎为零。在资本主义条件下，最接近这一理论可能性的也仅限于第二次世界大战后德国的情况，即具有一线工作经验的劳动者通过工作委员会获得参与工作现场管理和获得信息的权利，从而获得对公司职能资本运用的共同决定权，即与公司大股东或公司管理者共同享有对职能资本的控制权、部分地参与职能资本的运行过程（［美］玛丽·奥沙利文. 公司治理百年——美国和德国公司治理演变［M］. 黄一义，谭晓青，冀书鹏译. 北京：人民邮电出版社，2007：258-259）。

③ 中共中央马克思恩格斯列宁斯大林著作编译局. 马克思恩格斯全集（第二版）（46）［M］. 北京：人民出版社，2003：495.

## 四、对私人性与社会性矛盾的消极扬弃

按照理论逻辑的推演，股份资本作为“许多资本”的特征，是个别资本表面独立性和独立存在被扬弃的最高形式，也是资本一般私人性与社会性矛盾的扬弃形式，是可以作为“导向共产主义的”最完善的资本形式①。

这种过渡形式或导向共产主义的最完善的资本形式主要表现在它在一定程度上对私人性与社会性之间矛盾的扬弃。一方面，股份资本的产生进一步扩大了生产和资本的集中，分散的个别生产逐渐被联合的生产方式所取代，为有计划的生产奠定了物质基础和组织基础。这是股份资本对私人性与社会性矛盾的第一重扬弃，即用资本组织和生产过程的全局性计划代替自由无序的生产和消费，在一定程度上缓解了由资本一般私人性与社会性的矛盾所决定的生产同价值增殖实现之间的矛盾。另一方面，股份资本职能形态与虚拟形态的分离以及所有权与控制权的分离使得股份资本具有了区别于个别资本的特殊的社会性质。首先，股份资本职能形态与虚拟形态的分离，将私人性与社会性的内在矛盾外化为两个相互独立的资本存在形态之间的外部矛盾②，这为私人性与社会性的内在矛盾创造了在其中借以实现和解决的运动形式，并且进一步发展了这一对矛盾。③ 其次，股份资本所有权与控制权的分离，可能将对职能资本的实际控制权由传统的私人所有者转向股份公司中的其他集团，即在实际生产中执行职能的股份资本作为联合的资本形式可能被区别于其私人所有者的主体所控制。④ 这在一定程度上扬弃了它同时作为私人财富的性质和作为社会财富的性质之间的对立，即在一定程度上使私人性与社会性之间的矛盾得到扬弃。

但股份资本的这种社会性质的体现依然局限于资本主义所有制关系之内，即虽然股份资本具有了一定社会性质，但还不是社会共同占有的资本。这是股份资本对私人性与社会性之间矛盾之扬弃的消极性所在。具体而言，首先，虽然股份资本的筹集和组织形式从表面上来看是将资本的所有权分散化而使更广泛的大众投资者所有，但是：其一，大众投资者所有的只是对一部分想象出来

① 中共中央马克思恩格斯列宁斯大林著作编译局. 马克思恩格斯全集（29）［M］. 北京：人民出版社，1974：299.

② 即股份资本同时作为职能资本和虚拟资本（股票）的存在。

③ 关于这一问题，将在第三章第三节中进行详细的考察。

④ 关于这一问题，将在第四章第三节中进行详细的考察。

的资本价值的处置权，而非对实际执行职能资本的控制权；其二，即使是对这种想象出来的资本所有权，也是基于每一个单个投资者的私人所有，而不是作为联合体的共同所有，更不是社会所有。这是股份资本对私人性与社会性矛盾扬弃的消极所在之一，即私人所有的财产权利并没有被废除，而是在股份资本虚拟形态上获得了相对独立的存在。其次，股份资本的出现并没有扬弃资本主义生产的目的，即生产必须服从追求利润的最大化。这即决定了资本主义条件下股份资本所主导的生产和积累过程，依然只代表某一集团获取价值增殖的私人利益，而非社会的公共利益。仅此一点即决定了在资本主义条件下的股份资本绝不可能使私人性与社会性之间的内在矛盾——以及由它决定的一切矛盾——获得根本性解决。这是股份资本对私人性与社会性矛盾扬弃的消极所在之二。因此，在股份资本中，私人性与社会性之间的矛盾依然存在，资本作为社会财富的性质和作为私人财富的性质之间的对立依然存在，资本主义生产资料私人占有同生产社会化的基本矛盾同样依然存在。

这种对立和矛盾存在的根源在于资本主义生产资料私人占有的所有制关系和由它决定的资本主义生产目的，因此，克服这种对立和矛盾的唯一方法是废除生产资料私人占有的所有制关系，实现生产资料公有制。这是实现经由资本主义股份公司和股份资本形态向更高的社会形态转化的根本性条件。只有在生产资料公有制的基础之上，股份资本形态才能导向更具社会性质的存在，这时这种社会性质不仅表现在专业管理者和一线劳动者对实际生产活动与生产决策的参与和对实际资本的控制，更表现为生产资料的共同所有。因而在这种条件下，资本的所有权和控制权在作为一个整体的联合劳动者的手中合二为一，因此作为一个整体的联合劳动者共同所有、共同治理从而共同享有社会财富。在这一意义上才能扬弃股份资本的私人性质而真正实现股份资本的完全的社会性质，才能消除资本作为私人财富和作为社会财富之间的对立，才能使资本私人性与社会性之间的矛盾得到积极的扬弃，完成经由股份资本和股份公司作为过渡点的，向更高级的社会形态的过渡。

但值得注意的是，股份资本在现实逻辑中的发展并非单纯地向着更具社会性质的形态过渡。在资本主义制度和资本主义生产关系依然存在的条件下，它的私人性质始终存在，并且很有可能随着资本在集中过程中资本控制权力的集中而出现资本的所有权和控制权在更少数的私人资本家手中合一，从而导致股份资本的私人性质在一个更加集中的主体手中的回归。

在资本所有权和控制权相分离的情况下，实际资本控制权的归属问题是决定股份资本私人性与社会性矛盾运动的核心问题。一般而言，股份公司内部可以被划分为四个集团：大股东、中小股东、公司经营管理者、劳动者。而在资本主义制度下对于中小股东和劳动者来说，他们掌握公司控制权的能力几乎不存在，因而股份公司实际的控制权或者掌握在大股东的手中，或者掌握在公司经营管理者的手中。其中，公司管理者所掌握的是对公司实际资本运行的实际控制权。当公司经营管理者能够不受公司较大股东所控制或股份公司不存在富有影响力的较大股东时，股份公司实际资本的控制权归公司经营管理者所有；当公司经营管理者的选拔和行为受较大股东的影响和控制时，股份公司的实际资本控制权就落入大股东手中，他们通过对公司经营管理者的影响和控制实现对公司实际资本的控制。当股份公司的控制权掌握在大股东手中时，对大股东来说便实现了资本所有权与控制权的合一。因而在这种情况之下，股份资本的私人性质将在更加集中的程度上回归，资本私人性与社会性之间的矛盾将进一步加深。因此，在这里不仅股份资本的所有权和控制权在大部分人手中相分离，且由于这种分离使实际资本的控制权落入了更少的人手中，为他们“提供在一定界限内绝对支配他人的资本，他人的财产，从而他人的劳动的权利”①。

① 中共中央马克思恩格斯列宁斯大林著作编译局．马克思恩格斯全集（第二版）（46）［M］．北京：人民出版社，2003：497.

# 第三章

# 股份资本的职能形态与虚拟形态

股份资本私人性与社会性的矛盾是资本一般私人性与社会性矛盾内在规定性的进一步展开。在股份资本中，这一对矛盾既与资本一般私人性与社会性之矛盾的内在规定性有着本质的联系，同时又形成了自立于资本一般之外的外部独立的实现形式。股份资本对资本一般私人性与社会性矛盾的进一步展开主要表现在：相较于个别资本，资本主义条件之下的股份资本具有其社会性质的特殊体现，是对私人性与社会性矛盾的消极扬弃。这种特殊的社会性首先体现在股份资本职能形态与虚拟形态的分离，即体现在作为通过发行股票筹集而来的职能资本和作为实际资本所对应的所有权证书之间的分离上。换言之，股份资本职能形态与虚拟形态的对立统一是其私人性与社会性之间内在矛盾的外化形式，也是对资本一般私人性与社会性矛盾内在规定性的展开形式之一。即在股份资本职能形态与虚拟形态的对立统一中，资本一般私人性与社会性矛盾的抽象的规定性取得了进一步具体的发展形式，并获得了外部的独立实现形式，展示出股份资本作为“许多资本”特征之一的具体的、特殊的、复杂的规定性。因此，本章将股份资本职能形态与虚拟形态之间的对立统一当作第一对中介范畴，作为对股份资本私人性与社会性之间矛盾的展开。

## 第一节　从职能资本[①]到虚拟资本的历史逻辑

股份资本职能形态与虚拟形态之间的分离和对立，是整个资本主义发展过

① 在不考虑商品资本和货币资本独立化运动以前，可以称之为产业资本，即指在实际生产过程中生产资本、商品资本、货币资本的统一。而当把它作为已经独立化为各类资本的形式而被考察时，在生产领域中执行职能的资本同与在流通领域中执行职能的资本（商人资本）的分离将在对立中发展起来。

程中货币资本越来越脱离于职能资本独立运动的一个侧面表现，也是“一切资本主义生产方式的国家，都周期性地患一种狂想病，企图不用生产过程作中介而赚到钱”[①] 的结果之一。因此，在讨论股份资本职能形态与虚拟形态的对立之前，有必要考察资本主义条件下从职能资本到虚拟资本的历史逻辑。

## 一、从产业资本到商人资本[②]

资本循环过程的顺利完成是资本再生产过程得以顺利实现的条件。一般而言，它必然经历三个阶段：一是资本家在商品市场与劳动力市场中完成生产资料和劳动力的购买过程，将他手中的货币转化为商品，即经历 G-W 的流通过程；二是资本家利用购买来的生产资料和劳动力商品进行生产性的消费，这时他的资本经历直接生产过程并转化为比投入的生产要素的价值更大的商品；三是资本家重回商品市场，将其生产出的商品售卖，将他的商品转化为货币，即经历 W'-G' 的流通过程。[③]

资本在不同的阶段中具有不同的存在形式，即资本在循环过程中是货币资本—生产资本—商品资本的统一，也是生产资本与流通资本的统一。[④] 这是将资本作为统一的产业资本[⑤]的形式加以考察，即作为还没有独立化为各类资本形式而被考察的。但不论是从逻辑还是历史的角度，都存在从产业资本中独立出来的、专门在流通过程中执行职能的资本形式，马克思把这部分资本称为商人资本[⑥]。

当资本被视为产业资本的统一形式时，资本作为商品资本和货币资本的存在及其在流通领域的形式变化构成了产业资本再生产过程的一个阶段。当把资

① 中共中央马克思恩格斯列宁斯大林著作编译局. 马克思恩格斯全集（第二版）（46）[M]. 北京：人民出版社，2003：67-68.

② 这里的商人资本指资本主义生产方式下的商人资本。商人资本在资本主义生产方式以前很早就已经产生，但在资本主义生产的基础上“被改造”转化为产业资本的派生形式（[苏联] 卢森贝.《资本论》注释（第三卷）[M]. 赵木斋，朱培兴译 . 北京：生活 · 读书 · 新知三联书店，1963：211）。后文中所提商人资本若无特殊说明都是指资本主义生产方式下的商人资本。

③ [德] 马克思 . 资本论（第二卷）[M]. 北京：人民出版社，2004：31.

④ “马克思还称货币资本和商品资本为流通资本。”（[苏联] 卢森贝 .《资本论》注释（第三卷）[M]. 赵木斋，朱培兴译 . 北京：生活 · 读书 · 新知三联书店，1963：194.）

⑤ 即商品资本—生产资本—货币资本的统一形式。

⑥ 中共中央马克思恩格斯列宁斯大林著作编译局. 马克思恩格斯全集（第二版）（46）[M]. 北京：人民出版社，2003：311.

本当作已经独立化为各类不同形式的资本来看时，就把专门在流通领域中发挥作用的资本，即商人资本，“同它作为生产资本的自身区别开来。这是同一资本的两种特殊的、相互区别的存在形式”。[①] 商人资本也因此与一个统一的产业资本形式中作为商品资本和货币资本形式存在的资本是相同资本的两种不同的存在形式。只有把资本作为一个独立成各种不同形式的资本来考察时，商人资本才与其作为生产资本的自身相区别。

而当商人资本被看作是从产业资本中独立出来的、且能独立完成自身运动与循环的资本形式来考察时，资本结构的新的方面将被更充分地揭示出来，资本私人性与社会性的内在矛盾也因此一方面被表面现象所掩盖，另一方面也将被加深。

根据马克思对商人资本所下定义，商人资本是从产业资本中独立出来的，专门在流通领域内发挥作用的资本。因此，商人资本不参与直接的生产过程，而只是参与作为再生产过程中的一个阶段的流通过程。“但是在流通过程中，任何价值也没有生产出来，因而任何剩余价值也没有生产出来。在这个过程中，只是同一价值量发生了形式变化。”[②] 也即是商人资本不直接创造价值，而只是“对社会的物质变换起中介作用”[③]。因为商人资本本身并不直接生产价值，所以商人资本最终获得的以平均利润形式存在的剩余价值，是总生产资本生产的全部剩余价值的其中一个部分。[④] 从这个意义上来讲，商人资本既独立又依附于直接在生产领域执行职能的资本。这种既独立又依附的矛盾对立是资本私人性与社会性矛盾在商人资本中的第一重表现。就商人资本本身而言，一方面，商人资本的运动独立于生产资本，完成所使用资本的价值保存过程和产品价值的实现过程，即商品和货币社会关系的体现；另一方面，商人资本依附于生产资本获得价值增殖，这部分价值增殖则来自于对直接在生产领域执行职能资本生产的剩余价值的私人占有。

资本私人性与社会性的矛盾在商人资本中的第二重表现在于：商人资本的

① 中共中央马克思恩格斯列宁斯大林著作编译局．马克思恩格斯全集（第二版）（46）［M］．北京：人民出版社，2003：298.

② 中共中央马克思恩格斯列宁斯大林著作编译局．马克思恩格斯全集（第二版）（46）［M］．北京：人民出版社，2003：311.

③ 中共中央马克思恩格斯列宁斯大林著作编译局．马克思恩格斯全集（第二版）（46）［M］．北京：人民出版社，2003：314.

④ 中共中央马克思恩格斯列宁斯大林著作编译局．马克思恩格斯全集（第二版）（46）［M］．北京：人民出版社，2003：314-319.

存在将使资本主义生产更加不顾资本主义再生产的限制①，从而使私人性与社会性之间的矛盾进一步加深。在商人资本的运动中，流通脱离生产而独立化。但事实是生产与流通的统一并不会在商人资本的运动中被消灭，而只是被分裂为两个独立的部分和一些看似独立的现象。② 这种生产与流通的分裂将使再生产过程具有巨大的弹性，这种弹性将会创造出一种虚假的需求。

## 二、商人资本的两个亚种：商品经营资本和货币经营资本

马克思在《资本论》第三卷第四篇的开头讲到："商人资本或商业资本分为两个形式或亚种，即商品经营资本和货币经营资本。"③ 可见，无论是商品经营资本还是货币经营资本，都是以商人资本的形式存在的，即独立于生产领域的、专门在流通过程中发挥作用的资本。

从本质上来看，商品经营资本无非就是产业资本家的商品资本，它必须经历商品与货币的交换过程，即商品资本必须在商品市场上所完成的剩余价值实现职能。然而，当这个职能不再是产业资本家的附属活动，而是作为一个特殊类别资本家的专门活动时，它就成为一种独立出来的特殊的业务。④ 这样商品资本就从产业资本中独立出来，专门在流通领域中承担剩余价值实现的职能，转化为商品经营资本。

当商品资本作为商品经营资本从产业资本中分离出来时，商品资本将获得一种独立的、独特的资本运动和循环方式（相较于生产资本的）。在商品经营资本的循环中，商品经营者通过预付货币资本而获得价值增殖。因此，商品经营资本不实际参与生产过程而只是作为产业资本在流通领域中的中介。也就是说，商品经营者所预付的那部分货币资本，从不作为生产资本参与直接的生产

---

① 资本本身对生产的限制同资本扩张的内在冲动之间的矛盾和生产与价值增殖实现之间的矛盾，都是资本私人性与社会性之间内在矛盾的表现形式。关于这一点在第二章第三节中进行过详细分析，此处不再赘述。而目前所关注的是当资本作为生产与流通相独立的形式考察时，即在商人资本的独立运动中，这两对矛盾是如何被加深的。

② ［苏联］卢森贝．《资本论》注释（第三卷）［M］．赵木斋，朱培兴译．北京：生活·读书·新知三联书店，1963：191.

③ 中共中央马克思恩格斯列宁斯大林著作编译局．马克思恩格斯全集（第二版）（46）［M］．北京：人民出版社，2003：297.

④ 中共中央马克思恩格斯列宁斯大林著作编译局．马克思恩格斯全集（第二版）（46）［M］．北京：人民出版社，2003：301.

过程，而总是处于流通领域之中。既然商品经营资本从不作为生产资本参与直接的生产过程，那么它便不直接创造价值。但由于它承担在流通领域中完成的实现剩余价值的职能，并以此保证再生产过程的顺利进行。因此，虽然它本身并不直接生产剩余价值，但它最终仍能以平均利润的形式获得总生产资本生产的全部剩余价值的一个部分。①

因此，商品经营资本既独立又依附于生产资本。从表象上来看，商品经营资本似乎能够通过在流通领域中的商品买卖而完成独立的循环和价值的增殖过程。而这种表象很容易使人产生错觉，即不通过实际的生产过程，仅靠商品贸易即可完成货币资本的价值增殖。但事实上，它所获得的那部分价值增殖归根结底是在实际生产过程中产生的。脱离了实际生产过程，商品经营资本所分得那一部分剩余价值的母体②将不复存在，它的价值增殖过程也将难以实现。

“货币在产业资本和现在我们可以补充进来的商品经营资本的流通过程中所完成的各种纯粹技术性的运动，当它们独立起来，成为一种特殊资本的职能，这种资本把它们并且只把它们当作自己特有的活动来完成时，就把这种资本转化为货币经营资本了。”③ 由此可知，货币经营资本是从产业资本中分离出来并独立起来的，专门在流通领域中进行替其余所有资本完成再生产过程的资本形式。

在再生产过程中，产业资本的一部分（还有商品经营资本的一部分）需要不断地以货币的形式存在。这部分货币资本从总资本中独立出来，专门承担为整个产业资本或商品经营资本的循环过程提供各种纯粹技术性活动。因此，这里所指的货币经营资本的运动仍然只是产业资本再生产过程中一个独立的部分的运动。具体而言，在产业资本的循环过程中，产业资本家必须将资本的一定部分不断作为贮藏货币，才能保证再生产过程的顺利进行。这种同资本本身的职能相分离的、单纯作为货币而存在的资本的不断运动，派生出一种纯粹的技术性业务。正是由于这些技术性的业务独立出来而成为货币经营业，货币资本就此转化为货币经营资本。

从本质上来讲，货币经营资本只是商人垫支的货币资本以执行产业资本家

---

① 中共中央马克思恩格斯列宁斯大林著作编译局．马克思恩格斯全集（第二版）（46）［M］．北京：人民出版社，2003：314.

② 即参与实际生产过程的职能资本所生产出来的总剩余价值。

③ 中共中央马克思恩格斯列宁斯大林著作编译局．马克思恩格斯全集（第二版）（46）［M］．北京：人民出版社，2003：351.

与货币资本家的货币资本运动所决定的各种纯粹的技术性活动，即它不会被贷出，而只是垫付。[①] 这是纯粹形式的货币经营资本同与信用制度相结合的生息资本最突出的区别。这种区别直接体现在纯粹的货币经营资本所赚取的是利润而不是利息，这种利润只是总生产资本所生产的剩余价值中的一部分。因此，货币经营资本所获得的那部分价值增殖不可能脱离于实际生产过程而存在，这是货币经营资本同生产资本既紧密而又脆弱的联系。

## 三、从货币经营资本到生息资本（借贷资本）[②]

作为商人资本的一个亚种，货币经营资本是在流通过程中执行职能的资本，它的运动构成社会资本再生产的一个重要方面。它不会被贷出，而只是垫付。因此，在货币经营资本的场合，货币资本只是单纯地作为货币发挥职能，并非作为资本商品存在。在生息资本的场合，“资本是作为商品出现的，……这种商品即作为商品的资本所特有的贷放形式，而不是出售形式”。[③] 对于货币所有者而言，把他手中的货币贷出给借入者，是以借入者将这部分货币要么作为职能资本要么作为商人资本为条件的，因此，是使这部分货币成为一种作为资本的商品而存在。这种特殊的商品——资本商品具有一种特殊的使用价值，即它能够作为资本而执行职能，在它的运动过程中，除了能够保存自己原有的价值量，还能够实现价值增殖。

在生息资本的场合，货币一开始就是作为资本交给第三者的。也就是说，这部分价值具有创造剩余价值和价值增殖能力的使用价值。在它完整的运动过程中，它能够保存自己，并在作为资本执行职能后增大自己，最终流回到最初的贷放者手中。因此，整个过程之中，它不过是暂时离开它的所有者，“这就

---

① ［苏联］卢森贝．《资本论》注释（第三卷）［M］．赵木斋，朱培兴译．北京：生活·读书·新知三联书店，1963：198.

② 这里指资本主义生产方式下的生息资本或借贷资本。同商人资本一样，生息资本或借贷资本在前资本主义时代以高利贷资本的形式存在，并在资本原始积累的过程中发挥过重要作用。而在资本主义生产方式下，它作为产业资本的派生形式而存在（［德］马克思．资本论（第三卷）［M］．北京：人民出版社，2004：671）。后文中所提生息资本（借贷资本）若无特殊说明都是指资本主义生产方式下的生息资本（借贷资本）。

③ 中共中央马克思恩格斯列宁斯大林著作编译局．马克思恩格斯全集（46）［M］．北京：人民出版社，2003：382.

是说，它既不是被付出，也不是被卖出，而只是被贷出"[①]。它被贷出而必须具备的条件有两点：一是它在完成一系列运动之后流回它的起点；二是它要作为已实现价值增殖的资本流回，并带回它所实现的剩余价值的一部分，即利息。[②]借贷资本的流回过程是双重的，在职能资本的循环中，它流回到职能资本家的手中。之后回流会再进行一次，即从职能资本家的手中转移到贷出者手中，回到它最初的所有者手中，偿还给它真正的所有者。这种回流本身不仅包含本来作为资本商品贷出的货币，也包含这部分货币已经实现的价值增值。

如果只从贷出者的角度出发，就会看到一定数额的货币被支出一段时间后以一个更多的数额流回。因此，这部分被贷出的货币，作为资本商品，以一种能够自我保存和自我增殖的货币形式存在，它在一段时间以后会带着增加额流回，并能够不断经历相同的过程。同作为生产和流通相统一的再生产过程不同，在这里，它既不是作为货币也不是作为商品支出——即不是为了实现商品与货币之间的形态转换——而是作为资本支出。

生息资本区别于职能资本（不论是作为生产资本还是作为商人资本及其亚种）的特殊性，表现为生息资本表面的、已经和作为中介的循环过程（实际生产和流通过程）相分离的流回形式。这种分离使生息资本本身全部的运动形式表现为：把一定的货币额贷出一定时期之后把它连同利息一起收回。因此，在生息资本的场合，一切都表现为表面的东西。这种表面的东西把这部分贷出的货币作为职能资本或商人资本的现实运动掩盖起来，也把资本在生产与流通相统一的过程中的私人性与社会性之间的矛盾掩盖起来。在生息资本的场合，与私人所占有的物质财富相对立的社会规定性，离开了生产过程而在资本的所有权本身中表现出来：表现在货币"能够作为资本出售，并且以这个形式支配他人的劳动，要求占有他人的劳动"[③]。因此，资本作为私人的物质财富同它的社会规定性之间的对立，在生息资本形式上表面化了，即"取得了它的最表面的和最富有拜物教性质的形式"[④]。

在生息资本上，所贷出的货币价值增加的部分，只是表现为一种单纯的物

①② 中共中央马克思恩格斯列宁斯大林著作编译局．马克思恩格斯全集（第二版）（46）［M］．北京：人民出版社，2003：384.

③ 中共中央马克思恩格斯列宁斯大林著作编译局．马克思恩格斯全集（第二版）（46）［M］．北京：人民出版社，2003：398.

④ 中共中央马克思恩格斯列宁斯大林著作编译局．马克思恩格斯全集（第二版）（46）［M］．北京：人民出版社，2003：440.

的产物。在职能资本中表现出来的资本价值增殖是在生产过程与流通过程的统一中实现的。而在生息资本的形式上，这一切都表现为表面的东西。这时，社会关系表现为货币同它自身的关系，即一种物同它自身的关系，货币被赋予了独立于生产和流通过程而获得自身价值增殖的能力，资本主义生产过程的结果也从生产过程本身中分离出来，成为一种独立的存在。

因此，马克思说："在生息资本的形式上，资本拜物教的观念完成了。按照这个观念，积累的劳动产品，而且是作为货币固定下来的劳动产品，由于它天生的秘密性质，作为纯粹的自动体，具有按几何级数生产剩余价值的能力。"① 但是必须明确，作为货币而固定下来的劳动产品，要想完成自身价值的增殖，必须经历实际再生产的过程，即必须与活劳动相接触并完成对活劳动所生产的剩余价值的无偿占有。而过去的劳动产品（资本）对活劳动剩余价值无偿占有的权力，只是在资本主义生产关系中才能实现。遗憾的是，在现实中，生息资本同职能资本之间的这种强烈的依附关系，却被生息资本脱离生产过程的表面化运动和在生息资本中资本的神秘化所取得的最耀眼的形式所掩盖。这构成了资本私人性与社会性矛盾在生息资本形式上的存在和发展，并直接表现为资本积累会冲破由剩余价值和剩余劳动的同一性而决定的质的界限，即受总工作日、生产力和人口决定的资本积累的质的界限，只存在量的界限，并且会超出任何想象。②

## 四、从生息资本到虚拟资本——信用③的作用

上文中所考察的生息资本，只是一般意义上的生息资本，即在非常抽象的

① 中共中央马克思恩格斯列宁斯大林著作编译局. 马克思恩格斯全集（第二版）（46）［M］. 北京：人民出版社，2003：449.

② 因为在生息资本形态上，剩余价值会在利息这个没有概念的形式上来理解（中共中央马克思恩格斯列宁斯大林著作编译局. 马克思恩格斯全集（第二版）(46)［M］. 北京：人民出版社，2003：449)。

③ 信用本身是一个抽象的概念，它的具体内容和它所表现出来的具体形式取决于信用得以建立并完成的生产方式。从历史的角度出发，信用最初是在简单商品经济中发展起来的，当货币充当支付手段时，商品生产者与商品经营者之间的债权债务关系（信用）便已经被建立起来。随着商品流通的扩大，信用也在其进一步的发展中导致了前资本主义时代高利贷资本的形成。但是，在高利贷资本中，只有资本的剥削方式而没有资本的生产方式。故而高利贷资本的利息也不来源于对劳动所创造剩余价值的无偿占有，而是来源于对社会其他阶级——小商品生产者、农民和小市民的剥削。而在资本主义生产方式下，信用也发展了，信用的对象变成了资本。简单来说，在简单商品经济中，信用的对象或者是以商品为载体的价值，或者是货币；在资本主义生产方式的基础上，信用的对象或者是商品形式的资本，或者就是货币形式的资本（［德］马克思．资本论（第三卷）［M］. 北京：人民出版社，2004：450，676-677；［苏联］卢森贝．《资本论》注释（第三卷）［M］. 赵木斋，朱培兴译．北京：生活·读书·新知三联书店，1963：262-263）。后文中提到的信用若无特殊说明都是指资本主义生产方式下的信用关系。

层面上考察货币所有者直接贷给职能资本家或商人的那部分货币，以及它同实际生产过程和流通过程完全相分离的运动形式。在这里加入资本主义信用关系来重新考察生息资本，那么两个不容忽视的范畴便跳入视野——银行资本和虚拟资本。因为，首先，在信用条件下，在货币资本家同职能资本家和商人之间出现了作为中介的银行家。这时不仅货币资本家的货币成为借贷的对象，流向银行家手中的货币即银行资本也成为借贷的对象。其次，银行家可以通过贷出自己的票据而获得利息，从而把自己的票据变为生息资本。但这种资本纯粹是虚拟的。因此，在资本主义生产方式下，不仅货币作为资本商品获得了具有价值增殖能力的使用价值，而且银行所创造的信用工具也获得了这种额外的使用价值。

生息资本的形式将必然造成这样的后果：每个一定数量的货币额都表现为一定时间之后本金的偿还和利息的获取。每个货币额只要不作为价值形式转换成最终需要的使用价值而花费掉，都会表现为资本，即能够执行价值增殖的职能。① 这样会使人们产生这样的认知："人们把每一个有规则的会反复取得的收入按平均利息率来计算，把它算作是按这个利息率贷出的一个资本会提供的收益，这样就把这个收入资本化了。"② 这种资本化的过程就是虚拟资本形成的过程。也就是说，人们会把对一定数额货币的所有权直接转化为能够生息的资本，而不管这部分货币是否会投入到实际的生产或流通的过程之中。当把对一定数额货币的所有权（信用凭证）当作资本时，虚拟资本就形成了。虚拟资本的形成完全打破了资本与现实生产和增殖过程之间的一切联系。总之，"借贷资本是成为信用对象的货币形式的资本；虚拟资本则无非是把信用用作资本"。③

资本化把对一定数额货币的所有权和剩余索取权当作资本，当作可以在一定时间之后获取本金加利息回流的东西。这就使完全由信用创造出来的，对一定货币额的所有权和剩余索取权证书及一切能够在一定时间之后获得本金和利息回流的东西，例如，股票④、债券等有价证券具有了资本的性质，即获得价值增殖的能力。但这种有价证券的资本价值及其能够通过实际生产而与活劳动

① 中共中央马克思恩格斯列宁斯大林著作编译局. 马克思恩格斯全集（第二版）（46）［M］. 北京：人民出版社，2003：526.

② 中共中央马克思恩格斯列宁斯大林著作编译局. 马克思恩格斯全集（第二版）（46）［M］. 北京：人民出版社，2003：528-529.

③ ［苏联］卢森贝.《资本论》注释（第三卷）［M］. 赵木斋，朱培兴译. 北京：生活·读书·新知三联书店，1963：268.

④ 股票作为一种现实资本的纸质副本，作为虚拟资本，它的特殊的运动及它同所对应的职能资本之间的关系将在本章的第二节中进行详细说明。

相结合实现价值的增殖过程却纯粹是幻想的、虚拟的。并且这些有价证券的价值会在特定的市场上形成自身的独立运动，这“加深了这样一种假象，好像除了它们能够有权索取的资本或权益之外，它们还形成现实资本”。[①] 然而，事实是它们的市场价值的增加或减少几乎与他们的实际资本价值的变化无关。它们的价值总是资本化的收益，因此，它们的市场价值部分具有投机的性质，也极易受投资环境和投资心理的影响而出现迅速的涨跌。而这一切很可能与其背后对应的现实资本的价值变动毫不相关。

所有这些有价证券——包括股票和债券——“实际上都只是代表已积累的对于未来生产的索取权或权利证书”。[②] 从表面上来看，对一定数额货币的所有权和剩余索取权证书，即有价证券，是一部分现实资本的纸质副本，但在现实中，它们只是幻想出来的资本的名义代表。这个副本之所以能作为生息资本存在，只是因为它具有在一段的时间之后取得一定的收益并在出售它们时获得它们资本价值偿付的能力。而这种纸质副本只是幻想出来的虚拟资本，它们市场价值的涨跌同它们所代表的现实资本的价值变动几乎毫不相关。

信用制度不仅将任意的未用于最终消费的货币额资本化（表现为生息资本），也将会对一定数额货币的所有权证书或剩余索取权证书资本化（表现为虚拟资本）。而现实却远不止于此，随着信用关系的扩大，“一切资本好像都会增加 1 倍，有时甚至增加两倍，因为有各种方式使同一资本，甚至同一债权在各种不同的人手里以各种不同的形式出现。这种‘货币资本’的最大部分纯粹是虚拟的”。[③] 在这一过程中，虚拟资本不仅作为现实资本的纸质副本使同一资本可能具有双重的存在，虚拟资本自身特有的运动[④]也会使其本身获得自我膨胀，使同一资本可能在不同的人手中获得多重的存在。这便给价格泡沫的出现提供了可能。在信用扩张的时期，整个经济有可能表现为由信用而支撑起来的虚假的繁荣；当信用紧缩时，资本所固有的私人性与社会性的矛盾及其所带来的一切矛盾都将尖锐到只有通过危机才能缓解的地步。

---

① 中共中央马克思恩格斯列宁斯大林著作编译局. 马克思恩格斯全集（第二版）（46）［M］. 北京：人民出版社，2003：529-530.

② 中共中央马克思恩格斯列宁斯大林著作编译局. 马克思恩格斯全集（第二版）（46）［M］. 北京：人民出版社，2003：531.

③ 中共中央马克思恩格斯列宁斯大林著作编译局. 马克思恩格斯全集（第二版）（46）［M］. 北京：人民出版社，2003：533.

④ 即同一债权的多次转移。

# 第二节　股份资本职能形态与虚拟形态的对立统一

在第二章中，已经简要地论述了股份资本的特殊社会性质是如何通过其职能形态与虚拟形态的分离而表现出来的。在这里将对这一问题进行更加细致地考察。股份资本职能形态与虚拟形态之间的对立统一作为对股份资本私人性与社会性之间矛盾展开的第一对中介范畴，首先应该探讨它的职能形态与虚拟形态是如何在股份资本中实现对立与统一的。

## 一、职能形态与虚拟形态的界定

股份资本是通过发行股票筹集而来的资本。同时，随着资本主义信用制度的建立，股票作为资本所有权证书和剩余索取权证书，具有了资本的性质，转化成为虚拟资本。[①] 这样一来，股份资本便取得了两种相互对应的存在形态：一种是股份公司依靠发行股票筹集而来的现实资本，这部分资本作为公司股本在股份公司的实际运行中作为职能资本发挥作用；另一种是以现实资本的所有权证书和剩余索取权证书（即股票）的形态而存在，本身并不是实际资本也不是实际资本的组成部分。

股份资本的这两种存在形态所代表的是同一部分的现实资本，这部分资本一方面作为股份公司在实际生产中投入并执行职能的资本而实际存在，另一方面则仅仅作为资本所有权证书，即现实资本的纸质副本而存在。我们把股份公司通过发行股票筹集而来的现实资本，即真正用来投入生产并执行职能的资本称为股份资本的职能形态；而把与之相对应的，股东手中所持有的资本所有权证书或剩余索取权证书所代表的股份资本称为股份资本的虚拟形态。

如果没有欺诈，股份资本的职能形态和虚拟形态应该是相互对应的。但当股票作为虚拟资本和资本商品，即一种虚拟形式的生息资本时，股票即成

① 关于这个问题，在本章第一节中已有详细论述，此处不再赘述。

为了可以在公开市场买卖并可以作为抵押标的的金融商品。且作为虚拟资本，它在金融市场中获得了自我膨胀和独立运动的方式，这直接导致股票价格的波动在一定程度上偏离其所对应的职能资本价值。股票价格的这种独立运动将在信用膨胀过程中不可避免地导致股份资本职能形态和虚拟形态的价值偏离，这也是形成股价泡沫和金融动荡的根源。股份资本作为职能资本的价值同其作为虚拟资本的价格之间的偏离，构成其职能形态与虚拟形态相对立的基础。

## 二、股票价格[①]的决定及其与职能资本价值的关系

从以上界定可知，一方面，股份资本作为实际参与生产过程的职能资本存在；另一方面，作为股票存在。股份资本作为职能资本的价值同它作为虚拟资本的价格之间的偏离，构成其职能形态与虚拟形态相对立的基础。因此，对股份资本职能形态与虚拟形态相对立问题的研究转化为如下问题，即股票的价格是如何偏离其所对应职能资本价值的。

股票，作为以股份资本虚拟形态存在的形式，从本质上来说是一种虚拟资本。它所代表的仅仅是对其所对应的部分资本的所有权证书，既不是实际的资本，也不是实际资本的组成部分[②]。这与一般的实物商品有着根本性差异。实物商品的价值是由生产该商品的社会必要劳动时间所决定的，因此，在该商品生产完毕后它的价值就是确定的，并以此为基础形成市场价格。股票作为一种虚拟资本它本身并不具有物质商品意义上的价值，从理论上来讲，它的价值只能通过其所对应的职能资本价值，即股份公司的净资产价值来体现。然而在现实中，股票凭借其代表一部分现实资本的所有权和剩余索取权便能在公开市场进行交易和抵押，因此在资本市场中股票具有其自身的价格表现。但这种价格表现并不完全以其对应职能资本的价值为基础，却更多地受其他因素的影响，

---

① 文中所谈的股票价格是指股票的交易价格或市场价格。它是在二级市场中形成的，在现实股票买卖过程中形成的实际价格。当某只股票的二级市场交易价格高于其一级市场发行价格时，意味着每股实际积累资本的货币价值低于该只股票的价格。一般来说，这部分的差额被定义为“创业者利润”（[日] 伊藤·诚，[希] 考斯拉斯·拉帕维查斯．货币金融政治经济学 [M]．孙刚，戴淑艳译．北京：经济科学出版社，2001：143-144）。

② 中共中央马克思恩格斯列宁斯大林著作编译局．马克思恩格斯全集（第二版）（46）[M]．北京：人民出版社，2003：519.

例如，投资者的预期、宏观经济环境甚至一些非经济因素都会对实际股票价格的决定产生影响，从而形成独立于实际资本价值的股票价格变动路径。因此，这将不可避免地导致股票价格与其所对应职能资本价值的偏离，即股份资本虚拟形态价格与职能形态价值的偏离。当股票市场充斥着投机交易和投资者非理性心理因素急剧膨胀时，这种偏离将达到极大程度而形成股票价格泡沫，从而为股市崩盘埋下巨大隐患。

在现实中，股票价格的决定因素有很多，不仅有与股份公司经营状况相关的因素，例如，公司实际净值、净资产报酬率、盈利能力、长期发展前景等，还有投资者心理因素、宏观经济环境因素，甚至一些非经济因素也会对实际股票价格的波动产生影响。

首先是股份公司内部的经营状况。从长期来看，股份公司内部的经营情况是影响股票市场价格波动的根本性因素。它通过影响投资者能够直接获得股息和红利分配收益的多少直接影响股票的投资价值，是股票市场价格存在的实体经济基础。进一步地，股票投资价值变化直接影响投资者预期，从而放大其对股票市场价格波动的影响效应①。一般来说，投资者根据股份公司公开披露的财务数据判断股份公司的经营状况，从而进一步评估该只股票的投资价值。能够对股价波动产生明显影响的公司财务指标包括公司资本净值、营业额、净资产报酬率、利润率等。除公司财务数据以外，股份公司股息和红利分配政策、公司重要领导层变动、技术创新情况、公司长期发展规划和公司声誉等情况也是投资者进行投资决策可能考虑的因素，因此，这些因素作为股份公司经营状况的侧面反映也会对股票市场价格的形成产生一定的影响。

其次是投资者的预期。投资者的预期是推动股票价格偏离其所对应实际资本价值的最关键因素，也就是说，下文中所说的一切能够影响股票价格并使其偏离职能资本价值的因素，归根结底都是通过影响投资者预期来实现的。有观点认为，基于完全市场和理性预期的投资决策不会推动股票价格过度偏离其所对应实际资本的价值，是基于投资者对未来收益的合理预期而对股票价格产生

---

① 这种放大机制通过一种反馈环（Feedback Loop）运行。这种反馈环具体可以被描述为：过去的股票价格的上涨即其投资价值的提升，增强了投资者的信心及期望，这些投资者将进一步使股价抬升。而高股价所带来的财富幻想又进一步吸引了更多的投资者，并增强他们的信心。这样循环不断进行下去，最终造成对原始因素所诱发股价上涨的放大效应（［美］罗伯特·J. 希勒．非理性繁荣［M］．李心丹，俞红海，陈莹，岑咏华译．北京：中国人民大学出版社，2016：109）。

的理性扰动，并不会产生明显的股价泡沫。[①] 但是，在信息不对称或存在道德风险的情况下，即使投资者都是理性的，依然有出现股价泡沫的可能，这种泡沫被称为“理性资产价格泡沫”。随着行为金融学的发展，认为投资者预期非理性是常态的观点也逐渐出现。即使承认市场信息不完全和道德风险可能引致资产价格泡沫，也不能概括股票市场泡沫出现的全部原因，因为投资者的预期很有可能是非理性的。投资者的动物特征、心理因素、过度信心等都会成为推动价格泡沫形成的诱因。“噪声交易者”和“正反馈交易者”的存在会使股票市场价格的形成受到代表性认知偏差的扰动，这种认知偏差被正反馈交易过程[②]和投资者的“羊群效应”不断放大，最终形成非理性资产价格泡沫。此外，企业经理们也可以通过对投资者心理产生影响来进行股票价格的操纵[③]，进而推动股票价格泡沫的形成。例如，制造市场幻觉和改变利润分配比例等制造虚假信息来对投资者心理产生一定的影响。总之，投资者的非理性预期主要是基于对投资者有限理性的假设，认为投资者内生心理因素产生的认知偏差和

---

① 这种观点基于有效市场理论的假设，认为市场是完美的，信息是完全的，所有投资者都可以通过获得完全的信息而作出理性的投资决策。因此，股票价格的形成是市场供求均衡的结果，不存在股票价格的泡沫问题。然而，第一，从凯恩斯主义经济学出发，这种观点的谬误在于，在股票市场上，投资者面临着必然无法避免的信息不完全和不确定。因为投资者所依靠的信息永远是现在的信息，而却要通过对充满不确定性的未来的预期来进行决策，即现在永远无法获得关于未来的信息，未来的结果也不可能根据概率计算得出（［英］约翰·梅纳德·凯恩斯．就业、利息与货币通论［M］．高鸿业译．北京：商务印书馆，1999：151-155）。第二，从行为金融学的角度出发，投资者的心理因素和心理偏差将会对其投资决策产生巨大的影响，从而导致股票价格的泡沫出现（在本段接下来的讨论中，将对这一点进行详细说明）。第三，从马克思主义经济学出发，将能够得出这种观点的核心谬误，即股票作为虚拟资本，本身只是将对某一部分实际资本的所有权证书和剩余索取权证书资本化的结果，其本身并不具有实际意义上的价值，只具有幻想出来的价值。它的价格的形成只是投资者对其所可能带来的收益进行想象的结果。因此，虽然实际资本的价值变化会在一定程度上影响投资者预期，但是这种影响往往存在时滞性，而在此期间各种其他扰动因素对股票价格的影响有充足的可能降低甚至湮没它对股票价格的影响程度。因此，就造成了这种在现实中近乎于必然的结果，“它们（指股票等有价证券——引者注）的价值额（实际价格）的涨落，和它们有权代表的现实资本的价值变动完全无关，尽管它们可以作为商品来买卖，因而可以作为资本价值来流通”（中共中央马克思恩格斯列宁斯大林著作编译局．马克思恩格斯全集（第二版）（46）［M］．北京：人民出版社，2003：540-541）。

② 正反馈交易过程可以表述如下：最初的价格上涨导致了更高的价格水平的出现，因为通过投资者需求的增加，最初价格上涨的结果又反馈到了更高的价格中。第二轮的价格上涨又反馈到第三轮，然后又反馈到第四轮，以此类推。因此诱发因素的最初作用被放大，产生了远比其自身所能形成的大得多的价格上涨（［美］罗伯特·J．希勒．非理性繁荣［M］．李心丹，俞红海，陈莹，岑咏华译．北京：中国人民大学出版社，2016：125）。

③ 这种操纵在一些维度上类似于庞氏骗局，即这时部分股票市场的繁荣是一些精心设计、用以蛊惑投资者的假象，一些人企图利用普通投资者对这种假象的思维误区来谋取利益。

外在因素对其产生的心理影响本身会对投资者的预期和股票价格产生影响，并且这些影响会由于交易的正反馈过程和“羊群效应”[①] 不断放大，不断催生股票价格泡沫的膨胀。

再次是宏观经济环境与经济政策。一般来说，宏观经济的重要指标都会对股票市场价格产生一定影响，例如，国民生产总值、经济周期、行业发展状况、通货膨胀率、国际收支状况、经济结构的变动、国外股市情况和经济动向等。这种影响是通过对投资者预期的影响作为中介来实现的。当宏观经济增长势头较好、经济处于繁荣上升时，多数公司基本面良好且盈利不断增加，一般股票市场总体价格都处于上涨趋势；而在经济萧条时，大多数公司经营不善、利润下降，这时股票市场总体价格也会趋于下跌。根据海曼·明斯基关于金融脆弱性的理论，在经济繁荣时资产价格（包括股票）的上涨本身包含着一种向上的不稳定性即金融脆弱性的形成。也就是说，在经济的繁荣上升期，各种资产价格（包括股票）都会上涨，这时各经济主体的借贷能力会因此而提高，“当经济成功产生对之前甚至现在的安全边际过大信念时，安全边际便会被不断侵蚀”。[②] 因此，从经济繁荣时期的股价上涨到其突然的跌落，这并不是偶然发生的结果，而是金融脆弱性内生地不断积累的结果[③]。在现实中，多数股份公司的股票价格涨跌都会受到宏观经济形势的影响，且周期性行业企业受此影响的程度更大、波动更剧烈。通货膨胀率也会对股票价格产生影响。一般认为，适度的通货膨胀率会促进股票市场价格的普遍上涨，人们为了减少通货膨胀带来的货币贬值压力，会将一部分资金投向具有较高收益率的股票市场，从而推动股票市场需求的普遍上扬和股票价格的上涨[④]。但当发生恶性通货膨胀时，大多数企业会发生成本增加、持续亏损的情况，经济基本面趋向恶化，这时一般投资者普遍采取抛售股票的策略，股票市场供大于求，因而股票价格会

① 正反馈交易过程和“羊群效应”本身也是非理性的。

② 李黎力．明斯基经济思想研究［M］．北京：商务印书馆，2018：217（原文来源于 Hyman Minsky. Stabilizing an Unstable Economy［M］. New York：McGraw-Hill Professional Publishing，2008：244）．

③ 这种脆弱性在资本主义经济持续的扩张中逐渐产生并不断积累，在经济繁荣的阶段突出显现。这种脆弱性是资本主义经济的系统性缺陷，它是在资本主义积累的必经过程中逐渐走向脆弱的（李黎力．明斯基经济思想研究［M］．北京：商务印书馆，2018：217）。

④ ［英］约翰·梅纳德·凯恩斯．就业、利息与货币通论［M］．高鸿业译．北京：商务印书馆，1999：146.

大幅下跌。[①] 此外，宏观经济政策的施行也会对股票市场价格产生一定的影响。例如，积极的财政政策一般伴有减税降费的具体措施，一方面，这对企业成本降低和利润增加具有积极作用；另一方面，积极的财政政策可以刺激民间投资和消费需求，这对股票市场上扬具有一定的促进作用。同时，货币政策的实施往往随着利率的调整和货币供给量的变动。一般来说，扩张性的货币政策会导致利率降低和货币供给量的增加，这两方面的影响都会直接推动股票市场的繁荣和股票价格的普遍上扬。一方面，利率降低有助于降低企业贷款资金的成本，完善企业资金链条并提高企业资金周转的速度，提高企业的盈利能力和经济效益，这些信息则通过公司基本面利好的传导直接反映在股票价格的上涨上。同时，利率的降低也有利于刺激社会总需求，人们收入的普遍提高会刺激对股票投资的需求，因而股票价格也将随之上扬。[②] 另一方面，货币供给量的增加将直接导致进入股票二级市场货币量在绝对水平和相对水平（相对于一级市场货币增量）上的增加，从而直接推动股价上扬。这一相对比率的变化是通过投资增加所带来的企业利润的上升而直接传导的。对企业来讲，虽然增加的资本存量与投资的累加值始终相等，但当期新增的资本存量会被计入当期利润流量之中，这会使其对应的股票价格提高。而股票价格的上涨会进一步提高该只股票的投资价值，从而使投资者的预期收益提高，这将强化资金由一级投资市场向二级投机市场的转移，从而引起股票价格的进一步攀升。

最后是非经济因素。在很多情况下，一些非经济因素也会通过影响投资者预期而对股票价格的决定产生影响，例如，战争、国际关系、自然灾害、国内政治格局的变化等。一般来说，战争对股票市场价格的影响是消极的，特别是被战争破坏严重的地区或产业的公司所对应的股票行市必然下跌。但是对于军事工业部门企业来说，战争不仅不会对其股票价格产生消极影响，反而会推动其股票价格的上涨。再如国际关系和国内政治局势的变化都会对投资者的心理产生一定的影响，投资者安定或恐慌的投资情绪也会在很大程度上影响股票市场价格的决定。

因此，股票价格的决定不仅受其所对应实际资本价值的影响，而且也受很

---

① 孙菲，施建欣．对宏观基本分析与股票价格决定的研究［J］．石河子大学学报（哲学社会科学版），2005（9）：60.

② 关于利率变动对股票价格的影响，参见中共中央马克思恩格斯列宁斯大林著作编译局．马克思恩格斯全集（第二版）（46）［M］．北京：人民出版社，2003：549－559；［英］约翰·梅纳德·凯恩斯．就业、利息与货币通论［M］．高鸿业译．北京：商务印书馆，1999：176－177.

多其他因素的影响。由于股票价格运动的独立性与特殊性，这样一种情况将时常出现：股票价格的改变几乎与其所对应的职能资本的价值变动无关。这给股份资本虚拟形态价格同其职能形态价值的偏离提供了理论上的可能性（甚至是必然性）。

## 三、虚拟形态价格同职能形态价值的偏离

### （一）股份资本虚拟形态价格同职能形态价值偏离的机理

从理论上来讲，股票作为虚拟资本，凭借其所对应的一部分实际资本的所有权和剩余索取权，其交易价格在股票市场中形成独立的运动，且一般来说，这种价格的运动与其所对应实际资本的价值变动无关。因此，在现代发达的资本市场条件下，股份资本虚拟形态价格与其职能形态价值存在偏离几乎是必然，即股价泡沫①的存在是常态。

举一个例子②：假如某股份公司发行了面值为 10 元的股票共计 1 亿股，共筹集股份资本 10 亿元并作为公司股本投入公司实际的生产运行之中。假设该公司股票被没有任何时滞地投入股票二级市场进行买卖，而在股票二级市场上由于某种原因有人以每股 20 元的价格成交了 100 股该股票（假定该时刻只有这 100 股该公司股票成交），这即导致该只股票的市场价格变为了 20 元。结果是市场仅用了 2000 元的货币价值就将该只股票的总市值提升到了 20 亿元。这时股份公司的实际资本价值并无变化，而其所对应的股票市值却仅以 2000 元的货币价值额外增加了 10 亿元。这时股票价格的自我膨胀，使股票所代表的股份资本虚拟形态的价格已与其所对应职能形态的价值发生了偏离，股票市场价格泡沫也即产生。

从现实来看，股票市场上信息的不对称、投资者的心理因素等都会通过影响投资者的预期而对股票实际交易价格构成或多或少的扰动，形成独立于其职能资本价格的运动，使其几乎难以与所对应的实际资本价值相等。当这种偏离的程度大到市场难以承受的地步时，股票市场的脆弱性将被触碰而崩溃，信用体系将会被破坏并进入紧缩阶段，这时金融动荡将无可避免。

---

① 在下文中也多以此指代股份资本虚拟形态价格同职能形态价值的偏离。

② 为了更加简单直观地说明问题，本例做了一些极端假设和简化。

具体而言，股票价格泡沫是在股票交易过程中产生的，股票市场价格与其所对应职能资本价值的偏离，即投资者对已投资股票的成本高于其内在价值而产生的偏差量。从这个角度来看，股市泡沫可能来源于以下两个方面：一是在股票交易过程中股票价格的直接变化导致的该只股票投资成本的变化所产生的泡沫；二是一部分股票在交易过程中价格的变化导致的其他股票持有机会成本的变化而间接导致的股市泡沫。在资本循环的模型中，一部分交易者以高于股票内在价值的市场价格完成了从 G-S-G’的过程[①]，且将股票市场价格推高到偏离了其内在价值的水平，虽然这时所有该只股票的持有者都面临统一的市场价格，但对于只完成 G-S 的其他股票持有者来说，并未完成 S-G’的最终过程，即价值实现的最重要转换。[②] 当这种转换普遍难以实现时，股票价格也将随之下跌，泡沫大范围破裂和信用紧缩将很有可能导致金融动荡或危机。在股票市场的繁荣时期，这种转换极易完成，这将使投资者产生如下错觉：不论以超出其实际资本价值多少的价格买入股票，都能以一个更高的价格卖出去。这种心理在股票价格持续上涨的时期不停地吸引投资者的进入。而这将给股票价格带来更加疯狂的暴涨。然而，在股票价格同其所对应的实际资本价值越来越偏离的过程之中，它的风险也随之增加。而这种风险在市场的繁荣中被坐实，进而鼓励投资者接受更具风险的资产。股票资产的安全边际在这一过程中被逐渐侵蚀，并使股票市场的脆弱性不断累积，最终酿成股票价格的大幅度下跌甚至金融动荡。[③]

股票市场的脆弱性恰恰在股票价格偏离其所对应职能资本价值而持续上升的过程中集中体现，即集中体现在股票市场的繁荣上升时期安全边际是如何受到侵蚀的。在股票市场良好运行的期间，当股票价格持续上涨时，它的安全边际会随之逐渐下降。也就是说，当股票价格偏离其所对应职能资本价值而不断上涨时，它不能被最终实现的风险也将越来越大，这种风险在市场的繁荣中被坐实，从而使其内在的安全边际过大或多余，进而鼓励接受更具风险的资产。这种模式会一直持续，直到股票价格的偏离达到这样一种程度，即现金支付的

---

① 其中 S 表示股票资产，即作为特殊商品的虚拟资本商品。

② 中共中央马克思恩格斯列宁斯大林著作编译局．马克思恩格斯全集（45）［M］．北京：人民出版社，2003：63.

③ 李黎力．明斯基经济思想研究［M］．北京：商务印书馆，2018：290-291（原文来源于 Hyman Minsky. How “Standard” Is Standard Economics?［J］. Society，1977，14（3）：24-29）.

承诺[①]无法被实际生产中的价值创造过程所支撑时，股票市场的脆弱性也将不断积累，并随时可能被触碰而坍塌。[②]

## (二) 股份资本虚拟形态价格同职能形态价值偏离的原因

股份资本虚拟形态（股票）的价格偏离其所对应职能资本价值，即股票市场价格泡沫形成的原因主要包括以下四个方面：

第一，股票市场信息不对称和投资者心理因素所导致的非理性预期及决策。由于股票市场的特殊性，投资者始终无法获得未来发生事件的准确信息，因此，只能通过整合现有信息来进行对未来的预期。一方面，在股票市场中很难做到信息完全对称，投资者也几乎不可能得到完全的股份公司和股票市场信息；另一方面，这种预期也必将带有投资者的主观性，容易受其心理因素的直接影响。这两方面的原因导致投资者会根据“动物精神”做出有限理性的预期和决策。并且由于“噪声交易者”的广泛存在，会使投资者的认知偏差进一步扩大，形成对股票价格的非准确估值。一般来说，投资者都更加愿意购买价值被高估的股票，而这又进一步吸引更多的投资者买入，激发投资者的狂热心理，进一步推动其价格的上扬。[③]

第二，信贷和货币供给增长所导致的流动性过剩。当信贷和货币数量扩张时，一般伴随的是经济的繁荣和家庭部门财富的大量积累，这为股票市场的繁荣提供了充足的资金。当货币数量增加到实体经济无法吸收过剩的流动性时，大量资金将进入股票市场，通过高风险资产投机保持较高的资本收益。股票市场需求的持续增加将推动股价的普遍上扬及其与职能资本价值的偏离。这也是造成金融脆弱性累积的关键因素。

第三，稳步增长的经济发展势头和良好的宏观经济环境。一般来说，良好的经济增长环境会使投资者形成乐观的预期，股票市场信心充足，投资者更愿意相信较高的预期股票收益。这将直接导致股票需求的增加和股票市场的繁荣，这

① 如期支付股息，或出售时支付股票本身的价格。

② 李黎力．明斯基经济思想研究［M］．北京：商务印书馆，2018：290-291（原文来源于 Hyman Minsky．How “Standard” Is Standard Economics？［J］．Society，1977，14（3）：24-29）．

③ 凯恩斯主义和行为金融学为此提供了证据。凯恩斯主义认为，对资本资产收益的预期部分地取决于对未来不确定事件的预测和估计。而突出的客观事实是，我们对未来收益进行估计时所依据的知识是极端靠不住的（［英］约翰·梅纳德·凯恩斯．就业、利息与货币通论［M］．高鸿业译．北京：商务印书馆，1999：151-155）。关于行为金融学的观点在第三章第二节中已进行过说明，此处不再赘述。

种繁荣往往极大地超越实际经济发展的繁荣势头而形成股票价格的正向泡沫。

第四，能够对股票价格形成重要影响的价格操纵以及股票市场中的“正反馈过程”和“羊群效应”。从股票资产持有规模来看，机构投资者往往比散户投资者持有更大规模的股票资产，且一般认为，机构投资者能够比散户投资者获得更加完全的市场信息。因此，机构投资者大规模的股票持有变动会直接影响其他机构投资者和散户投资者的投资决策，形成“羊群效应”。“羊群效应”容易导致股票市场投资者做出大范围相同的买入或卖出决策，这直接诱使股票价格的大幅度涨跌。此外，股票交易者天然的投机心理将致使他们更愿意买进近期上涨的股票而抛出近期下跌的股票，这就形成了一定的“正反馈效应”，即某只股票价格越上升，就越能吸引更多的投资者买入，该只股票需求就越大，股票价格也就越上涨，其与职能资本价值的偏离也就越大，股价泡沫也就越膨胀。即使这时投资者已意识到股票的价格偏离了其所对应的职能资本价值，也还是愿意买入，因为他相信还可以以更高的价格将其转手赚取投机收益。[①] 由于这两个特性，能够对股票市场产生重大影响的投资者（大型机构投资者）的投资决策将很有可能推动股票价格的剧烈波动，而其背后操纵价格的利益相关者则能够轻易地从这种剧烈波动中完成价值的转移。

其中，信息不对称和投资者心理因素所造成的非理性预期和决策以及股票市场的“正反馈效应”和“羊群效应”既可能导致股票价格的正向偏离，也可能造成股市暴跌。而良好的宏观经济环境和过剩的流动性则更有可能催生正向泡沫和股价虚高。

### （三）股票市场的脆弱性同实体经济不稳定的联动效应

如果股票价格的上涨能够准确地反馈到实体经济中，带动实体经济的相同幅度的价值增值，那么股票价格的上涨也就不构成价格泡沫及与其对应实际资本价值的偏离。但这种精准的反馈要求经济中的财富效应、托宾Q效应、信

---

① ［美］罗伯特·J. 希勒在《非理性繁荣》一书中对股价泡沫所下定义很好地说明了这一点。该定义如下：“价格上涨的消息刺激了投资者的热情，并且这种热情通过心理的相互传染在人与人之间扩散，在此过程中，被夸大的故事使股票价格增长显得合理，有关价格增长的消息又不断被放大，撩拨了一波又一波投资者扎堆到市场中。这些投资者尽管可能对资产的真实价格有所疑虑，但可能出于对其他投资者发迹的羡慕，抑或因为‘赌徒’的兴奋感，不自觉地卷入到市场中。”（［美］罗伯特·J. 希勒. 非理性繁荣［M］. 李心丹，俞红海，陈莹，岑咏华译. 北京：中国人民大学出版社，2016：344-345）

贷市场非对称信息效应和流动性效应[①]的准确传导。当这四种效应明显时，股票价格的上涨能够准确传导至实体经济，即有效拉动实体经济的消费和投资、总需求和总产出；当上述效应不明显时（在现实经济中上述效应不明显是常态），股票价格的上扬并不能准确地传导至实体经济领域，而只会使股票价格与其对应实际资本价值之间偏离的扩大，即股票价格泡沫的膨胀。随着泡沫的不断膨胀，股票市场与实体经济之间的联系也越来越难以建立，当泡沫膨胀的程度超过市场承受能力时，最终无法反映到实体经济价值增加的价格泡沫终将破裂并引发股市的崩溃。

在上述效应中，股票价格的上扬和下跌具有典型的非对称性，即其在股票价格上扬过程中的影响效应远远小于其在股票价格下跌时的影响效应。当股票价格泡沫破裂时，信用的不断紧缩致使上述四种效应的影响颇为显著，并且在“金融加速因子”的作用下，这种恶性循环将不断持续（股票价格进一步下跌和总需求总产出的进一步减少）。这时股票价格泡沫的破裂将对金融系统和经济整体实现巨大的影响和打击。

明斯基用金融不稳定性的概念来定义金融领域的脆弱性对实体经济的影响，即描述金融脆弱性与实体经济的联动效应。这其中包含两种不稳定性，即“向上的不稳定性”和“向下的不稳定性”。向上的不稳定性表现为：“经济超越充分就业水平的爆炸性扩张和繁荣，并导致通货膨胀加速和资产（资本资产和金融资产）价格迅速膨胀”。向下的不稳定性表现为：“经济停滞、债务通缩和资产（资本资产和金融资产）价格迅速崩盘。”[②] 通过向上的不稳定和向下的不稳定，金融脆弱性会对实体经济产生实际的影响。[③] 同金融脆弱性一样，金融不稳定也是资本主义内在矛盾运动的结果。[④] 资本主义的积累过程则是连接金融脆弱性同非金融方面不稳定的重要纽带。[⑤]

---

① 舒廷飞，黎文武．论股票市场与实体经济的关联互动［J］．对外经济贸易大学学报，2003（4）：30-33.

② 李黎力．明斯基经济思想研究［M］．北京：商务印书馆，2018：149-150.

③ 就向上的不稳定而言，一个脆弱的金融体系容易导致通货膨胀；就向下的不稳定而言，一个脆弱的金融体系之所以更加的不稳定，是因为它有助于债务通缩过程的爆发（李黎力．明斯基经济思想研究［M］．北京：商务印书馆，2018：150）。

④ 关于这个问题，将在本章第三节进行详细考察。

⑤ 李黎力．明斯基经济思想研究［M］．北京：商务印书馆，2018：151.

## 四、职能形态同虚拟形态的对立与统一

在这里有必要对上面的内容做一个小结，即说明股份资本的职能形态与虚拟形态之间的对立与统一是如何实现的。

股份资本的职能形态与虚拟形态是同一部分现实资本的两种存在形式。因此，它们分别作为股份资本的两种存在形态而在股份资本中实现统一。从发行股票的初衷来看，如果没有欺诈，股票即是一部分现实资本的代表，即在股份公司中实际执行职能的资本的代表。但是，股票——即股份资本的虚拟形态——作为虚拟资本是在生息资本的基础上发展起来的，是对某一部分资本所有权证书和剩余索取权证书资本化的结果。凭借它能在一定时间之后获得本金和股息偿付的特性，即能够完成自行价值增殖的特性，它能够获得一种幻想出来的资本价值。因此，从这一角度来说，股票不过是它所代表的那部分职能资本"所实现的剩余价值的一个相应部分的所有权证书"①。因此，一方面，股份资本以职能资本的形态进入到股份公司的实际生产过程之中，与活劳动相结合完成实际资本的循环过程和价值增殖过程②；另一方面，作为这部分职能资本的代表和纸质副本，而以所有权证书和剩余索取权证书的虚拟形态存在。但不论是职能形态还是虚拟形态，其所代表的是同一部分的现实资本，两者在股份资本范畴中是统一的存在。

然而，一个突出的现实是，股票作为一部分职能资本的代表和纸质副本，成为生息资本的形式，且它本身价格的变化并不完全取决于其所对应实际资本的价值变动，甚至在更多的情况下是与它们有权代表的那部分现实资本的价值变动完全无关。这便导致了股份资本虚拟形态价格同其职能形态价值的普遍偏离，而这构成了股份资本职能形态与虚拟形态相对立的基础。

当一部分实际资本的所有权证书和剩余索取权证书资本化之后，它们就作为幻想出来的资本价值而进入交易市场进行交易，并形成自身价格的独立运动。股票价格自身运动的独立性，在股票交易的过程中，被投资者的预期及其

---

① 中共中央马克思恩格斯列宁斯大林著作编译局．马克思恩格斯全集（第二版）（46）［M］．北京：人民出版社，2003：529.

② 为了更简洁地说明问题，这里暂不考虑作为商人资本的股份资本。

信心的变化不断加强。[①] 并极有可能导致这样的结果，即股票价格的涨跌同它有权代表的那部分职能资本价值的变动完全无关，而只是投资者预期或心理因素变动的结果。并且股票市场天然的具有赌博和投机的性质，投资者们的投资热情在股票价值能够不断实现的故事和幻想中不断高涨。这一过程恰恰增加了股票资产无法最终实现的风险，并一步步侵蚀着金融的安全边际，金融的脆弱性也在不断累积。当它的风险和脆弱性累积到一定程度时，一根稻草便能使整座大厦轰然倒塌，之前一切关于股票价值的幻想都将在一瞬间破灭。

有一点值得再次强调。股票作为股份资本的虚拟形态而存在，“它的价值始终只是资本化的收益，……完全不决定于它们所代表的现实资本的价值”。[②] 因此，股票作为对一部分职能资本所有权证书和剩余索取权证书资本化的结果，它自身价格决定和运动的独立性使它的价格同其所代表的实际资本价值相偏离。在这种偏离中，股票作为股份资本的虚拟形态同它所代表的职能资本相对立，即与它作为职能形态的本身相对立。矛盾的关键之处在于，股票作为股份资本的虚拟形态，作为股份资本职能形态的纸质副本，应该也必须同它的职能形态统一于股份资本之中；而现实却是股票作为虚拟资本及其价格的独立运动。这种独立运动所导致的股份资本虚拟形态价格同其职能形态价值的偏离，最终使股份资本的两种存在形态在统一中相互对立。

## 第三节　股份资本私人性与社会性的内在矛盾表现为其职能形态与虚拟形态的对立统一

在以上两个小节的分析中，讨论了股份资本的职能形态与虚拟形态是如何在它本身中实现对立与统一的。在这一节中，要回归到核心的研究对象，即股份资本的私人性与社会性及其矛盾，同股份资本职能形态与虚拟形态对立之间的联系。即考察股份资本私人性与社会性之间的内在矛盾是如何在股份资本职

① 关于这一点，在本章第二节分析股票市场价格泡沫形成的原因部分已进行过详细说明，此处不再赘述。

② 中共中央马克思恩格斯列宁斯大林著作编译局．马克思恩格斯全集（第二版）（46）［M］．北京：人民出版社，2003：531．

能形态与虚拟形态的对立统一中被外化和表现的。也就是说，资本一般私人性与社会性矛盾的内在规定性是如何在股份资本中进一步展开，并获得其外部独立的实现形式的。

## 一、存在形式的外部对立

在上一小节中，已经对股份资本的职能形态和虚拟形态进行了界定：股份资本的职能形态是指股份公司通过发行股票筹集而来的现实资本，即真正用来投入生产并执行职能的资本；而股份资本的虚拟形态是指与其职能形态相对应的，股东手中所持有的资本所有权证书或剩余索取权证书（即股票）资本化后而形成的虚拟资本。从理论上来讲，股东手中所持有的资本所有权证书或剩余索取权证书（即股票），本身只是作为一部分现实资本的纸质副本，它本身并不是现实的资本，也不是现实资本的组成部分。但正是这种纸质副本（即股票）的现实存在以及这种纸质副本不可避免的资本化过程，决定了股份资本的职能形态与虚拟形态在其存在形式上的相互对立。①

股份资本职能形态与其虚拟形态在存在形式上的对立，是股份资本私人性与社会性矛盾第一个层次的外化。股份资本职能形态与虚拟形态在其存在形式上的分离，将股份资本私人性质与社会性质之间的内在矛盾外化为两种相互独立的存在形式之间的外部对立。

在股份资本中，资本的私人权力体现在股东对其所持有的资本所有权证书或剩余索取权证书（即股票）的私人占有和支配上。因此，资本所有权证书或剩余索取权证书的私人占有和支配的法权关系是股份资本私人性质在其虚拟形态存在形式上的外部体现，即股份资本的私人性质在股东对一部分现实资本纸质副本（股票）的私人占有和支配上被完全表现出来。而正是由于股份资本作为通过发行股票筹集而来的资本，它的职能形态（即它作为现实资本的存在形态）代表着个别资本的联合，即代表着个别资本私人所有权的社会化存在。它将分散、独立的个别资本在股份资本的职能形态上联合起来，转化为一种作为资本集体的具有社会性质的资本权力。股份资本的产生和发展不仅促进了资本的集中，更推进了生产集中的发展，这使作为职能资本的股份资本也

---

① 这是一部分现实资本纸质副本（股票）的现实存在及其资本化的第一个后果，它的第二个后果导致了股份资本虚拟形态的价格与其职能形态价值的偏离，这将在下一部分中进行说明与讨论。

进一步获得了更具社会化的性质。同时，这种社会化的性质被股份资本职能形态与虚拟形态存在形式的对立而加强。因为，对实际资本占有、支配、使用的权力同对实际资本纸质副本的直接所有权相分离，资本职能也就在一定程度上摆脱它的私人权力而转化为一种更具社会性质的职能。在这里，资本的职能与资本占有的私人权力之间直接的逻辑联系被打破，从而转化为了一种具有社会化实现形式的资本职能。因此，股份资本的社会性质以股份公司实际资本的形式体现在股份资本的职能形态上。股份资本私人性与社会性之间的内在矛盾转化为它的虚拟形态与职能形态外部存在形式之间的对立，即股份资本私人性与社会性的内在矛盾在它虚拟形态与职能形态相互独立的存在形式的外部对立中得以表现。

值得强调的是，虽然在股份资本形态上，分散的个别资本被联合起来的个人资本所代替，分散的独立的生产被联合起来的生产所代替，分散的私人的企业被更大规模更加适应生产社会化的股份公司所代替，决定了股份资本同个别资本相比具有特殊的社会性质。但是，在资本主义条件下，由个别资本向更具社会性质的股份资本的转化，依然局限于资本主义生产关系的界限之内，无法克服作为资本主义生产关系之基础的私人所有制。因此，在资本主义条件下，股份资本的出现依然无法积极地扬弃资本作为私人财富和它同时作为社会财富之间的内在对立，也无法克服资本的私人性质与它的社会性质之间实质上的对立。这一实质上的对立只是通过股份资本的两种不同的外在存在形式而外化为了形式上的对立，即外化为股份资本职能形态与虚拟形态两种存在形式之间的外部对立。在这一过程中，私人性质与社会性质之间的内在矛盾并没有被克服，而是在股份资本的两种存在形式中找到自身运动的方式。因此，股份资本职能形态与虚拟形态两种相互独立的存在形式之间的外部对立，一方面，是股份资本私人性与社会性内在矛盾的外化表现；另一方面，也是私人性与社会性之间内在矛盾在股份资本形式上得以获得运动的方式。

## 二、价值的偏离

股份资本职能形态和虚拟形态存在形式的外部对立，是此两者之间发生价值偏离的现实基础，并随着股份资本虚拟形态的资本化过程而形成两种相互独立的运动：一方面，作为实际执行职能的资本，它在股份公司实际生产中形成了区别于单纯的所有权证书的运动；另一方面，作为资本所有权证书资本化的结果，在资本市场中形成了区别于其所对应职能资本价值的价格及其运动。这既构成了股份资本虚拟形态价格同其所对应职能资本价值之间的偏离，也构成了股份资本私人性与社会性之间内在矛盾的第二个层次的外化。

作为一部分现实资本纸质副本的资本所有权证书或剩余索取权证书（股票），凭借它能够在一定时期以后获得本金加利息的回流而被资本化，即被赋予了作为资本的性质和价值增殖的能力。因此，它被作为资本商品，即一种虚拟形式的生息资本，在公开市场进行买卖和抵押，形成了其自身价格的决定机制和影响因素（与它所对应职能资本价值相脱离的）。且作为虚拟资本，在人们对其价值增殖的狂热追逐中，它的价格在金融市场中获得了自我膨胀和独立运动的方式，并在信用制度的温床中进一步同其所对应职能资本价值相偏离。而股份资本虚拟形态价格同其职能形态价值的偏离，是形成股价泡沫和金融动荡的根源，也是股份资本私人性与社会性之间的内在矛盾在现实经济中不断激化的结果。

在资本主义条件下，股份资本的产生为资本作为私人财富和它同时作为社会财富的内在矛盾找到了在其中运动的形式，即将资本私人性与社会性之间的内在矛盾，通过股份资本职能形态与虚拟形态存在形式之间的外部对立表现了出来。但是，这一对实质上的矛盾并没有被积极地扬弃，只是暂时找到了它形式上的存在和运动方式。这将不可避免地造成以下后果：对股份资本虚拟形态价值增殖的狂热追求和对这种幻想出来的资本价值的疯狂想象，催生出股票的投机和其价格的非理性繁荣。这一切的根源在于对股份资本虚拟形态——即作为一部分现实资本纸质副本的资本所有权证书或剩余索取权证书（股票）——占有和支配的私人权力，与其在职能资本形态上作为联合的资本的社会权力之间矛盾的激化。

对股票私人占有和支配的权力决定了股票作为虚拟资本所必然遵循的逐利逻辑，虽然在事实上这种追逐价值增殖的逻辑同现实资本与活劳动相结合而实现价值增殖的过程具有本质上的差异，但在投资者的想象中两者并没有什么不同。投资者对股票的私人占有，其最直接的动机只有一个：通过持有或出售股票而获得私人财富的增殖。问题的关键在于，股票作为虚拟资本，作为现实资本的纸质副本，它的价值纯粹是虚拟的，这便赋予了股票天然的投机性质。在这样的过程中，股份资本虚拟形态的价格获得了其自身运动和自我膨胀的必然，并同时与其所对应职能资本的价值相偏离和对立。

从另一个角度来看，股份资本的职能形态，作为个别资本的联合体在实际生产中形成了区别于其虚拟形态的运动过程。具体而言，作为职能资本的股份资本，在实际生产中同活劳动相结合而获得自身的价值增殖，从而完成自身的价值变动。同作为虚拟资本的股份资本不同，这部分的资本价值不是想象出来的，而是真真切切存在的。因为它所完成的资本循环过程和价值增殖过程是以它实际参与生产过程而同活劳动相结合为前提条件的。因此，作为职能资本的股份资本，即股份资本的职能形态，在实际生产中会形成自身独立的运动和循环而与其虚拟形态的价格波动无关。当然，这一说法必须排除这样的情况，股份公司作为法人直接或间接持有自己公司的股票，这时自身股票价格的波动则可能会带来股份公司净资产价值的变动。[①] 但这并不妨碍研究的进行，有以下两个原因：一是股票价格的变动是瞬时的，它对作为职能资本的股份资本的影响存在时滞；二是最重要的，股份公司所持有的股票资产从严格意义上来说并不能算作其职能资本的一部分，因为这些股票资产并不作为职能资本而投入到直接的生产过程之中。因此，可以得出结论，作为职能资本的股份资本在实际生产过程中将形成与其虚拟形态几乎完全不同的价值运动。

在股份资本职能形态与虚拟形态两种相互独立存在形式的外部对立中，资本私人性与社会性的矛盾找到了它在其中运动的形式，但并未改变这一对矛盾的实质。因此，在股份资本形态上，私人性与社会性的内在矛盾依然存在，并在股份资本职能形态同其虚拟形态的价值偏离中被表面化起来。

股份资本虚拟形态价格同其职能形态价值的偏离，是对股票占有和支配的私人权力不断膨胀的结果，也是在虚拟形态上的股份资本与其在职能资本形态上作为联合的资本的社会权力之间矛盾运动的结果。在股份资本虚拟形态价格不断偏离其职能形态价值的过程之中[②]，安全边际会被不断侵蚀[③]，当价值偏离达到一个相当大的程度以致市场信心无法再支撑之时，这种正向的泡沫会在极短的时间内发生瞬时破裂，并在信用链条的催化下发生超出破裂点本身范围

① 这种情况在1955年以后的日本较为普遍。日本经济学家奥村宏把1955年以后的日本资本主义称为法人资本主义。法人主要是指股份公司形态的大企业，这些大企业相互持有股份，以此为基础，经营者得以相互支配（［日］奥村宏．股份制向何处去——法人资本主义的命运［M］．张承耀译．北京：中国计划出版社，1996：前言Ⅰ+72-74）。在法人相互持股达到一个极端发达的状况时，股份公司直接或间接持有自身公司的股票就变得极为普遍了。

② 这里指正向偏离，即股票价格正向泡沫的形成过程。一般来说，由虚拟资本自身的性质决定，这种幻想出来的资本价值会在人们对价值增殖的狂热追求中不断膨胀而脱离实际资本的价值，这是一个周期的起点。

③ 李黎力．明斯基经济思想研究［M］．北京：商务印书馆，2018：217.

的大规模的连锁反应，甚至在市场信心极低的情况下引发负向泡沫。这一切的结果是信用的崩溃、金融的动荡，甚至经济的危机。

因而可以这样认为，在股份资本职能形态与虚拟形态存在形式的外部对立中，资本私人性与社会性的内在矛盾找到了在其中借以实现和解决的运动形式，但并未改变这一对矛盾的实质：即资本作为私人财富的性质与其同时作为社会财富的性质之间的矛盾。在股份资本的两种独立的存在形式上，这种对立发展为对股票占有和支配的私人权力的不断膨胀与其在职能资本形态上作为联合的资本的社会权力之间的矛盾对立。这一对矛盾不断运动的结果，就是股份资本虚拟形态与职能形态的价值不断偏离的过程。在这一过程中，这一对矛盾不断被表面化，进而在股价泡沫破裂和金融危机中被彻底激化。在金融危机爆发之时，表现为股份资本职能形态与虚拟形态价值偏离的资本私人性与社会性之间的矛盾已经达到了极其尖锐的程度，并直接导致了股票行情的暴跌、信用的紧缩，甚至导致整个经济系统的动荡和危机。因此，可以认为，股份资本职能形态与虚拟形态的价值偏离以及直接由它导致的股价泡沫和金融危机，是股份资本私人性与社会性之间内在矛盾运动和激化的结果，也是这一对矛盾在现实经济中的表面化展现。

## 三、私人性与社会性内在矛盾的表现

股份资本职能形态与虚拟形态的对立统一，表现为这两种形态存在形式的对立统一。一方面，股份资本作为虚拟资本成为股东手中的私人资产；另一方面，股份资本作为职能资本成为股份公司在实际生产过程中所投入和运用的现实资本。这即决定了股份资本同时作为职能形态和虚拟形态的双重存在形式。但不论是它的职能形态还是虚拟形态，都只代表同一部分的现实资本。因此，股份资本的职能形态与虚拟形态既作为股份资本的两种不同的存在形式而相互对立，又因它们所代表的是同一部分的现实资本而在股份资本范畴中作为统一的存在。在这里，股份资本私人性与社会性的内在矛盾外化为股份资本职能形态与虚拟形态两种存在形式的对立统一。

在股份资本的两种存在形式的对立统一中，股份资本私人性与社会性的内在矛盾被外化为股份资本职能形态与虚拟形态存在形式的外部对立。在这种外部对立中，资本一般私人性与社会性的矛盾找到了它在其中运动的形式。在第二章中已讨论了资本一般私人性与社会性的矛盾是如何在股份资本中获得进一步展开的。在这里将在一个更加具体的层面考察这一问题，考察股份资本作为“许多资本”的特征之一，它是如何创造出私人性与社会性之间矛盾的运动方式的，即资本一般私人性与社会性内在矛盾的一般规定性在股份资本中获得何种相对独立的外部实现形式。而这一问题的关键解释，就在于股份资本职能形态与虚拟形态在存在形式上的对立与统一。也就是与个别资本不同，在股份资本中私人性质与社会性质的内在矛盾不再集中于资本的同一存在形式，即对同一部分资本的私人占有权与对这部分资本的具有社会化实现形式资本职能之间的矛盾，在股份资本职能形态与虚拟形态存在形式的外部对立中获得了其得以运动的方式。因此，股份资本的两种存在形式的分离和对立统一，是资本私人性与社会性之间内在矛盾运动的结果，它们的出现将这一对内在的矛盾转化为了外部的对立，并因此而创造出了它在其中运动的形式。

我们知道，资本一般私人性与社会性的内在矛盾可以表现为直接参与生产的职能资本同从流通中独立出来的资本形式之间的矛盾。在股份资本中，这一对矛盾则取得了一种发展了的存在形式。这种发展了的存在形式就是这一对矛盾在股份资本中表现为其职能形态与虚拟形态之间对立统一的矛盾。这不仅是股份资本作为“许多资本”的特征之一对资本一般私人性与社会性矛盾内在规定性的进一步展开，也是在股份资本中私人性与社会性的矛盾所获得的外部独立的存在形式之一。

下面来考察私人性与社会性的内在矛盾在股份资本两种存在形式的对立中是如何进一步发展和被激化的。虽然股份资本职能形态与虚拟形态存在形式上的对立统一创造出了私人性与社会性之间的内在矛盾在其中运动的形式，但并没有改变这一对矛盾存在的实质。也正是股份资本职能形态与虚拟形态存在形式上的分离和对立，为这两种存在形式的价值偏离奠定了现实基础。而股份资本两种存在形态之间的价值偏离即是私人性与社会性的矛盾在股份资本中表面化的结果，在这种价值偏离不断扩大的过程之中，私人性与社会性之间的矛盾也将不断被激化。换言之，是内生于资本主义经济制度的私人性与社会性之间的内在矛盾导致股份资本两种形态的价值偏离，并在这一对矛盾不断运动的过程中，不可避免地导致这种偏离的程度逐渐增大，进而推动股票价格的非理性繁荣。当这种偏离达到极大的程度以致市场信心再也无法支撑时，即这一对矛盾达到一个极其尖锐的程度之时，金融的脆弱性被瞬时诱发，股市危机和金融危机也将随之到来。因此，可以这样认为，金融的脆弱性是内生于资本主义经济的，既是资本主义经济体系中私人性与社会性之间内在矛盾不断运动和激化的结果，也是私人性与社会性之间的矛盾在现实经济中的表面化展现。正因如此，海曼·明斯基将金融的这种脆弱性称为“系统的脆弱性”。仅就股票市场来说，其脆弱性并非来自于金融体系本身的缺陷，而是内生于资本主义经济的私人性与社会性之间内在矛盾运动和激化的结果。

总之，股份资本私人性与社会性的矛盾在其职能形态与虚拟形态的对立统一中被表现出来，并获得了外部独立的实现形式。它不仅表现为股份资本职能形态与虚拟形态存在形式上的对立统一，更进一步地表现为这两种形态价值的偏离，并在这种偏离中逐渐完成矛盾的激化。因此，现实中的股市危机以及由它诱发的金融危机，是内生于资本主义经济关系的私人性与社会性之间内在矛盾在现实经济中被激化和表面化的结果。

# 第四章

# 股份资本所有权与控制权的分离与合一[①]

在第二章中，已经明确了股份资本作为“许多资本”的特征之一，是私人性与社会性矛盾的对立统一体。并且其私人性与社会性矛盾的对立，是资本一般内在规定性的进一步展开，即在股份资本中这一对矛盾获得了相对独立的外部实现形式。在股份资本中，对资本一般私人性与社会性矛盾内在规定性的进一步展开突出表现在：相较于个别资本，股份资本在资本主义条件下完成了对这一对矛盾消极的扬弃，具有其社会性质的特殊体现。这种特殊的社会性质不仅体现在股份资本职能形态与虚拟形态的分离和对立统一上，更体现在股份资本所有权和控制权的分离上。也就是说，股份资本所有权和控制权的分离是其私人性与社会性之间内在矛盾的外化形式，也是对资本一般私人性与社会性矛盾内在规定性的展开形式之一。即在股份资本所有权与控制权的对立统一中，资本一般私人性与社会性矛盾的抽象的规定性取得了进一步具体的发展形式，并获得了外部的独立实现形式，展示出股份资本作为“许多资本”特征之一的具体的、特殊的、复杂的规定性。因此，本章将股份资本所有权与控制

① 一般而言，在现代公司内部有三种可以加以区分的权力，即所有权、控制权和经营权，它们分别代表对企业拥有权益的职能、对企业拥有权力的职能，以及与此相关的对企业行使权力的职能。在这三种职能中，对企业拥有权益的职能是所有股东凭借其私人所有权所行使的职能（这里既包括中小股东也包括大股东），对企业拥有权力的职能是企业控制者所行使的职能（这里包括处于绝对或相对控制地位的大股东或公司经营管理者），对企业行使权力的职能则多是企业经营管理者在公司日常运行中直接行使的职能（不论它是否受到大股东的控制）。公司在日常运行中直接行使权力的职能掌握在公司经营者手中。而由于对企业拥有权力的职能和对企业行使权力的职能是高度相关的，因此，公司控制者集团（处于绝对或相对控制地位的大股东或公司经营管理者）同公司经营者的利益也是高度相关的。在多数情况下，经理们凭借其控制地位，充当大资本所有者的保护者和发言人。他们并不是一个具有独立利益诉求的独立阶级，也绝不是代表社会公共利益，而是代表着有产阶级的利益。因此，在大多数情况下，经营权是从属于控制权的，即掌握经营权和掌握控制权的主体利益是高度相关的。公司经营管理者的经营权要么被掌握控制权的大股东所支配，要么在股权极度分散时其本身就代表着对公司实际资本的控制权。因此，在这里我们只讨论所有权与控制权合一与分离的情况，而处于从属地位的其与经营权的关系也将不言而喻。

权合一与分离当作第二对中介范畴，作为对股份资本私人性与社会性之间矛盾的展开。

## 第一节　从简单私人股份资本到巨型股份资本的历史演进

在对股份资本界定中已经明确，股份资本是现代股份公司作为独立的法人，通过发行股票的方式把分散和独立的个别资本集中起来实行统一经营的资本集合。这里所考察的股份资本是同现代公司和现代股票市场同时出现的资本形式，是现代意义上的股份资本。而在现代公司和现代股票市场出现以前，通过发行股票而筹集资本的形式就业已存在，我们把这种资本的集合称为现代股份资本的前驱。

### 一、现代股份资本的前驱

在现代股份公司和股份资本真正出现以前，早期“合伙制”或“股份制”的雏形大体沿着两条路线不断获得发展：一条是为国家财政和战争的需要服务，作为在特殊情况下筹集资金的手段；另一条是随着生产社会化的发展，作为工商业筹集资金的组织方式，这是一条更富经济意义的路线。①

在第一条路线中，早期的“合伙制”和“股份制”组织形式在古罗马的“包税商”所组成的股份委托公司中便已出现雏形。它作为政府在缺乏预算情况下提前得到一笔资金的方式，为国家财政需要提供服务。与此相比，12世纪热那亚人组织的“Maona”是更著名的具有股份制早期特征的资金组织方式，是热那亚人为了征服和开发塞浦路斯岛所成立的股份信托公司，用以为海上大远航筹集资金。而成立于1400年的热那亚圣乔治银行被称为“Banchi Grossi”（意为“大银行”），则是第一家股份银行。这是国家政权与股份银行联合，并利用股份银行贷款资金以服务于国家财政需要的最早方式。当然这种方式无疑也培植一大批金融贵族，其中，不乏掌握国家权力的执政者，他们相

① 李永杰等．国外股份经济100年［M］．广州：广州出版社，1997：3-4.

互勾结投机获利，极大地压缩了中小资产阶级和底层民众的生活。

“股份制”作为随着生产规模扩大和生产社会化发展而不断扩张的工商业筹集资金的资本组织形式，在更富经济意义的道路上，其发展是相对缓慢的，是不断适应生产力发展的结果。它最早源起于中世纪农业领域的合作制度，后来扩展到采矿业。而到了14世纪和15世纪，随着地中海沿岸城市出现了资本主义的萌芽，欧洲很多国家都出现通过集资入股、股份委托制（代理制）、协作制等合作或合股方式组成的店铺、手工作坊、银号等。[①] 虽然在这一时期，通过上述方式所组成企业的普遍形式是合伙人负有全部责任的普通合伙企业，但它们的产生和发展为推动资本主义生产的发展奠定了基础和条件。随着15世纪末地理大发现和重商主义的兴起，资本主义生产关系开始登上历史舞台，并在16世纪获得了极大的确立和发展。在资本原始积累的过程之中，为了适应资本主义生产规模不断扩大的需要，达到某些生产部门所需资本的最低限度，“股份制”这种资本组织形式得到了进一步的发展，这一时期的公司形态也被马克思称为“现代股份公司的前驱”。[②] 这一时期的商业组织主要以两种形式出现：一种是城市商业组织，另一种是海上贸易组织。

城市商业组织一般具有跨城、跨地区的特征，于15~16世纪在地中海沿岸蔓延，例如，热那亚、比萨、佛罗伦萨、米兰等。这主要是由于随着资本主义生产关系的萌芽和发展，社会生产力得到了进一步提高，小范围的、个别的、分散的商业模式已经无法适应生产力的发展速度，生产规模的扩大对资本的集中和扩大提出了客观要求。另外，交通运输方式的发展所带来的商业跨地区发展也在客观上要求超越地域性的大型商业组织出现，而这也对资本最高的限额提出了更高要求，这在当时的条件下是个别资本难以达到的。于是，以入股集资为资本筹集手段的跨地区城市商业组织便诞生了。同现代股份公司不同的是，在股本运作过程中，投资者可以撤资，但其持有的股份不能自由转让或抵押。此外，公司依毛利润完成利润分配，并且公司不进行利润留存，缺乏现代意义的会计核算体系。因此，这一时期的公司组织形式较不稳定，股本具有临时性和短期性特征，是现代股份公司出现的准备阶段，为现代股份公司的出现奠定了基础并提供了历史可能性。

---

① 李达昌等．战后西方国家股份制的新变化［M］．北京：商务印书馆，2000：1.

② 中共中央马克思恩格斯列宁斯大林著作编译局．马克思恩格斯全集（44）［M］．北京：人民出版社，2001：358.

在地理大发现以前，其实欧洲的海上贸易组织已经成立，但在地理大发现之后海上贸易组织获得了飞速的发展。由于海上航行具有耗资巨大、不确定性强、风险较大的特性，因此，它需要一种可以在较大范围筹集资本并能够实现风险分摊的集资方式。最早的海上贸易组织是11世纪在意大利的热那亚出现的名为“海上协会”的组织。“海上协会”是由许多合伙人共同发起的，它出售股票，合伙人们以持有的股份来换取一部分利润并承担一部分的风险。① 值得一提的是，由热那亚人发明的这一商业组织方式具有十分超前的意义，不仅流传到很多其他国家为商业组织所用，并且一直持续到16世纪初期，欧洲的海上贸易组织多数都采用上述合伙制入股方式筹集进行海上航行的资本，并分摊航行风险。这种新的商业组织形式的出现，是实现海上贸易所要求的资本集中和风险分散的客观结果，它将企业的所有权进行分割，有效、便捷地实现了个别资本的集中和航行风险的分摊，并为欧洲殖民贸易和生产力极速发展创造了条件。

## 二、晚期重商主义时代股份资本的萌芽

自17世纪中叶现代股份公司和股份资本正式出现以来，直到19世纪20年代由工场手工业向机器大工业的过渡完成之前，股份资本作为实现分散的个别资本集中的有效手段，对投资的扩大和联合及资本主义生产力的发展起着比较重要的推动作用。但这一时期股份资本所涉及的生产部门相对较少，且股份公司数量在整个国民经济中不及独资和合伙企业。这是因为在当时最大的工业——纺织业中，廉价和易于学习的技术致使小规模生产单位显示出顽强的生命力，而在类似交通运输、自然资源开采等产业部门中，只有生产单位的集中才能满足技术要求和资本最低限额，因此，资本的集中便在这些产业部门中率先发展起来。② 在这一时期，股份资本处于初始萌芽状态，具有规模小、分布散、涉及的生产部门少等特征。

随着地理大发现和商品经济的发展，在这一时期海上贸易组织发展迅速，为出海航行提供保险保障服务的保险公司应运而生。保险行业作为需要巨额准

---

① 李永杰等．国外股份经济100年［M］．广州：广州出版社，1997：5.

② ［英］E. E. 里奇，C. H. 威尔逊．剑桥欧洲经济史（第五卷）［M］．高德步，蔡挺，张林等译．北京：经济科学出版社，2002：388.

备金并且需要扩大经营规模以分散风险的典型行业，股份公司在其中迅速发展起来，并且逐渐扩大保险保障业务范围，不仅限于对海上贸易提供保险服务。此外，随着生产规模不断扩大和资本最低限额不断提高，由“金匠”（英文为“Goldsmith”，指保管、加工黄金的相关业者）演变而来的承担资金借贷业务的单个银行家[①]已无法适应产业发展的需要，银行业急需由联合的资本组成的股份制银行的出现，集中分散的个别资本以满足产业资本家对借贷资金的需求。1694 年，由伦敦 1268 个商人合股成立了英格兰银行，形成了达到 120 万英镑的巨额资本金，其业务内容涉及银行券的发行、贷款的发放、社会闲散资金的集中储蓄等。美国独立后出现的第一批股份公司即是在银行业中产生。有分别成立于 1781 年和 1784 年的北美银行和纽约银行及 1791 年成立的合众国第一银行，合众国第一银行拥有 1000 万美元的股本，其中，私人出资占 80%，政府出资占 20%。

在这一时期，西方国家交通运输业迅猛发展，主要集中于水路运输和公路运输两个方面，为商品贸易的扩大和发展提供了重要支撑。它是最重要的公共服务部门之一，在完成资本主义原始积累的过程中扮演着十分重要的角色。在交通运输部门中，也有许多股份公司应运而生，它们主要以开凿运河、修建公路为主要经营项目。从 18 世纪 70 年代到 19 世纪 20 年代，英国修建了长达 2200 英里的运河系统。[②] 英国大肆修建的运河系统形成了较为完整的水路运输体系和网络，这在极大提高运输效率的同时节省了运输费用。此外，在 18 世纪中叶到 19 世纪 30 年代，美国也修建了 3000 英里运河，运河的修建资金几乎全部来自于股份集资，其中，州政府出资占 80%，私人出资占 20%。

随着股份公司的发展和股份资本的扩张，对股票交易的需求开始逐渐迫切，股票交易所由此产生，并在 18 世纪获得了极大发展。阿姆斯特丹交易所、巴黎证券交易所、伦敦证券交易所相继成立，异彩纷呈的股票市场带来了股票交易的繁荣，股票作为一种有价证券开始能够被作为一种资产衡量，这时投机

---

① 17 世纪伦敦当地正处于资产阶级革命的乱世之中，因此资本家都将现金及贵重物品寄存在金匠那里，而进行物品保管的金匠须发放黄金保管证明。渐渐地，这种证明书本身开始流通，具有了纸币的功能。而金匠发现自己用于支付的黄金总是少于手中保管的黄金。这是因为有的客户未将证明书兑换成黄金，而直接将其用于支付。于是金匠开始提供高于保有黄金数量的贷款，而借入黄金的人又会立刻将黄金寄存在金匠处，并换取保管证明。如此，金匠的贷款额度超出了保管的黄金价值，也即创造了信用。这就是所谓的“金匠银行说”，而保管证明也是纸币的原型（［日］板谷敏彦．世界金融史［M］．王宇新译．北京：机械工业出版社，2018：51）。

② 李达昌等．战后西方国家股份制的新变化［M］．北京：商务印书馆，2000：5.

活动变得在所难免。这时的投机活动大体分为两种：一种是股票发行过程中的投机，另一种是股票交易过程中的投机。股票发行过程中的投机是指，虽然股份公司以发行股票的方式筹集到了大笔资金，但这笔资金并没有被用于真正描述的事业之中。这主要是由于某一生产领域的发展过热造成的，随着某一领域生产的繁荣，其股票价格便会呈上涨趋势，投资利润上升，这时投资者们将义无反顾地购买这一事业的股票，将这一领域的股票价格一再拉高，从而掀起更强烈的投资热潮。但股票市场繁荣的背后充斥着投机。一些投机商利用大众投资者购买这一领域股票的热情，疯狂发行股票筹集资本，但并不将其投入真正的事业中。当然，最可能的情况是，通过发行股票筹集来的股份资本悉数投入这一领域的建设之中，但由于这一领域的过热发展已造成局部的生产过剩和资本饱和，因此，高额利润难以为继。然而，股票市场交易的繁荣还将继续支撑泡沫的膨胀，这一过程最终将随着公司破产和股价暴跌戛然而止，并引发金融动荡和破坏信用体系。另一种股票的投机活动是在股票交易过程之中进行的，通过多头交易、空头交易、期货交易等进行股票投机。交易过程中的投机主要是利用信息不对称、投资者非理性心理因素等，通过股票低买高卖甚至股票价格的操纵获得投机收益。这一时期股票投机的盛行直接导致了“南海泡沫事件”的发生。

## 三、生产的社会化——从铁路事业的发展到垄断资本主义

随着第一次科技革命的发生，科技的进步推动着历史车轮不断前进。进入19世纪20年代以来，科技的迅速发展支撑着资本主义世界完成了从工场手工业到机器大工业的过渡，生产规模不断扩大，生产社会化和资本社会化水平进一步提升。在这一时期，商品经济空前繁荣，资本主义生产方式及与之相适应的生产关系占据主导地位。为了适应生产力的发展和生产社会化水平的提高，西方国家对股份经济的管理告别了“特许主义”时代，进入了“核准主义”时代，即股份公司的设立和活动主要是依据相对均等的法律准则，而不是进行行政的审批。[①] 因此，在生产力水平提高和国家对股份经济管理方式转变的双重因素推动下，这一时期股份公司和股份资本获得了较大的发展，个别领域的股份公司和简单私人股份资本逐渐形成。

---

① 李达昌等．战后西方国家股份制的新变化［M］．北京：商务印书馆，2000：15.

随着产业革命不断深入，交通运输业的发展要求日趋紧迫。原已形成和发展的水路和公路运输已无法适应日益繁荣的商品经济和贸易，并在一定程度上阻碍了生产力的发展，交通运输方式的变革迫在眉睫。在此背景之下，铁路运输作为新的交通运输方式登上了历史舞台，并凭借其运输量大、运输速度快等优势获得了迅猛发展。1801 年，英国最早出现了申请成立铁路公司，到 1821 年英国一共有 14 家获得特许经营的铁路公司。但早期的铁路公司仅仅提供道路租赁服务，并不自行引进机车。1821 年，斯托克顿-达灵顿铁路公司获得特许，可以在铁路建设期间自行引进蒸汽机车。在此背景之下，公司引进了著名的乔治·史蒂芬森的“运动号”（Locomotion）机车，进行煤炭运输。① 1825 年英国第一条铁路建设完工并实现通车。此后，铁路运输凭借其运输数量大、运输速度快、运输成本低的绝对优势迅速发展起来，并掀起了建设铁路热潮。19 世纪 70 年代，英国已形成全国性铁路网线，铁路里程由 1840 年的 843 英里飞速增长到 1870 年的 15312 英里，扩张近 20 倍。美国第一条铁路则建成于 1828 年，之后便成为铁路运输的主要实践者。1839 年底，美国有超过 3000 英里的铁路处于运营状态，全国铁路网络系统已经开始成形。一条轴线贯穿东西，连接巴尔的摩和俄亥俄州；另一条轴线纵贯南北，整合了与海岸线平行的铁路；还有包括宾夕法尼亚州的许多运煤铁路及谢瓦利埃（Chevalier）所称的“从中心大城市向各个方向辐射的铁路”所构成的混杂铁路网络。② 到 19 世纪 50 年代末，美国铁路网线总里程达 30000 英里，全国范围内的铁路运输真正得以实现。在铁路扩张的过程之中，股份公司和股份资本发挥了核心作用。正如马克思所言，“假如必须等待积累后使某些单个资本增长到能够修建铁路的程度，那么恐怕直到今天世界上还没有铁路。但是集中通过股份公司转瞬之间就把这件事完成了”。③ 从 19 世纪 20 年代到 1912 年，英国通过股份公司等形式共筹集私人铁路建设资金 13.34 亿英镑④；美国仅 1851～1860 年修建铁路投入资金就达 7.37 亿美元。⑤

---

① ［日］板谷敏彦．世界金融史［M］．王宇新译．北京：机械工业出版社，2018：128.

② ［美］斯坦利·L. 恩格尔曼，罗伯特·E. 高尔曼．剑桥美国经济史（第二卷）（下册）［M］．王珏，李淑清主译．北京：中国人民大学出版社，2018：526.

③ 中共中央马克思恩格斯列宁斯大林著作编译局．马克思恩格斯全集（44）［M］．北京：人民出版社，2001：724.

④ 李达昌等．战后西方国家股份制的新变化［M］．北京：商务印书馆，2000：11.

⑤ ［美］斯坦利·L. 恩格尔曼，罗伯特·E. 高尔曼．剑桥美国经济史（第二卷）（下册）［M］．王珏，李淑清主译．北京：中国人民大学出版社，2018：530.

在19世纪后半期，美国成立了很多家铁路股份公司，且大型铁路公司构成了美国大企业的主体。随着铁路股份公司纷纷成立，大量铁路证券（股票和债券）也随之发售。从证券发行总额来看，19世纪70年代后，铁路股票逐渐取代了国债在市场交易中的地位，成为了证券市场交易的主体。

19世纪70年代以后，随着主要资本主义国家相继完成工业化，资本主义经济发展进入全盛时期。在1879~1913年旧“自由秩序”时期，其增长率只略低于我们现在的时期（20世纪末期）。[①] 在这一时期，股份制在国民经济中的核心地位得以确立，股份资本获得大规模发展。生产社会化的进一步扩大，对资本社会化提出了更高要求，资本主义世界开始掀起了企业合并浪潮。在公司合并浪潮之下，垄断资本作为股份资本的集合逐渐形成和发展起来，并极大地推动了资本主义经济的迅速增长。

在19世纪的后半期，工业化进程使重工业逐渐取代轻工业成为国民经济的重要支柱，股份公司在这一过程中获得了极大发展，在整个国民经济中占据十分重要的地位。与轻工业“廉价和易于学习的技术不同”，小规模的、分散的生产单位无法实现重工业发展所必需的大批量生产、大规模生产资料、流水线作业和产品标准化，即生产的进一步社会化。因此，在这一过程中，小规模生产单位必将被取代，为了适应生产的社会化，资本社会化程度也必须相应提高。在这一阶段，资本社会化程度提高的方式主要有两种：一种是通过扩大股票发行规模，将社会上更多的闲散资本吸收进来，扩大股份资本筹集范围；另一种是进行公司之间的合并和联合，从而实现股份资本之间的合并以及生产和资本的集中。相比较而言，第二种方式的资本社会化进程占有越来越重要的地位，而这一过程则必然导致垄断的产生。

在西方各国铁路建设的扩张下，煤炭、石油、钢铁、机械制造工业都获得了蓬勃发展。而在其发展过程中，生产社会化水平提高必然导致了生产和资本的集中。“而集中发展到一定阶段，可以说就自然而然地走到垄断。……这种从竞争到垄断的转变，不说是最新资本主义经济中最重要的现象，也是最重要的现象之一。”[②]

随着技术革新所带来生产方式的变化，资本主义经济达到了一个空前繁荣

---

① ［英］安格斯·麦迪森．世界经济千年史［M］．伍晓鹰，许宪春，叶燕斐，施发启译．北京：北京大学出版社，2003：116.

② 中共中央马克思恩格斯列宁斯大林著作编译局．列宁专题文集（论资本主义）［M］．北京：人民出版社，2009：108.

的时期，市场竞争也开始变得进一步激烈。不论是为了适应工业化发展需要，还是为了保持在市场竞争中的优势，企业都纷纷开始扩大生产规模并实现资本集中，以适应生产社会化的发展。但如果只靠一家企业本身的资本积累抑或是扩大股票的发行，其扩张的速度显然无法适应当时生产力发展的速度和经济发展的客观要求。在这一背景下，资本主义企业纷纷通过合并的方式来实现资本的加速集中，以适应社会化大生产的发展要求。同时，对于后起资本主义国家来说，企业合并是在激烈的国际竞争中短期内迅速扩张经济实力的有效手段。因此在内在经济发展的要求和外在对老牌资本主义国家实现赶超的双重压力下，美国和德国率先开始了企业合并的浪潮。

在两轮公司合并浪潮之后①，股份公司已由最初的个别领域的小规模股份公司发展成为诸如卡特尔、托拉斯等大型垄断公司，但其本质上仍然是股份公司，是股份公司扩大了的形式。正如恩格斯所言，“这些新的产业经营形式代表着股份公司的二次方和三次方”。② 大型垄断公司的产生在一定程度上是生产社会化的客观要求，是利用产业内部有计划的生产避免生产过剩的有效方式。而这样的大型垄断企业所对应的垄断资本即是与生产社会化相适应的资本社会化的表现，是简单私人股份资本的集合，是更加社会化了的资本组织形式。

总之，股份资本是生产关系适应生产力发展的产物，是随着生产社会化的发展而产生的资本组织形式，是实现资本集中的有效手段。随着社会生产力的发展和生产规模的扩张，资本家所必须握有价值额的最低限度不断提升。当这个最低限额无法在单个资本家手中达到时，作为单个资本集合的股份资本便自然产生。换言之，社会化大生产的发展对资本集中提出要求，而股份资本作为能够将“许多已经形成或正在形成的资本溶合起来”的比较平滑的办法③，有效地实现了资本集中，并令“工业资本家能够扩大自己的经营规模”，且使

---

① 关于两轮公司合并浪潮的特点、经过，不是这里重点考察的对象；具体可参见李达昌等．战后西方国家股份制的新变化［M］．北京：商务印书馆，2000：109-114；［美］斯坦利·L. 恩格尔曼，罗伯特·E. 高尔曼．剑桥美国经济史（第三卷）（下册）［M］．蔡挺，张林，李雅菁主译．北京：中国人民大学出版社，2018：396-403.

② 中共中央马克思恩格斯列宁斯大林著作编译局．马克思恩格斯全集（第二版）（46）［M］．北京：人民出版社，2003：496.

③ 中共中央马克思恩格斯列宁斯大林著作编译局．马克思恩格斯全集（44）［M］．北京：人民出版社，2001：723.

“分散的、按习惯进行的生产过程不断变成社会结合的、用科学处理的生产过程”。[①] 因而从这个意义上来说，股份资本的产生是使个别的、分散的生产方式向联合的、社会的生产方式发展的过渡点。在股份资本中，区别于单个资本家的所有，过渡为“结合资本家”[②] 的所有。

## 四、信用制度的建立

由于现代股份公司是公司作为独立的法人，能够发行股票、定期发放股息、并且股票能够在证券市场流通的企业组织形式。因此，与之相对应的股份资本作为现代股份公司通过发行股票的方式所集中的个别资本集合，其产生条件也必然建立在信用制度的基础之上。

随着商品贸易的不断发展和经济活动的日趋活跃，逐渐产生了对流动资金和节省交易费用的需求。信用制度作为利润率平均化的中介和节省交易费用的重要手段，是资本主义生产发展所必需的产物。通过信用，货币（作为一项主要的流通费用）以三种方式得到节约：“相当大的一部分交易完全用不着货币、流通手段的流通加速了、金币为纸币所代替。”[③] 同时，“由于信用、流通或商品形态变化的各个阶段，进而资本形态变化的各个阶段加快了，整个再生产过程因而也加快了”[④]。在15世纪的意大利和德国，就出现了早期发行可转让股票的合伙制公司组织形式（意大利热那亚的圣乔治银行，某种情况下的船行及德国的采矿企业）。[⑤] 此后，这种公司组织形式不断发展，直到17世纪中叶在英国和荷兰出现了公司组织稳定、股本长期化，公司股票能够在交易所公开交易的现代股份公司。在这一过程中，信用制度的产生和信用体系的建立对现代股份公司及股份资本的出现发挥了无法替代的作用，其中，最核心的就是股票交易和证券市场的组织和发展。

---

① 中共中央马克思恩格斯列宁斯大林著作编译局. 马克思恩格斯全集（44）［M］. 北京：人民出版社，2001：723-724.

② 中共中央马克思恩格斯列宁斯大林著作编译局. 马克思恩格斯全集（44）［M］. 北京：人民出版社，2001：388.

③ 中共中央马克思恩格斯列宁斯大林著作编译局. 马克思恩格斯全集（第二版）（46）［M］. 北京：人民出版社，2003：493-494.

④ 中共中央马克思恩格斯列宁斯大林著作编译局. 马克思恩格斯全集（第二版）（46）［M］. 北京：人民出版社，2003：494.

⑤ 李永杰等. 国外股份经济100年［M］. 广州：广州出版社，1997：8.

金融中心，或者说金融市场的中心经历了从意大利到布鲁日、安特卫普、阿姆斯特丹、伦敦，再到纽约的变迁。[①] 早在16世纪初，意大利和比利时的布鲁日、安特卫普等地就已经相继出现了相对小范围的、分散的股票交易。同时，随着零星股票交易活动的出现，作为股票交易买卖双方的中介人——股票经纪商也随即产生。17世纪初，在荷兰的阿姆斯特丹成立了历史上第一个证券交易所，阿姆斯特丹也成为了当时的国际金融中心，其采取的许多规则和形式，后来为英国和其他许多国家所效仿。在阿姆斯特丹证券交易所，所有类型的金融商品均可以进行交易，包括商品、汇票、股票、海上保险，甚至还有期货交易。特别是荷兰名产盐渍鲱鱼，在渔获期到来之前就已开始了交易，可谓期货交易的起源。[②] 在整个17世纪中，英国的股票经纪人一直未被许可进入皇家交易所。[③] 这些股票经纪人们起初聚集在皇家交易所外的大街上，而后转移到交易所附近的乔纳森咖啡馆进行股票业务经营。直到1773年，将火灾后重建的乔纳森咖啡馆命名为“伦敦证券交易所”（LSE），成为伦敦证券交易活动的集中场所。当时，一位名叫约翰·克斯泰恩的股票经纪人记录每日股票价格的变化并开始编制每日股票价格登记表，这就是今天英国《金融时报》股价指数的前身。1802年，该交易所获得英国政府正式批准，当时有会员500多名。[④]美国的证券市场则诞生于独立战争时期，为了筹措战争经费，1790年美国国会授权将发行的750万元州债券转为联邦债券并投入交易。[⑤] 1791年，合众国第一银行所发行的股票也开始投入交易。早期这些债券或股票的发行和交易分散地分布于各大城市（纽约、费城、波士顿等）的街道上自由进行。随着新政府批准的295家特许公司的成立，1792年3月，美国开始出现了定期的股票交易。但由于当时采取拍卖的交易方式，卖方的裁定过于强势，同年5月17日，不满于此的股票经纪人们聚集在华尔街68号一棵梧桐树下，签订了排除拍卖方的协议，即著名的《梧桐树协议》（*Buttonwood Agreement*）。[⑥] 同年，股票经纪人们将交易所从华尔街22号搬到了华尔街上的唐提咖啡馆

---

① ［日］板谷敏彦．世界金融史［M］．王宇新译．北京：机械工业出版社，2018：前言Ⅷ．

② ［日］板谷敏彦．世界金融史［M］．王宇新译．北京：机械工业出版社，2018：79．

③ 由托马斯·格雷欣在朗博德街建立的皇家交易所在1571年1月正式开业，这个交易所是完全模仿它的安特卫普原型的；从16世纪中期开始，这里汇票的普遍使用以及商业票据的日益流通，与安特卫普相似的发展过程融为一体（［英］M. M. 波斯坦，［英］D. C. 科尔曼，［英］彼得·马赛厄斯．剑桥欧洲经济史（第五卷）［M］．高德步，蔡挺，张林等译．北京：经济科学出版社，2002：320）。

④⑤ 李达昌等．战后西方国家股份制的新变化［M］．北京：商务印书馆，2000：6．

⑥ ［日］板谷敏彦．世界金融史［M］．王宇新译．北京：机械工业出版社，2018：105．

(Tontine Coffee House)。[①]《梧桐树协议》的签订标志着纽约诞生了第一个有基本章程的证券交易组织，但它具有行会的性质，并不是现代意义上的交易所，而只是现代交易所的前身。直到1817年，纽约人设立了一系列规则，成立了“纽约证券交易会”，创造了一个真正的交易所，即纽约股票交易所。[②]在19世纪的后十年，纽约赶超费城成为了美国的金融市场中心。数不清的因素被用来解释纽约的支配性地位，包括1825年伊利运河的开通，使纽约成为世界上谷物交易的一个主要中心；1838年，纽约采用了自由银行体制，允许它的银行体系快速发展；以及1844年电报技术的发展，破坏了地区性股票市场并增加了对市场的公共兴趣。[③]

## 五、现代公司与现代股份资本

股份资本是与现代公司和现代股票市场同时出现并发展壮大的资本组织形式，是现代股份公司通过发行股票的方式所集中的个别资本集合，是由股份公司股东们出资认购股份所筹集的公司财产总额。也就是说，所考察的是与现代公司相对应的现代意义上的股份资本。在这里，将现代公司及与之相对应的现代股份资本作为一个历史性的范畴来进行探究。

一般认为，现代公司是指公司作为独立的法人、能够发行股票、定期发放股息、股东负有限责任，并且股票能够在证券市场上流通的企业组织形式。这种企业组织形式产生于17世纪中叶，发展于19世纪，并在“十九世纪后半叶达到全盛时代，首先是在金融和铁路领域，19世纪末扩大到工业，其次是侵入国民经济的大多数其他部门”。[④] 在这一过程之中，现代公司已逐渐地不再作为一种私人的企业组织，而是已经变成了一种制度。

现代公司通过发行股票而筹集资本的资本组织形式（股份资本），使现代公司充当着这样一种手段，即它聚集了无数个人的财富或个别资本，形成一个巨大的集合体，并对这个巨大的集合体实行统一的控制和管理。随着在股份资本形式上的这种资本集中的力量，产生了产业聚头和巨型公司。相互独立且相

---

① ［日］板谷敏彦．世界金融史［M］．王宇新译．北京：机械工业出版社，2018：105.

②③ ［美］斯坦利·L. 恩格尔曼，罗伯特·E. 高尔曼．剑桥美国经济史（第二卷）（下册）［M］．王珏，李淑清主译．北京：中国人民大学出版社，2018：618.

④ ［美］保罗·巴兰，保罗·斯威齐．垄断资本［M］．南开大学政治经济学系译．北京：商务印书馆，1977：33.

互竞争的私人企业逐渐让位于产业聚头和巨型公司这些少数大集合体，资本主义也从竞争逐渐走向垄断。在这种过渡发生以前，即相互独立且相互竞争的私人企业让位于巨型公司以前，企业单位的典型情况是“由个人或小团体所拥有；由他们自己或者他们任命的人来经营；其规模的大小主要局限于有控制权的个人所拥有的私人财富的多寡”。[①]当过渡发生以后，即进入垄断资本主义以后，“企业单位已更广泛地被大集合体所取代，在这些大集合体中，工人达数万甚至数十万之众，财产价值达数亿美元，属于数万甚至数十万个人所有，通过公司的机制，这些工人、财产、所有者结合成一个在统一控制、统一管理之下的单一的生产组织”。[②]因而可以认为，如今进入视野的现代公司，应是垄断资本主义条件之下的现代公司，即是这样一种生产组织：它聚集了无数个人的财富或个别资本，形成一个巨大的集合体，并对这个巨大的集合体实行统一的控制和管理。

换言之，现代公司作为一个历史性的范畴，它经历了从相互独立、相互竞争的私人企业，到将无数个人财富集中于统一的控制和管理之下的巨型公司的过程，并从 19 世纪后期开始，这种巨型公司就始终是在资本主义经济中占主导地位的经济组织。[③] 与之相对应，现代股份资本也经历了从自由竞争资本主义时代的简单私人股份资本，到垄断资本主义时代的巨型股份资本的过程。在现代公司治理中发生的所谓质的改变，即其背后所对应的股份资本特殊社会性质的体现，也在这一过程之中悄然发生。

## 第二节　股份资本从两权合一走向两权分离

从相互独立、相互竞争的私人企业发展到巨型公司，与之相对应的——从简单私人股份资本发展成为巨型股份资本，在这一双重过程之中，所有权与控制权从合一走向了分离。[④] 即在这一过程中摧毁了被通常称之为财产的单

---

①② ［美］阿道夫·A. 伯利，加德纳·C. 米恩斯．现代公司与私有财产［M］. 甘华鸣，罗锐韧，蔡如海译. 北京：商务印书馆，2005：4.

③ ［日］伊藤·诚，［希］考斯拉斯·拉帕维查斯．货币金融政治经济学［M］. 孙刚，戴淑艳译. 北京：经济科学出版社，2001：135.

④ 从另一个角度来说，现代公司治理中的所有权与控制权，其最重要的表现就是对公司资本的所有权和控制权，即对股份资本的所有权和控制权。因此，现代公司治理中所有权和控制权的合一与分离在很大程度上表现为对股份资本所有权和控制权的合一与分离。

位——将所有权分解为名义所有权和原先与之结合在一起的控制权。① 这种分离导致了资本主义财产形态和以此为基础之经济关系的细微变化。因为在从两权合一走向两权分离的过程中，建立起了作为一方的所有者和作为另一方的控制者之间新的关系。值得说明的是，在这一小节中，仅仅着眼于股份资本从简单私人股份资本过渡到巨型股份资本时，其所有权与控制权合一与分离的情况。也就是在这一节中，重点研究的对象是 20 世纪上半叶的股份资本，即从简单私人股份资本过渡到巨型股份资本过程之中，其所有权与控制权从合一走向分离之进程。

## 一、经济力量的集中

不论是从逻辑上还是从历史上，生产和资本逐渐从分散走向集中都是必然的过程。生产和资本的集中不仅将原本分散的个人财富集中为一个巨大的集合体，同时也必然导致经济力量的集中，即控制权掌握在越来越少的人手中。而上述所有过程都是以现代公司作为载体的。在资本主义生产和资本从分散走向集中的过程中，现代公司制度不仅作为企业经营的常规组织形态，并且它还有很强的向心引力。这种引力将财富吸引到越来越大的集合体中，同时将控制权转移给越来越少的人。② 在这一过程中，现代公司本身从相互独立、相互竞争的私人企业发展为规模越来越大的集合体，成为巨型公司。与之相对应的是，现代股份资本也从简单私人股份资本发展成为巨型股份资本，因其大多带有垄断的性质，因而也多以垄断资本的形态而存在。正如列宁在《帝国主义是资本主义的最高阶段》中写到，“事实证明，……生产集中产生垄断，则是现阶段资本主义发展的一般的和基本的规律。”③ 特别是在“19 世纪末的高涨和 1900~1903 年的危机”时期，“卡特尔成了全部经济生活的基础之一。资本主义转化为帝国主义”④。

---

① ［美］阿道夫 · A. 伯利，加德纳 · C. 米恩斯. 现代公司与私有财产［M］. 甘华鸣，罗锐韧，蔡如海译. 北京：商务印书馆，2005：8.

② ［美］阿道夫 · A. 伯利，加德纳 · C. 米恩斯. 现代公司与私有财产［M］. 甘华鸣，罗锐韧，蔡如海译. 北京：商务印书馆，2005：21.

③ 中共中央马克思恩格斯列宁斯大林著作编译局. 列宁专题文集（论资本主义）［M］. 北京：人民出版社，2009：111.

④ 中共中央马克思恩格斯列宁斯大林著作编译局. 列宁专题文集（论资本主义）［M］. 北京：人民出版社，2009：112.

生产和资本集中的结果，就是规模不断增大的巨型公司（多数带有垄断的性质）。就美国而言，这些巨型公司构成了美国产业的基础架构，并在整个经济中处于绝对的支配地位。根据伯利和米恩斯的估算，1930 年美国 200 家最大公司所控制的公司财富（银行业除外）比例为 49.2%，即不到公司总数 0.07%的公司控制了将近一半的公司财富。[①] 从这一数字可以较为直观地看出，美国全国的财富有相当可观的部分已集中到了巨型公司的控制之下。并且有一点应该清楚，这些巨型公司对整个经济的影响力，绝不仅限于在它们直接或间接控制下的资产，更体现在它们凭借其垄断地位而对价格的影响力以及在政治上的影响力。因而可以认为，从私人企业到巨型公司的过渡，所代表的不只是生产和资本的集中，更是经济力量的集中，即对经济控制权力的集中。这种集中在巨型公司对整个经济日益重要的支配地位中得以实现。

那么，现代公司是如何不断增加其所控制的财富的呢？主要体现在以下三个方面：一是利用自身的收益进行再投资，扩大再生产；二是在公开市场上筹集新的资本；三是以购买或交换证券的方式，在公司合并或兼并中获得对其他公司的控制权。[②] 其中，第二种和第三种方式，都是促使现代公司治理从所有权与控制权的合一走向分离的重要因素。不论是公开发行股票以筹集新的资本，还是在合并与兼并的过程中获得对其他公司的控制权，最终都导向了一种结果——对越来越多财富的控制权集中到了越来越少的人手中，与传统的所有权相结合的控制权逐渐与真正的所有者相分离。大多数的所有者失去了对其财富的不受限制的实际处分的权力。

随着生产和资本的集中，越来越多的财富集中于巨型公司之中，而这些财富的控制权则由这些巨型公司的控制者所掌握。这完全不同于在私人企业中对财富的所有权就等同于对财富的控制权这一过去的事实。在这里，所有权仅限于所有者享有获得收益的权力，而失去了对其所有资产的实际控制权。这种控制权作为一种经济力量，在规模不断增大的巨型公司中集中，被越来越少的巨型公司控制权的掌握者所掌控。因此，“生产由盲目的经济力量所控制的社会，正在被处于少数个人的终极控制权之下进行生产的社会所取代。……他们所控制的组织已远远超出了私人企业的领域——它们已经变得更像是社会性的

① ［美］阿道夫·A. 伯利，加德纳·C. 米恩斯．现代公司与私有财产［M］. 甘华鸣，罗锐韧，蔡如海译. 北京：商务印书馆，2005：40-41.

② ［美］阿道夫·A. 伯利，加德纳·C. 米恩斯．现代公司与私有财产［M］. 甘华鸣，罗锐韧，蔡如海译. 北京：商务印书馆，2005：50-51.

机构。”①

## 二、股权的分散

在生产和资本集中的过程中，与经济力量的集中同时发生的，是股权的分散；且后者产生于前者，并使前者成为可能。这在很大程度上归因于现代公司扩大其所控制财富的方式——在公开市场上发行股票以筹集新的资本，以及以购买或交换证券的方式在公司合并或兼并中获得对其他公司的控制权。因为经济力量越集中，相比较而言，股权也就越分散。然而，股权的逐渐分散绝不仅仅是在这种相对的意义上，而是在绝对意义上的越来越分散。这样一来，“财富的性质发生了根本变化——使个人与其财富的关系、财富的价值以及财产本身的性质发生了根本变化”。②

在经济力量集中的结果——巨型公司中，股份资本所有权的分散程度最高。在多数巨型公司中，不存在任何个人持有的股票数量占全部股份资本所有权的重要比例，且股东人数众多。此外，公司的规模越大，其所有权就更可能为众多的个人分散持有。同样清楚的是，股份资本所有权的分散化是一个持续性过程，在册股东人数处于逐年增长的态势。③ 于是，可以得出这样的结论：对应于股份公司规模的增长，股份资本的所有权也变得日趋分散，以至于分散的个人财富中有相当的比重是由在巨型公司中的权益所构成，而在这些巨型公司中，没有某个个人拥有其大部分的股权。因此，过去附属于所有权的控制权，已经不再是所有权的题中之意；并且个人在所有权意义上所拥有的股份资本价值正变得依赖于与个人劳动无关的力量：一方面，其职能形态的运动取决于那些拥有企业控制权的个人的行为；另一方面，其虚拟形态的价格取决于那些在敏感的、变幻无常的股票市场上活动的其他人的行为。

当然也必须考虑这样的情况：在一些大型公司中，所有权分散化尚未达到

---

① ［美］阿道夫·A. 伯利，加德纳·C. 米恩斯. 现代公司与私有财产［M］. 甘华鸣，罗锐韧，蔡如海译. 北京：商务印书馆，2005：54-55.

② ［美］阿道夫·A. 伯利，加德纳·C. 米恩斯. 现代公司与私有财产［M］. 甘华鸣，罗锐韧，蔡如海译. 北京：商务印书馆，2005：56.

③ ［美］伯利和米恩斯对 1880~1931 年美国三家最大公司股东人数增长情况的统计可以为此提供证据（［美］阿道夫·A. 伯利，加德纳·C. 米恩斯. 现代公司与私有财产［M］. 甘华鸣，罗锐韧，蔡如海译. 北京：商务印书馆，2005：63-65）。

消灭全部强有力的股权的程度，尽管多数股权广泛分散，但关键数量的少数股份却由一个利益集团集中持有。这时，所有权与控制权相分离仅适用于广泛分散的中小股东，而对于持有少数关键数量股票的大股东来说，他们不仅同时拥有所有权和控制权，并获得了对他人资本的更广泛的控制权。但无论怎样，股份资本所有权与控制权的分离还是发生了，并且毫无例外地发生在了作为大多数的中小股东身上。

因此，在从私人企业到巨型公司的过程之中，对于中小股东来说，他们对股份资本的所有权仍然只是象征性的，而曾经是所有权不可分割一部分的责任、权力和实际资本控制，正被割让给一个掌握着公司控制权的独立的集团。而问题的关键在于，究竟谁握有这些巨型公司的控制权？

## 三、控制权归属的演变

随着经济力量的集中和股份资本所有权的分散，这些巨型公司股份资本职能形态的控制权就掌握在更少的人手中。并且在现代公司制度下，“产业财富（Industrial Wealth）能够并且正在为最少量的所有权权益（Ownership Interest）所控制。……几乎没有控制权的财富所有权与几乎没有所有权的财富控制权，似乎是公司制度发展的必然结果”①。

对股份资本作为职能资本的所有权与控制权的分离，迫使我们必须重新考察其控制权的归属情况，即在巨型公司中，如果不是所有者掌握对其所有资本的控制权，那么是谁掌握着巨型公司中职能资本的控制权？在探讨这一问题之前，有必要对控制权的概念进行辨析。这里所关注的是在巨型公司中，对作为职能资本的股份资本两权分离情况下的控制权，一方面它不同于所有权，另一方面它也不同于经营权。在现代公司制度中，以公司职能资本运行为核心的各项公司活动大多数是在董事会的指挥决策下进行的。因而可以认为，公司的控制权——以及由此产生的对公司职能资本的控制权——掌握在有权选择董事会成员的个人或集团手中。② 一方面，他们通过直接控制多数选票或通过某种法律手段选举董事；另一方面，他们通过对董事施加压力或直接下达命令来影响

① ［美］阿道夫·A. 伯利，加德纳·C. 米恩斯．现代公司与私有财产［M］. 甘华鸣，罗锐韧，蔡如海译. 北京：商务印书馆，2005：76-79.

② ［美］阿道夫·A. 伯利，加德纳·C. 米恩斯．现代公司与私有财产［M］. 甘华鸣，罗锐韧，蔡如海译. 北京：商务印书馆，2005：79.

董事的决定，从而行使对股份资本作为公司职能资本的控制权。前者是后者的前提，并使后者成为可能。因此，在绝大多数情况下，可以认为，拥有选举董事会的实权的个人或集团，就是拥有巨型公司及其作为职能资本的股份资本实际控制权的个人或集团。①

在资本主义条件下，现代公司控制权的掌握形态大体可以分为五种：一是通过近乎全部所有权而实施的控制；二是通过多数所有权（过半数的所有权）而实施的控制（Majority Control）；三是不具备多数的所有权，但通过法律手段而实施的控制；四是少数所有权控制（Minority Control）；五是经营者控制（Management Control）。② 在这五种控制形式中，前三种是基于法律，是围绕多数投票权行使的绝对控制；而后两种控制形态，则不以成文法律作为基础，但在现实状况中以一种既成事实为基础而存在。即在股权相当分散时，拥有少数所有权的股东即可对公司作为一个整体的职能资本运行实施控制；或者甚至是股权分散到这种地步，即拥有相对控制权的少数所有权股东也不存在时，经营管理者掌握公司职能资本的实际控制权。

下面讨论在这五种控制权掌握形态中，所有权与控制权合一与分离的状况。有一点必须清楚，那就是在巨型公司的股权结构中，虽然大股东（不论是掌握绝对控制权还是相对控制权）和中小股东都作为所有者，但他们对公司活动的控制力却绝不相同。因此，在考察上述五种控制权掌握形态两权合一与分离的状况时，必须将大股东和中小股东作为不同地位的所有者来讨论所有权与控制权分别在他们手中合一与分离的情况。

在第一种控制状态中，个人或少数合伙人通过拥有几乎所有已发行的股份来行使对公司的控制，这种状态经常出现在所谓的私人企业（Private Corporation）之中。在这类企业之中，所有权和控制权结合在一起，一并掌握在这些个人手中。③

在第二种控制状态中，个人或少数人组成的集团拥有超过半数的在外发行股票，这种对多数股票的所有权，实质上赋予了这些个人或集团法律意义上的控制权，尤其是通过多数投票权而享有的选举董事会的权力。这是所有权与控制权分离的第一步。因为虽然对于拥有多数所有权的大股东来说，所有权和控

---

① ［美］阿道夫·A. 伯利，加德纳·C. 米恩斯. 现代公司与私有财产［M］. 甘华鸣，罗锐韧，蔡如海译. 北京：商务印书馆，2005：79-80.

②③ ［美］阿道夫·A. 伯利，加德纳·C. 米恩斯. 现代公司与私有财产［M］. 甘华鸣，罗锐韧，蔡如海译. 北京：商务印书馆，2005：80.

制权合一于他们之手，但对于持有少量股份的中小股东，几乎完全失去了作为公司股份资本部分所有者应有的控制权。因此，对于持有少量股票的分散的中小股东来说，所有权与控制权已经完全分离。①

第三种控制状态是指没有多数股权的情况下维持公司控制权的法律手段，即以直接或间接的方式拥有多数投票权而获得合法的控制权。其中最重要的就是巨型公司中的“金字塔型”（Pyramiding）手段。② 这种金字塔型的控制使只拥有一个很少的所有权权益的个人或集团在法律上保持其控制地位。除金字塔型手段以外，通过借助发行无投票权的股票③以及组织股权信托的方式④也能使不拥有多数所有权，或完全没有所有权⑤的个人或集团在法律上保持其控制地位。对于处在金字塔顶端或持有多数具有投票权股票的股东来说，他们同时拥有所有权和控制权，即这两种权力在他们的手中合二为一；而对于其他多数的中小股东来说，他们通过直接或间接让渡其投票权，或只具有非决定性意义的少数投票权，而丧失了对公司活动及实际职能资本的控制权。因此，在不具有法律意义上控制地位的中小股东手中，所有权与控制权已经完全分离。

第四种和第五种控制状态，是在巨型公司中更为常见的控制状态。在典型

---

① 然而，大公司中所有权与控制权相分离的程度，已经远远超出这种以多数所有权控制为代表的分离。在真正的巨型公司中，为获取多数所有权所需的资本额十分巨大，以至于这种控制权极其的昂贵。所以在这类公司中，更为常见的是，控制权是以一个相对较低比例的所有权来实现的（[美] 阿道夫·A. 伯利，加德纳·C. 米恩斯. 现代公司与私有财产 [M]. 甘华鸣，罗锐韧，蔡如海译. 北京：商务印书馆，2005：82）。在第四种控制权掌握状态中，将对这种情况进行详述。

② 这种方法是指先拥有某家公司的多数股票，而该公司又拥有另一家公司的多数股票。在这个能够重复多次的过程之中，即使只拥有一个很少的所有权权益，也能在法律上保持其控制地位（[美] 阿道夫·A. 伯利，加德纳·C. 米恩斯. 现代公司与私有财产 [M]. 甘华鸣，罗锐韧，蔡如海译. 北京：商务印书馆，2005：82-83）。

③ 这种手段对不同的股票赋予了不同的权利——大多数股票是没有选举董事的权利的，而只有少数类别的、代表着少量资本的股票才是有选举权的。因此，只要拥有超过半数的这种具有特殊权利的股票，就足以对公司进行合法的控制并在实质上掌握多数股权而拥有的全部权力（[美] 阿道夫·A. 伯利，加德纳·C. 米恩斯. 现代公司与私有财产 [M]. 甘华鸣，罗锐韧，蔡如海译. 北京：商务印书馆，2005：85）。

④ 组织股权信托（Voting Trust）的方式，是将股票的投票权托管给一个受托人集团代为执行。这个受托人集团通常由一部分公司的经营者组成，他们拥有全部受托股票的投票权。当多数股票已被托管时，受托人即使对被托管的股票没有任何必要的所有权，也几乎能够完全控制公司的活动和股份资本作为公司职能资本的运行。在这里，所有权与控制权实现了完全的分离。所有权归属于股票的所有者，即将投票权托管于他人的所有者；而控制权则归属于多数由公司经营者组成的受托人集团（[美] 阿道夫·A. 伯利，加德纳·C. 米恩斯. 现代公司与私有财产 [M]. 甘华鸣，罗锐韧，蔡如海译. 北京：商务印书馆，2005：87）。

⑤ 在股权信托方式中，完全没有所有权。

的大型公司中，控制权并不是基于拥有多数投票权的法律地位，而是一种在公司现实经营中所拥有的一种实际权力。这种实际的权力是通过一小部分的所有权、参与公司的运行和经营或具有对公司的行为产生重大影响的能力来实现的。也就是这种实际权力依靠的是拥有相较更大的少数股权以及在当股权极其分散的情况下——以至于连一个相较而言更大的少数股权所有者也不存在时——实际控制权就掌握在公司经营者手中。[①] 在第四种控制状态中，对于拥有控制权的少数股权所有者，即处于相对控股地位的大股东来说，所有权与控制权在他们的手中合二为一；对于数量更多的掌握极少股权的分散的中小股东来说，所有权与控制权在他们手中已完全分离。在第五种控制状态中，股权的分散已到达了这样一种程度：任何个人或小团体都不可能拥有能够控制公司的活动的哪怕极小比例的股权，即连一个相较而言更大的少数股权所有者也不存在。[②] 在这样的情况下，由于股权极度分散，每个股东都作为分散的小股东而存在，由于他们利益与诉求的分散化，其在股东大会上的投票权就显得无足轻重；甚至是这些小股东主动放弃投票权或将投票权受托于他们无法控制也不能参与挑选的人。无论是哪一种情况，作为分散的少数股权的所有者都无力行使他们的控制权。在这种情况下，即在股份资本所有权极度细分的情况下，经营者即使持有同样无足轻重的股份，他们也会获取控制地位。这时在全部作为中心股东的所有者手中，所有权与控制权已经完全分离。这种控制状态可以被恰当地称为“经营者控制”。[③]

总之，在上述前四种情形中，由于存在居于统治地位的所有者，因此，在控制权的归属上，出现了作为大股东的所有者对作为中小股东的所有者的“驱逐”；而在“经营者控制”中便产生了这样一种情形，即在控制权的归属上，公司经营者对全部所有者的“驱逐”。不论是哪一种情形，对于作为所有者的中小股东来说，其所有权与控制权的分离都是确定无疑的。

在《现代公司与私有财产》一书中，伯利和米恩斯对1929年末美国200

---

① ［美］阿道夫·A. 伯利，加德纳·C. 米恩斯．现代公司与私有财产［M］. 甘华鸣，罗锐韧，蔡如海译．北京：商务印书馆，2005：89-90.

② 当最大的单一股权不足1%时，也就没有哪个股东能够凭借其持有的股票而处于对经营者施加较大压力的地位，或者以其持有的股票为核心，集中多数投票权而取得控制地位（［美］阿道夫·A. 伯利，加德纳·C. 米恩斯．现代公司与私有财产［M］. 甘华鸣，罗锐韧，蔡如海译．北京：商务印书馆，2005：93-95）。

③ ［美］阿道夫·A. 伯利，加德纳·C. 米恩斯．现代公司与私有财产［M］. 甘华鸣，罗锐韧，蔡如海译．北京：商务印书馆，2005：98.

家最大公司的控制权归属状况进行了研究。其研究结果表明，在美国200家最大的股份公司中，私人所有的公司数量所占比例为6%、少数所有权控制的公司数量占23%、经营者控制的公司数量占44%。如果以公司财富来衡量，这种对比则更加明显，私人所有的公司财富所占比例为4%、少数所有权控制的公司财富所占比例为14%，而经营者控制的公司财富所占比例则高达58%。① "居于统治地位的所有者已不复存在，控制权的维持在很大程度上已于所有权相分离。"② 因此，可以清楚地看到，在20世纪20年代末，"经营者控制"的控制权归属状况占到了一个怎样的重要地位。也就是在控制权的掌握上，经营者完成了对所有者何种程度的"驱逐"。

"无论它（指控制权——引者注）是否依赖于代理（投票）机制、法律手段、一定程度的所有权，还是超越经营权的战略地位，控制权已在相当程度上脱离了所有权。控制权在过去仅被视为所有权的一项功能，现在则表现为一项独立的、可分割的要素。"③ 特别是对于中小股东来说，控制权的丧失，以及所有权与控制权的分离是不容置疑的。作为中小股东的所有者，在控制权的掌握上，要么面临作为大股东的所有者的"驱逐"，要么面临经营者的"驱逐"。

## 四、所有权与控制权的分离及其结果

资本主义从分散走向集中的过程，是以现代公司制度作为基础，且是以规模越来越大的巨型公司作为结果的。与巨型公司同时出现的，是经济力量的集中和股权的分散以及在更多的主体手中所有权与控制权的分离。

两者分离的程度在不同控制类型的公司中各不相同。当存在持有大多数有表决权股票的大股东（不论他们是否真的拥有多数所有权），而其他有表决权的股票持有高度分散时，控制权和部分的所有权就同时掌握在这些大股东手中，且他们的控制权是基于拥有多数投票权的法律地位而实现的。对于除他们之外的，持有高度分散的有表决权股票的中小股东来说，所有权和控制权在他

① ［美］阿道夫·A. 伯利，加德纳·C. 米恩斯．现代公司与私有财产［M］. 甘华鸣，罗锐韧，蔡如海译. 北京：商务印书馆，2005：102-123.

② ［美］阿道夫·A. 伯利，加德纳·C. 米恩斯．现代公司与私有财产［M］. 甘华鸣，罗锐韧，蔡如海译. 北京：商务印书馆，2005：128.

③ ［美］阿道夫·A. 伯利，加德纳·C. 米恩斯．现代公司与私有财产［M］. 甘华鸣，罗锐韧，蔡如海译. 北京：商务印书馆，2005：129.

们手中已经完全分离。

当控制权并不是基于拥有多数投票权的法律地位，而是一种在公司现实经营中所拥有的一种实际的权力时，实际的控制权仅靠少数股权便可维持。因为，当所有权极为分散时，即使大股东并不持有以多数投票权为基础的股权，但相对于其他中小股东来说，他们仍然在公司治理中居于统治地位，控制权和部分所有权在他们的手中合二为一。而对于在数量上占主体的极度分散的中小股东来说，他们所拥有的大部分所有权在实际上几乎没有控制权，所有权与控制权在他们的手中完全分离。

当实质上的少数股权也不存在时，即连一个相对而言较大的少数股权所有者也不存在时，所有股东都作为中小股东而存在，没有任何的所有者能够掌握对股份资本作为职能资本的控制权，所有权与控制权就几乎完全分离开来。在这种情况下，控制权就很有可能被由公司的董事、经理所组成的经营管理者集团所掌握，即使他们根本不拥有对公司职能资本的所有权，或是同其他中小股东一样占有其中极小的一部分。这样，在控制权的掌握上，公司经营者便实现了对其所有者的“驱逐”。

不论是哪一种情况，多数控制、少数控制还是经营者控制，所有权与控制权的分离都无一例外地发生在了作为中小股东的所有者手中——“一个庞大的证券持有者团体已经被创造出来，对由他们或其前辈向企业投资所提供的财富，他们实际上没有控制权”①。在控制权的掌握上，他们要么被处于绝对或相对控制地位的大股东“驱逐”，要么被公司经营者“驱逐”。

反过来看，正是所有权与控制权的这种分离，才使资本的巨额集中成为可能。因为巨型公司从通常被称之为“大众投资者”的群体中获得资金的供给。② 大众投资者通过直接或间接在公开市场上购买公司股票而进一步成为巨型公司中的中小股东。因此，在绝大多数情况下，每当在巨型公司中实现了资本集中时，即其证券在公开市场上流通之时，这种公司的一部分或大部分作为中小股东的所有者，几乎永远丧失了对公司活动——从而对其所有的那部分股份资本作为职能资本的控制权。

---

① ［美］阿道夫·A. 伯利，加德纳·C. 米恩斯. 现代公司与私有财产［M］. 甘华鸣，罗锐韧，蔡如海译. 北京：商务印书馆，2005：6.

② 一方面，通过大众投资者利用自身储蓄直接购买公司的股票或债券；另一方面，由保险公司、银行、投资信托公司接受个人的储蓄，再由这些机构将其投资于证券（［美］阿道夫·A. 伯利，加德纳·C. 米恩斯. 现代公司与私有财产［M］. 甘华鸣，罗锐韧，蔡如海译. 北京：商务印书馆，2005：7）。

股份资本所有权与控制权相分离的这种变化，形成了在巨型公司中作为中小股东的所有者，同作为大股东或经营者的控制者之间的对立关系。即中小股东作为一部分股份资本的所有者却完全丧失了其所有股份资本作为职能资本的控制权，而这部分控制权不是被居于绝对或相对控制地位的大股东所掌握，就是被公司经营者所掌握，或者被它们两者共同掌握。总之，对于作为所有者的中小股东来说，他们几乎完全丧失了对公司的控制权。从表象上来看，这种变化极其简单，但这背后所蕴藏的是经济关系的微妙变化。“人们拥有实物形态的生产工具的可能性较小，更可能的情况是持有那些被称之为股票、债券以及其他证券的纸张，这些纸张由于公开市场机制而具有流动性。”① 在这一过程中，对股份资本作为职能资本的控制权，正在以越来越大的程度让渡给掌握巨型公司控制权的中心集团，这一中心集团有可能是作为大股东的所有者也有可能仅仅是公司的经营者，他们被认为是（但绝非必然是）代表所有证券持有者的利益。这时对股份资本作为职能资本的控制权，已从作为中小股东的个人所有者手中转移给那些能够控制公司活动的人，而作为中小股东的所有者仅仅保留了获取这一部分实际资本价值增值的权益。

当公司的控制权掌握在具有绝对或相对控制力的大股东手中时，在股份公司内部所形成的，是作为大股东的控制者（同时也是所有者）和作为中小股东的所有者之间的对立。而此时公司经营管理者的决策则必须服从于大股东的利益，并在极大程度上受到大股东的控制和影响。但如果跳出股份公司内部治理的范围，而从资本主义经济整体来看，这些作为巨型公司中小股东的大众投资者有相当部分都是在各行各业出卖自身劳动力的劳动者。这样一来，资本与劳动之间的对立不仅表现为公司内部资本同其直接剥削劳动之间的对立，也表现为同时作为所有者的大股东同中小股东之间的对立。这时的大资本家作为大股东不仅获得了对自身所有资本的控制权，同时也获得了对他人资本的更广泛的控制权。而利用这种更加广泛的控制权，他们以一种更加隐蔽和更加便捷的方式实现了对劳动者更大程度的剥削。“股份公司把小老百姓的少量的钱从钱罐中、羊毛袜里挤了出来。把这些迄今为止还是自由的、分散的民间储蓄集中起来，不加监督，不承担责任地交给金融资本家管理，使他们有可能利用交易所的投机手段及其他高级金融魔术，把这些积蓄囊括进来。所谓依靠股份公司

---

① ［美］阿道夫·A. 伯利，加德纳·C. 米恩斯. 现代公司与私有财产［M］. 甘华鸣，罗锐韧，蔡如海译. 北京：商务印书馆，2005：9.

的财产民主化，不过是大资本家对小积蓄者的掠夺而已。”①

当公司的控制权掌握在公司经营管理者手中时，在股份公司内部所形成的，是作为经营管理者的控制者和全部所有者都作为分散的中小股东之间的对立。因此，在这里，公司对职能资本运用的决策将不再以基于私人占有权的理性经济人假设，即“利己心”为基础。也就是长期以来被奉为经济效率最佳保证的有效激励的基础发生了改变。因为决定实际资本如何运用的人已经不再是股份资本的所有者，而所有者的私人权利和“利己心”只能通过对股份资本虚拟形态的占有和支配来实现。② 因此，享有对公司利润分配权益的股东，不再能够受其追逐利润最大化的激励而直接支配其所占有的实际资本，因为他们已将实际资本的处置权完全交给了作为公司控制者的经营管理者。这一变化撼动了私有制条件下经济人假设的基础，即对利润最大化的追求会刺激实际资本所有者去实现它的最有效配置。但是，对于公司经营管理者而言，虽然他们掌握着公司的控制权，但他们仍然只是以代理人身份存在，因此，对于他们来说，“大量的日益增长的利润不但是非常重要的直接目的，而且是一种手段”。③ 而一个先进的经理部门是在一个更长的时期内对利润的获取作出设计的，他们所使用的各种相互配合的计划都包括实际上尽可能长的时期。“公司的长的时间视野和经理的合理化产生了某种特殊的态度和行为方式。其中，最重要的或许是以下两点：一是系统地避免冒风险，二是对公司界的其他成员采取自己活也让别人活的态度。在这两方面，同旧式的个人企业的改变在量上是如此之大，以致成为一种质的变化。”④

有一点值得特别注意。虽然在经营者控制的巨型公司中，在表面上不存在能够通过多数或少数股权控制经理部门的大股东，从这种意义上来说，所有权与控制权的分离确是事实。但并没有理由从这一点就得出结论认为，公司经营者是完全不与一般意义上的所有权发生关系的。恰恰相反，在多数情况下，经理们凭借其控制地位，充当大资本所有者的保护者和发言人。他们并不是一个

---

① 中共中央马克思恩格斯列宁斯大林著作编译局．拉法格文选（下卷）［M］．北京：人民出版社，1985：275-276.

② 具体讨论见第三章第三节。

③ ［美］保罗·巴兰，保罗·斯威齐．垄断资本［M］．南开大学政治经济学系译．北京：商务印书馆，1977：30.

④ ［美］保罗·巴兰，保罗·斯威齐．垄断资本［M］．南开大学政治经济学系译．北京：商务印书馆，1977：52.

具有独立利益诉求的独立阶级，也不绝是代表社会公共利益，而是代表着有产阶级的利益。“像有产阶级的其他部分一样，他们是有自己的利益的。但由此引起的利益冲突是经理们与小财产所有者之间的冲突，而不是经理们与大财产所有者之间的冲突。”① 因此，在经营者控制的巨型公司内部形成的，作为经营者的控制者和全部所有者都作为分散的中小股东之间的对立，在一个更一般的意义上依然是大资本所有者同分散的大众投资者作为中小股东之间的对立。

## 第三节　股份资本私人性与社会性的内在矛盾表现及其所有权与控制权的合一与分离

在上一节中，已经详细地探讨了股份资本所有权与控制权从合一到分离是如何实现的，以及它分别是在谁的手中实现的。在这里，将在一个更本质的层面上考察这一问题。从最核心的研究对象——股份资本的私人性与社会性及其矛盾——的视角，考察股份资本所有权与控制权之间的合一与分离，以及这一对矛盾是如何在股份资本从两权合一走向两权分离的过程中被外化和表现的。也就是说，资本一般私人性与社会性矛盾的内在规定性是如何在股份资本中进一步展开，并获得其外部独立的实现形式的。

### 一、作为矛盾运动结果的两权分离

股份资本从两权合一走向两权分离的过程，是股权不断分散和经济力量不断集中共同作用的结果，也是资本主义生产从分散走向集中的过程。而在这整个的过程中，是股份资本私人性与社会性之间矛盾的运动，导致了其所有权与控制权从合一走向分离，以创造这一对矛盾在其中运动的形式。

在简单私人股份资本形态上，虽然已作为将分散的个别资本联合起来的方式，但这种联合同在巨型股份资本形态上相比显得极其渺小。因此，相对于巨型股份资本来说，简单私人股份资本依旧是相对分散的，且在其支撑之下的生

---

① ［美］保罗·巴兰，保罗·斯威齐．垄断资本［M］．南开大学政治经济学系译．北京：商务印书馆，1977：40.

产规模和生产社会化程度也是相对狭小的。而随着社会生产力的发展，同时对资本最低限额和生产规模提出了更高的要求，即要求股份资本以一种更加集中的形态存在。这时通过增发股票在更广范围内筹集资本和通过公司兼并或合并方式扩大生产规模以及提高生产社会化水平的运动就不可避免地开始了。

如果在一个更为本质的层面上分析这一过程，那就是随着生产力的发展，在简单私人股份资本形态上所支撑的生产和资本集中的范围已不再适应社会化生产的要求，资本占有的私人性同资本组织的社会性之间的矛盾不断加深。这时股份资本不得不走向一个更加集中的状态，以寻求私人性与社会性矛盾在其中运动的形式。股份资本就是在这个向更加集中状态发展的过程中，其所有权和控制权在更多的个人手中实现了分离。在所有权与控制权的分离中，找到了私人性与社会性之间矛盾运动的方式，并在新的形式上发展了这一对矛盾。

股份资本从相对分散不断走向集中的过程，是更加扩大、更加有计划的联合生产代替相对无序的生产的过程，也是更加联合的资本代替相对分散的资本的过程。在这整个的过程中，相对分散的股份资本形态下由私人性与社会性之间的矛盾派生出的一系列逐渐激化的矛盾也得到了一定程度的缓解，以确保商品价值和资本循环过程的继续顺利实现，并同时在新的形式上发展并加深了这一对矛盾的表现。在社会生产力不断向前发展的历史车轮中，对生产社会化的要求也会越来越高，因此，上述过程是一个不断持续循环的过程。在这一过程中，如果资本主义生产资料私有制不被废除，那么占有将永远是私人的，它与不断扩大的社会化生产的矛盾也必将始终存在，并不断深化。

在股份资本不断走向集中的过程中，其所有权与控制权不断发生分离，这为其私人性与社会性的矛盾找到了在其中借以实现和解决的运动形式，在一定程度上缓解了这一对矛盾的日益激化。即基于私人财产权利的对股份资本的所有权同对股份资本作为社会化资本职能的控制权掌握在不同的主体手中，使资本私人性与社会性之间的内在矛盾在股份资本中展开为所有权主体与控制权主体之间的外部对立，创造出了这一对矛盾在股份资本中借以实现和解决的运动形式。因而也可以认为，股份资本从两权合一走向两权分离是其私人性与社会性之间内在矛盾运动的结果。

有一点值得特别说明：即使在巨型公司中，一开始所有权与控制权相分离的程度也是不高的，即公司实际资本的部分所有权和控制权都同时掌握在少数个人的手中。“在一般的场合，早期的巨型公司是由这样一类金融家兼创办人组织起来的（或者是由于合并、倒闭或其他突然事件，不久就落入他们控制之下的)：他们在美国历史中以‘强盗大王’‘蒙古暴君’或‘大君’闻名——所有这些名称都反映了一般人的感觉，认为那个时期的美国大商人在掠夺习惯和对公共福利缺少关心的方面，是同封建领主相似的。当时商业界的中心不是公司而是大君，后者一般控制着不同活动领域的若干公司。”① 在大君所控制的公司之中，有很大的一部分都是通过发行股票筹集而来的所有权归属于别人的资本，而大君却为了他自己的利润而非别人的利润经营着这些资本。“除了偷盗、欺骗、为了一个公司的利益而榨取另一个公司等这一类方法以外，他的主要兴趣是，以廉价购入证券而以高价售出，借以获得资本的增长，为了达到这个目的，有时可以创办一个公司，有时又可以使之倒闭。”② 这样，大君对一部分由他人资本组成的联合的具有一定社会性质的资本的控制，其根本目的是为了满足他们个人的私欲，即凭借对他人资本的控制权力而使之更多地运用于投机事业中。在这种状况下，愈发具有社会性质的资本组织形式同掌握其控制权的大君的私人利益之间的矛盾不断激化，现代公司的经理人便随之出现。

现代公司经理人的出现，为股份资本从两权合一走向两权分离提供了可能。随着股权的极度分散，对集中的股份资本——这一更具社会性质的联合资本——作为职能资本在实际生产中的支配和运用的权力，掌握在现代公司经理人的手中。③ 现代公司的经理人可以在某种意义上被当作古典企业家和大君的对立面，因为后两者都是典型的个人主义者，他们对其所控制资本的决策都是为了满足基于其对资本私人所有的短期利益最大化，而现代公司经理人却是“组织人”这一类中主要的一种。④ “大君站在公司的外面和上面，统治着公司；经理则是一个内部人，为公司所统治。大君效忠于他自己和他的家族(在其资产阶级形态中，家族在本质上只是个人的扩大)；经理则效忠于他所从属的并通过它来表现自己的那个组织。对大君来说，公司只不过是发财致富的手段；而对经理来说，公司的好处变成了一种经济的伦理和目的。”⑤

---

① ［美］保罗·巴兰，保罗·斯威齐．垄断资本［M］．南开大学政治经济学系译．北京：商务印书馆，1977：33-34.

② ［美］保罗·巴兰，保罗·斯威齐．垄断资本［M］．南开大学政治经济学系译．北京：商务印书馆，1977：34.

③ 在这里，先不考虑现代公司的经理人在决策时可能受到来自大股东的压力，但至少对于那部分来自中小股东的股份资本，他们自身或他们同大股东的联盟具有绝对的控制权。

④⑤ ［美］保罗·巴兰，保罗·斯威齐．垄断资本［M］．南开大学政治经济学系译．北京：商务印书馆，1977：35.

因此，经理人对扩大了的股份资本作为职能资本的控制，是为了这一更加具有社会性质的公司组织本身的利益长期发展，并非为了其基于私人资本所有权的私人利益。这时，在大多数人手中，所有权与控制权已经完全分离，即大多数所有者仅仅拥有对其持有的资本所有权和剩余索取权证书的私人占有和支配的权力，对其作为职能资本的实际控制和使用的权力却掌握在公司经理人的手中。这样对股份资本作为职能资本——即作为一种更加具有社会性质的联合起来的资本——的控制权便与它在资本主义条件下必须存在的私人所有权相分离。因此，由股份资本私人性与社会性之间矛盾所决定的，对于一个更具有社会性质的联合资本却被以基于私人所有权的利益实现的个人所控制之间的矛盾，在这种分离中得到了一定程度的解决。也就是私人性与社会性的内在矛盾在股份资本从两权合一走向两权分离的过程中找到了其运动的方式，并使这一对矛盾获得了新的形式上的表现及发展。这种表现最为直接的方式就是股份资本所有权主体与控制权主体的对立统一。

## 二、所有权主体与控制权主体的对立统一

当所有权与控制权尚未完全分离以前，股份资本私人性与社会性的矛盾在于，对更具有社会性质的联合起来的资本和生产的控制权，掌握在以追求其私人所有的资本利润最大化为唯一目标的个人手中。在这些私人所有者的手中，同时被赋予了占有的私人权力和对更加社会化的联合资本作为职能资本的支配和控制的权力。这时已具有了社会性质的资本职能无法摆脱资本的私人权力，从而使股份资本私人性与社会性的矛盾在这些个人——既作为私人所有者又作为社会资本的控制者——的手中不断积累，并随着资本社会化程度的不断提高而变得愈发尖锐。在这一矛盾不断激化的过程中，公司职业经理人作为现代公司内部的一个新的集团逐渐出现。它的出现使股份资本所有权与控制权逐渐从合一走向分离。

在股份资本所有权与控制权相分离的情况下，对股份资本作为更具有社会性质的资本职能的控制权不再直接由全部股份资本的所有者所掌握，但对大多数所有者来说，他们虽然失去了对其所有资本在实际控制中的私人权力，但并没有失去在占有上的私人性。虽然股份资本作为职能资本，是更具社会性质的资本联合形式，但它的所有权依旧是私人的。因为全部所有者并不是作为一个联合的集体共同所有，而是每一个所有者都拥有对其中一小部分实际资本的私

人所有的权力。因此，虽然股份资本从两权合一走向两权分离的过程之中，找到了其私人性与社会性矛盾的运动方式，但这一对矛盾依然存在，并在巨型公司内部表现为大部分掌握所有权的主体同掌握控制权的主体之间的对立。因此，股份资本所有权与控制权的分离实质上是所有权主体与控制权主体之间的分离。也就是从资本所有权与控制权均由其所有者所掌握，发展到大部分的股份资本所有者仅仅掌握资本权益，而股份资本作为职能资本的控制权由公司（在很大程度上被大股东操纵的）职业经理人所掌握。这样，随着在巨型公司内部所有权与控制权在大多数所有者手中的分离，以及这部分对股份资本作为职能资本的控制权被一个另外的控制者集团所掌握，股份资本私人性与社会性的矛盾外化为大多数所有者同掌握控制权的控制者集团之间的对立。

在巨型公司中，所有权与控制权的分离对于在数量上占绝大多数的中小股东是确定无疑的，他们作为大多数的所有者仅仅拥有对其持有的资本所有权证书和剩余索取权证书占有和支配的私人权力，丧失了对其作为更具社会性质的职能资本实际控制和使用的权力。在对股份资本作为职能资本的控制权掌握上，中小股东作为大多数的所有者被控制者所"驱逐"。在巨型公司中，掌握公司控制权的主体，无非是处于绝对或相对控制地位的大股东，或是由董事会和职业经理人组成公司的经营管理者集团，抑或是他们两者的利益结合体。因此，在这里股份资本私人性与社会性之间的内在矛盾进一步外化为作为中小股东的所有者同大股东或公司经营管理者集团之间的对立。

虽然股份资本在从两权分离走向两权合一的过程中，通过将其私人性与社会性的内在矛盾外化为大多数所有者同控制者之间的对立而找到了这一对矛盾在其中运动的形式，但由于并未改变矛盾的本质。因此，在作为中小股东的所有者同大股东或公司经营管理者集团之间的对立上，必将存在它们之间利益分歧的矛盾。这种利益分歧的存在，就是这一对矛盾在大多数所有者与控制者之间外部对立中的集中表现。

"在探讨企业问题时，我们可以把下述三种职能加以区分：对企业拥有权益的职能、对企业拥有权力的职能以及与此相关的对企业行使权力的职能。"① 在这三种职能中，对企业拥有权益的职能是所有股东凭借其私人所有权所行使的职能（这里既包括中小股东也包括大股东），对企业拥有权力的职能是企业

① ［美］阿道夫·A. 伯利，加德纳·C. 米恩斯．现代公司与私有财产［M］．甘华鸣，罗锐韧，蔡如海译．北京：商务印书馆，2005：130.

控制者所行使的职能（这里包括处于绝对或相对控制地位的大股东或公司经营管理者），对企业行使权力的职能则多是企业经营管理者在公司日常运行中直接行使的职能（不论它是否受到大股东的控制）。在巨型公司中小股东的手中，第二项职能已经大部分地从第一项职能中分离出来。也就是作为中小股东的所有者在公司中的地位，已降低为仅仅拥有获得公司权益的权利，而被称为控制者的集团，则居于对公司拥有法律和实际权力的地位。① 同时，公司在日常运行中直接行使权力的职能掌握在公司经营者手中。由于对企业拥有权力的职能和对企业行使权力的职能是高度相关的，因此，公司控制者集团（处于绝对或相对控制地位的大股东或公司经营管理者）同公司经营者的利益也是高度相关的。在多数情况下，经理们凭借其控制地位充当大资本所有者的保护者和发言人。他们并不是一个具有独立利益诉求的独立阶级，也不绝是代表社会公共利益，而是代表有产阶级的利益。“像有产阶级的其他部分一样，他们是有自己利益的。但由此引起的利益冲突是经理们与小财产所有者之间的冲突，而不是经理们与大财产所有者之间的冲突。”②

一方面，作为中小股东的所有者，他们的利益追求完全来自于其所拥有资本所有权的私人利益最大化，也就是对股东权益的追求。“首先，公司应当赚取与合理的风险相匹配的最大利润；其次，在公司最高利益许可的范围内，应当以一个较大的比率进行利润分配，在分红中，股东按照所持股权获取利润分配的公平权力不容侵犯；最后，股东应能以合理的价格在市场上自由买卖股票。”③ 因此，中小股东基于其私人资本所有权所关注的，无非是他能在公司实际资本的价值增殖过程中（包括其持有的股份资本虚拟形态的流通过程）获得多少个人的收益。另一方面，不论公司控制权是属于大股东还是公司经营管理者，他们都是作为一个利益高度相关的整体而存在。并且对日常运行中直接行使权力的职能一般都掌握在公司经营者手中。他们对于公司利润最大化的追求要比中小股东只着眼于个人股东权益的追求更加长期化。与中小股东的短视相比，一个先进的经理部门是在一个更长的时期内对利润获取作出设计的，

① ［美］阿道夫·A. 伯利，加德纳·C. 米恩斯．现代公司与私有财产［M］. 甘华鸣，罗锐韧，蔡如海译. 北京：商务印书馆，2005：131.

② ［美］保罗·巴兰，保罗·斯威齐．垄断资本［M］. 南开大学政治经济学系译. 北京：商务印书馆，1977：40.

③ ［美］阿道夫·A. 伯利，加德纳·C. 米恩斯．现代公司与私有财产［M］. 甘华鸣，罗锐韧，蔡如海译. 北京：商务印书馆，2005：132.

他们所使用的各种相互配合的计划都包括实际上尽可能长的时期。“公司的长的时间视野和经理的合理化产生了某种特殊的态度和行为方式。其中最重要的或许是以下两点：一是系统地避免冒风险，二是对公司内的其他成员采取自己活也让别人活的态度。”① 从这个角度来说，掌握公司控制权的主体（不论是拥有控制权还是在日常运行中直接行使这一权力）同作为中小股东的大部分所有者的利益既冲突又不冲突。中小股东追求个人利益短期最大化的目标有时会与公司控制者所着眼的公司长期发展以及长期利润最大化的目标相矛盾。但反过来说，在长期中利润的最大化获取也同时有利于中小股东个人利益的长期实现，只是在很多时候他们看不到那么长远。因而在这里，股份资本私人性与社会性的矛盾在作为中小股东的所有者同大股东或公司经营者之间的外部对立中，表现为对长期利益追逐同对短期利益追逐之间的冲突和矛盾。

还有一种情况必须要考虑，那就是大股东或公司经营者作为控制者，在资本主义制度下对他们行为的激励极有可能依然是对其自身个人受益的追求，而非对公司整体长期利润的追求，这将导致作为中小股东的所有者和公司控制者之间更大的冲突和矛盾。在巨型公司经营中，不论是作为大股东的控制者还是作为经营者的控制者，他们有时都会为了中饱私囊而牺牲公司利益以满足其私人利益。即使其作为大股东本身拥有大量的公司股票，有时也会不以公司利润最大化为目标而实施他们手中的控制权。例如，“如果他们能将一笔财产出售给公司而获利 100 万美元的话，他们宁愿由于拥有 60% 的公司股票而损失 60 万美元，因为这笔交易仍会使他们净赚 40 万美元，而公司其他股东则会因此而承担 40 万美元的损失”②。与此同时，随着控制者持股比例的下降，他们受公司盈亏的影响也会减弱，他们会有更强的动机以牺牲公司整体利益为代价而满足自己的私人利益。当他们仅仅持有一个很小比例的股票之时，通过牺牲公司利益而获取个人私利，就变得明显更有利于公司的控制者集团，而这时控制者的利益将会直接对立于所有作为中小股东的所有者的利益。在公司实际运行中，公司控制者有很多种手段凭借其控制地位将本该由公司整体获得的利润转入控制者集团手中；在市场操作中，控制者也会凭借他们所能掌握的更加充分

---

① ［美］保罗·巴兰，保罗·斯威齐．垄断资本［M］．南开大学政治经济学系译．北京：商务印书馆，1977：52.

② ［美］阿道夫·A. 伯利，加德纳·C. 米恩斯．现代公司与私有财产［M］．甘华鸣，罗锐韧，蔡如海译．北京：商务印书馆，2005：133.

的信息进行市场操纵，使股票价格的波动与他们自身利益的实现相一致。[①] 不论是哪种手段，都构成了公司控制者对作为大多数所有者的中小股东利益的侵蚀。因此，也可以得出结论，如果控制者的激励主要来自其个人收益，那么作为中小股东的大多数所有者与公司控制者之间就会产生很大的利益冲突和对立。

因此，在资本主义私有制条件下，虽然股份资本所有权与控制权之间的分离使它以一种更加具有社会性质的形式存在，并且在其中找到了股份资本私人性与社会性之间内在矛盾的运动方式。但这一对矛盾的本质依旧在其所有权主体与控制权主体之间的外部对立和利益冲突中获得了新的发展形式。

## 三、两权分离与矛盾扬弃的消极性

在上面的分析中，我们已经知道，股份资本大多数的所有权与控制权从合一走向分离是如何在其私人性与社会性之间矛盾的运动中实现的。在所有权与控制权的分离中，这一对矛盾找到了在其中借以实现和解决的运动形式，即其所有权主体与控制权主体的对立统一，也是在这一条件下完成了对这一对矛盾一定程度的扬弃。换言之，在股份资本两权分离中，其私人性与社会性之间内在矛盾的扬弃，仅仅在于它找到了在其中借以实现和解决的运动形式，而并非改变这一对矛盾的本质，同时在这一过程中这一对矛盾获得了新的发展形式。因而只能说这种扬弃是一种消极的扬弃，是“自行扬弃的矛盾”[②]。

在所有权与控制权相分离的过程中，股份资本私人性与社会性的内在矛盾转化为其所有权主体与控制权主体之间的外部对立。在这种外部对立中，在实际生产中执行职能的股份资本作为更加联合和更具社会性质的资本形式，被区别于其私人所有者的主体所控制。大多数所有者的私人所有权与控制权已完全分离：大多数所有者仅仅拥有对其持有的资本所有权证书和剩余索取权证书的私人占有和支配的权力，对其作为职能资本的实际控制和使用的权力却掌握在公司控制者手中。这样对股份资本作为职能资本，即作为一种更加具有社会性

---

① ［美］阿道夫·A. 伯利，加德纳·C. 米恩斯．现代公司与私有财产［M］．甘华鸣，罗锐韧，蔡如海译．北京：商务印书馆，2005：134.

② 中共中央马克思恩格斯列宁斯大林著作编译局．马克思恩格斯全集（第二版）（46）［M］．北京：人民出版社，2003：497.

质的联合起来的资本的控制权便与它在资本主义条件下必须存在的私人所有权相分离。因此，由股份资本私人性与社会性之间矛盾所决定的，对于一个更具有社会性质的联合资本却被以基于私人所有权的利益实现的个人所控制之间的矛盾，在这种分离中获得了一定程度的扬弃。也就是资本一般私人性与社会性矛盾的内在规定性在股份资本中得到了进一步的展开，并在股份资本所有权与控制权的分离中获得了外部独立的实现形式。因而股份资本作为“许多资本”的特征之一，是“单个资本的表面独立性和独立存在”被扬弃的“最高形式”。

这种扬弃同样体现在股份资本所有权与控制权的分离对资本和生产进一步集中的促进上。更进一步的资本和生产集中导向了更大范围的联合的社会生产方式，这为有计划的社会生产奠定了物质基础和组织基础。也就是用资本组织和生产过程的社会性的全局性计划代替自由无序的局部的生产和消费，在一定程度上缓解了由资本私人性与社会性的矛盾所决定的，生产同价值增殖实现之间的矛盾，以及资本本身对生产的限制同资本扩张内在冲动之间的矛盾。

然而，在股份资本所有权与控制权相分离的情况下，对股份资本作为更具有社会性质的资本职能的控制权不再直接由全部股份资本的所有者所掌握，而对大多数所有者来说，他们虽然失去了对其所有资本在实际控制中的私人权力，但并没有失去在所有权上的私人性。虽然股份资本作为职能资本，是更具社会性质的资本联合形式，但它的所有权依旧是私人的。因为全部所有者并不是作为一个联合的集体共同所有，而是每一个所有者都拥有对其中一小部分实际资本的私人所有权。因此，股份资本从两权合一走向两权分离的过程对其私人性与社会性之间矛盾的扬弃始终局限于资本主义的范围之内，是一种消极的扬弃。

第一，虽然在股份资本所有权与控制权相分离的过程中，从表面上来看，股份资本的筹集和组织形式是将资本的所有权分散化而使更广泛的大众投资者所有。但大众投资者作为私有财产所有者，他们失去的仅仅是对这种社会资本作为职能资本进行控制的私人权力，但并未失去对其所有权的私人性。他们对股份资本虚拟形态的所有权，依旧是基于每一单个投资者的私人占有，而不是作为联合体的共同所有，更不是社会所有。这是股份资本的两权分离对私人性与社会性矛盾扬弃的消极性所在之一，即私人所有的财产权利并没有被废除，而只是在股份资本的虚拟形态上获得了相对独立的存在。

第二，即使在股份资本所有权与控制权相分离的条件下，其特殊的社会性质得以表现的可能性仅仅在于，当控制权能够被一个更具社会化的主体，即直接参与生产劳动的集体所掌握时，股份资本得以向更具社会性质的方向演进才具有可能性。而如果在两权分离中，控制权主体仅仅作为一个新的独立集团而与直接参与生产劳动的社会化主体相分离，甚至形成僵硬的分割，他们仅仅作为其自身私人利益或大资本利益的代表，那么即使在所有权与控制权相分离的情况下，股份资本的社会性质也难以表现，其对私人性与社会性矛盾的扬弃功能也将无法实现。

第三，股份资本从两权合一走向两权分离并没有扬弃资本主义生产的目的，即生产必须服从追求利润的最大化。这即决定了资本主义条件下股份资本所主导的生产和积累过程，依然只代表某一集团获取价值增殖的私人利益，而非社会的公共利益。即使是在公司职业经理人掌握控制权的情况下，他们也仅仅是作为有产阶级的代表，从而公司经营的目的也一定是为了追逐利润的最大化。虽然这种利润最大化的追逐更偏向于在一个更长的时期内对利润的获取作出设计，但这并不能改变这一问题的实质。① 仅此一点即决定了在资本主义条件下的股份资本绝不可能使私人性与社会性之间的内在矛盾以及由它决定的一切矛盾获得根本性解决。

因此，在股份资本中，私人性与社会性之间的矛盾依然存在，财富作为社会财富的性质和作为私人财富的性质之间的对立依然存在，资本主义生产资料私人占有同生产社会化的基本矛盾同样依然存在。只是在股份资本从两权合一走向两权分离的过程中，这一对矛盾获得了新的存在形式并表现为在新的存在形式上的对立。

## 四、私人性与社会性的动态偏向

在股份资本所有权与控制权从合一走向分离的过程中，其私人性与社会性的矛盾找到了在其中借以实现和解决的运动形式，即将这一对矛盾外化为所有权主体与控制权主体之间的外部对立。在这一过程之中，股份资本获得了更具

① 追求最大限度利润的趋势，在以职业经理人为公司经营者的公司制度下（不论他们是否迫于大股东的压力）从以下几个方面表现出来：在修改和重订计划的过程中，花钱较多和获利较少的活动被削减或放弃了，而花钱较少和获利较多的活动则被加上去了。成本较低的生产过程和获利较多的那部分产品和市场起着标准的作用，预期其他的生产过程或其他部分的产品和市场都要向它看齐，或为它所代替。通过不断地选择有提供较大收益之望的那种方法和那部分产品和市场，这个标准被保持在很高的水平之上，可能时并使之上升。最后，整个企业的全部利润和发展目标随着时间的推移而日益提高，除非困难的环境不容许这样做（［美］保罗·巴兰，保罗·斯威齐．垄断资本［M］．南开大学政治经济学系译．北京：商务印书馆，1977：31）。

社会性质的存在形式。这是对资本一般私人性与社会性矛盾的内在规定性的进一步展开。

在股份资本形态上，分散的个别资本被联合起来的个人的资本所代替，分散的独立的生产被联合起来的生产所代替，分散的私人的企业被更大规模更加适应生产社会化的股份公司所代替。因此，股份资本是比个别资本更加具有社会性质的资本形态，是使个别资本联合起来的有效形式。

股份资本的社会性质在其所有权与控制权相分离的过程之中被加强。在股份资本所有权与控制权的分离中，“实际执行职能的资本家转化为单纯的经理，别人资本的管理者，而资本所有者则转化为单纯的货币所有者，单纯的货币资本家”。① 这样，对现实资本的私人所有权就同实际生产过程中的职能相分离，就如同这种职能在职业经理人身上同资本的私人所有权相分离一样。因此，“生产资料已和实际的生产者相异化，生产资料已经作为他人的财产，而与一切在生产中实际进行活动的个人（从经理一直到最后一个短工）相对立”。② 在这种外部对立中，股份资本私人性与社会性之间的矛盾找到了其运动的方式。也就是对股份资本作为职能资本，即作为一种更加具有社会性质的联合起来的资本的控制权与它在资本主义条件下必须存在的私人所有权相分离。这种分离使股份资本作为更具有社会性质的联合起来的资本职能的控制权，不再直接由全部股份资本的私人所有者所掌握，大多数私人所有者失去了对其所有资本在实际控制中的私人权力。当对实际资本占有、支配、使用的权力同资本所有权相分离时，资本职能也就摆脱了私人权力，转化为一种社会职能。因为在这种情况下，资本职能与资本私人占有权力之间直接的逻辑联系被打破，从而转化为了一种具有社会化实现形式的资本职能。

虽然股份资本的这种更加具有社会性质的存在是作为私人财产的资本的自我扬弃，但这种扬弃始终局限于资本主义生产方式本身的范围之内。换言之，股份资本从两权合一走向两权分离的过程并不能改变其私人性与社会性之间矛盾的本质。因此，即使在两权分离中，股份资本的私人性质始终存在，它也依旧是私人性与社会性的对立统一。只是，当随着股份资本私人所有权与控制权之间分离不断扩大，越来越多的私人所有者失去了对其所有资本在实际控制中的私人权力，即资本职能越来越摆脱了私人权力，转化为一种社会职能。因

①② 中共中央马克思恩格斯列宁斯大林著作编译局. 马克思恩格斯全集（第二版）（46）[M]. 北京：人民出版社，2003：495.

此，所有权与控制权越是在两个不同的主体手中分离，股份资本的社会性质就越强。而当这种控制权越来越多地掌握在本身就拥有股份资本私人所有权的越来越少的大资本家手中时，资本的所有权和控制权就将在更少数的私人资本家手中合一。这时实际资本的控制权便落入了更少的私人所有者手中，从而使股份资本导向了一种更加偏向私人性质的存在。

资本所有权与控制权在大多数中小股东手中的分离，对于直接或间接掌握公司控制权的大股东来说恰恰相反，是私人所有权与更加广泛的控制权的合一。“它加强了财产关系和生产关系之间的矛盾，因为它通过剥夺许多小资本家的办法把巨大的生产力结合到少数人手中，它加强了生产的社会性和资本主义的私人所有制之间的矛盾。”① 也就是“在大资本家中，形成了较少的一批高级决策人，他们的控制权力远远地超过了他们自己的所有权界限”。② 而他们所能控制的那部分超出自己所有者权限的部分，正是在中小股东手中资本所有权与控制权分离的结果，是广大中小投资者的资本所有权所对应的那部分控制权。因此，资本所有权与控制权的分离仅在中小投资者手中成为了普遍现实，而在少数大资本家手中，资本的所有权与控制权并没有分离，并且他们手中掌握着超出自己所有权界限的控制权。对于直接或间接掌握公司控制权的大股东而言，他们既拥有其资本的所有权，又拥有对远远超越其自身资本范围的、连同他人资本在内的支配权，这种支配权决定了大股东（大资本家）对中小股东（大部分也是生产过程中的劳动者）的掠夺。

因此，如果股份资本两权分离只是发生在中小股东的手中，而在公司依然存在直接或间接掌握公司控制权的大股东，那么大股东将有能力对公司经营者的决策产生重大影响。③ 此时，对于这些大股东及与其利益相关的整体来说，是私人所有权与更广泛控制权的合一。社会化的资本职能同私人权力在同一主体手中相结合，代表股份资本私人性质更集中回归的体现。

---

① ［德］罗莎·卢森堡．社会改良还是社会革命？［M］．徐坚译．北京：生活·读书·新知三联书店，1958：9.

② ［美］保罗·斯威齐．资本主义发展论——马克思主义政治经济学原理［M］．陈观烈，秦亚男译．北京：商务印书馆，1997：285-286.

③ 在资本主义现实中，大股东和公司经营者通常是作为一个利益高度相关的整体而与中小股东相对立。

# 第五章

# 20 世纪 80 年代以来美国现代公司治理及其矛盾的发展

在本书第三至第四章中，已经探讨了资本一般私人性与社会性矛盾的内在规定性是如何在股份资本中获得进一步展开的，即这一对矛盾在股份资本中获得了怎样的外部独立实现形式。简单来说，在股份资本中，私人性与社会性的矛盾外化为其职能形态与虚拟形态的对立及其所有权与控制权的对立。资本一般私人性与社会性的矛盾在这两对外部对立中找到了在其中借以实现和解决的运动形式，获得了在股份资本中的外部独立的实现形式。在这两对外部对立中，私人性与社会性的矛盾实现了资本主义范围之内的消极扬弃，使这一对矛盾在股份资本中具备导向更加具有社会性质的可能。在这一章中，将从经济现实的层面考察自 20 世纪 80 年代以来美国现代公司治理中，股份资本职能形态与虚拟形态价值偏离的程度以及其所有权与控制权相分离的程度，并以此为基础反观以这两对中介范畴为外部表现的私人性与社会性的矛盾自 20 世纪 80 年代以来美国现代公司治理中的发展程度。由于在股份资本中，私人性与社会性矛盾的外部实现形式，一个是股份资本职能形态与虚拟形态的对立统一，另一个是其所有权与控制权的对立统一。因此，在这里将对这两种对立在现实经济中的发展情况进行考察，这种考察不仅限于对经济现实的描述，同时包含着经济指标的刻画。目的在于更加全面、科学地衡量以之为外化形式的私人性与社会性之间矛盾自 20 世纪 80 年代以来美国现代公司治理中的发展程度。

# 第一节　20 世纪 80 年代以来美国股份资本的价值偏离

以上的分析表明，股份资本职能形态与虚拟形态的形式对立与价值偏离是其私人性与社会性矛盾的外化形式之一。即在股份资本中，私人性与社会性之间的矛盾获得外部独立的实现形式，转化为外部存在形式上的对立，也因此而找到了这一对矛盾在其中借以实现和解决的运动形式。但是，这并没有改变这一对矛盾的实质，也没有完成对这一对矛盾的积极扬弃。私人性与社会性之间的矛盾在股份资本职能形态同其虚拟形态的价值偏离中被表面化，并在这种偏离逐渐扩大的过程之中不断被激化。由于股份资本职能形态与虚拟形态的价值偏离，在现实经济中可以表现为股票价格偏离其所能代表的实际资本价值而形成自身独立的运动，即股票价格泡沫的形成过程。因此，在这里用 20 世纪 80 年代以来美国现代公司股票价格泡沫的形成与破裂周期性过程，来描述股份资本虚拟形态价格与其职能形态价值偏离逐渐扩大的过程，从而反观在这一过程中股份资本私人性与社会性之间矛盾的运动和激化。可以认为，股票价格泡沫形成与破裂的周期性过程，是私人性与社会性之间内在矛盾运动的结果，也是这一对矛盾进一步深化、激化、尖锐化的过程。资本主义历史上三次典型的股市泡沫，都是如此。

## 一、资本主义历史上三次典型的股市泡沫

### （一）“南海泡沫事件”

“南海泡沫事件”的背景是在 18 世纪 20 年代的英国。此前，西欧各证券交易所相继成立[①]并迅速发展。异彩纷呈的股票市场带来了股票交易的繁荣，股票作为一种有价证券开始被作为一种资产衡量，此时，投机活动变得在所难免。

---

① 荷兰阿姆斯特丹交易所、法国巴黎证券交易所、英国伦敦证券交易所都是在这一时期成立的。

南海公司是 1711 年英国在西班牙领属的南美洲成立的一家公司，是在英国对南美和太平洋诸岛开展贸易的名义下成立的，其真正目的是从事国家证券投机。[①] 起初，南海公司用发行股票募集而来的资金大量购买西班牙政府为战争而发行的国债，从而获得了奴隶交易的垄断权和与西班牙殖民地通商的特权。在如此之背景下，南海公司的股票获得了极大的吸引力，引发了投资者的购买热潮，推动了其股票价格的上涨。此外，南海公司通过购买自己股票的方式拉高股价，来推动股票价格的进一步上扬，这引发了人们对其股票的投机热潮，使其股价飞速上涨。1720 年 3 月，受约翰·罗体制[②]的影响，英国通过南海法案，允许年金持有人将其投资转换为南海公司的股票。荷兰、瑞士、奥地利、德国、葡萄牙等国也都纷纷效仿，整个西欧都沉浸在股票投机的狂热之中。然而这时无论是对约翰·罗的公司还是对南海公司来说，实际的贸易规模都无法支撑其应支付给投资者的利息，但不断攀升的股价依然吸引着狂热的投资者进入。1720 年 1 月 1 日，南海公司的股票价格指数为 128 点，到同年 7 月 1 日则高达 950 点。[③] 股票价格上扬的幅度和速度进一步将投机推向了高潮。此外，随着股票市场的繁荣，通过发行新股而成立新的股份公司则十分有利可图。这时，通过发起人的投机运作而建立起来的股份公司接踵而至。[④] 英国所有股份公司的股票都成为了投机对象，投机者并不在乎他所认购股票对应股份公司的盈利能力和经营状况，而只是相信一路狂涨的股票价格可以带来不菲的投机利润。投机者的追逐使股票价格进一步飞涨，且早已脱离了股份公司的实际运行。特别是对通过发起人投机运作而成立的股份公司来说，其虚假运行只能依靠更大、更虚幻的泡沫来实现投机利润，股票价格已与其所对应的实际价值完全脱离。直到 1720 年 6 月 9 日，恰逢泡沫高峰期间，为了抑制各种虚假泡沫公司的进一步膨胀，英国国会通过了《泡沫法案》（*Bubble Act*）（以下简

---

① 中共中央马克思恩格斯列宁斯大林著作编译局. 马克思恩格斯全集（10）[M]. 北京：人民出版社，1998：819.

② 自 1716 年起，约翰·罗开始以股份制的中央银行、密西西比公司和包税总所来构筑法国的新经济秩序。他认为国家可以依靠把不可兑现的银行券投入流通的办法来扩大国内的财富。1718 年，密西西比公司同意按面值接受政府的债券，以换取其公司的股票。法国的公债骤然减少，对股票发行的需求迅猛上升，交易所的买空卖空和投机倒把活动空前猖獗，1720 年国家银行完全倒闭，“罗氏体系”也彻底破产（中共中央马克思恩格斯列宁斯大林著作编译局. 马克思恩格斯全集（第二版）（46）[M]. 北京：人民出版社，2003：1063）。

③ 李永杰等. 国外股份经济 100 年 [M]. 广州：广州出版社，1997：10.

④ 这一过程在 1845 年英国的“铁路投机”中表现得更为明显。

称《法案》)。《法案》要求所有公司都需要取得皇家特许经营权，禁止企业从事与特许经营许可无关的风险项目。[①]《法案》的颁布收紧了对股票投机活动的控制，规定除经议会的私有法或国王特准外，禁止成立新的股份公司，这成为诱发股市暴跌的重要因素。随着一部分法国和瑞士投资者的撤离，终于引发了股票市场的大规模狂跌。南海公司的股票从 1720 年 9 月 1 日的 775 点跌至 10 月 14 日的 170 点。[②] 南海公司股票泡沫破裂，股票投机热潮逐渐退却，史称“南海泡沫事件”。随后，泡沫破灭引发的危机纷纷传到其他公司和西欧各国，英格兰银行、东印度公司、非洲公司的股票纷纷下跌，约翰·罗公司的股票变得几乎一文不值，其发行的纸币被宣布不再为一种合法货币。这是近代股市的第一次大范围暴跌和金融危机，给刚刚繁荣兴起的资本主义经济带来了沉重打击，反映了刚刚建立起来的资本主义金融体系的投机性和脆弱性，也对股份公司的进一步发展进程产生了一定程度的阻滞。从“南海泡沫事件”中，英国政府意识到了信用的重要性，股票不再与国家公债和国家财政发生关系，重建并恢复了英国的信用体系。

### (二) 1845 年英国的“铁路投机”

19 世纪 20 年代以来，随着产业革命的不断深入，交通运输业的发展要求日趋紧迫，铁路运输作为新的交通运输方式登上了历史舞台，并凭借其运输量大、运输速度快等优势获得了迅猛的发展。随着铁路事业的不断发展，铁路股票的价格也随之上涨，越来越多的投资者开始投资铁路股票，铁路部门股份资本的规模也随即扩大，而铁路股票市场的繁荣和过剩资本的存在则使投机和危机成为必然。

“铁路投机”危机首先于 1845 年在英国发生铁路股票的暴跌，后蔓延到西欧各国并导致了信用系统的破坏。1843~1845 年是英国工商业繁荣的两年，这一时期的繁荣也带来生产过剩和资本过剩，在这种背景之下，投机必然出现。虽然投机的出现可以提供暂时摆脱生产过剩的出路，但它也因此加速了危机的到来，增强了危机的力度。[③] 1843~1845 年繁荣时期的投机活动主要是在

---

① [美] 威廉·戈兹曼. 千年金融史 [M]. 张亚光，熊金武译. 北京：中信出版集团，2017：264.

② 李永杰等. 国外股份经济 100 年 [M]. 广州：广州出版社，1997：11.

③ 中共中央马克思恩格斯列宁斯大林著作编译局. 马克思恩格斯全集 (10) [M]. 北京：人民出版社，1998：575.

铁路方面，这里投机所依靠的是实际需要。[①]英国铁路系统的发展在 1844 年开始并在 1845 年全面扩张，仅在 1845 年一年之中，登记成立铁路公司的申请书达 1035 份之多。[②]铁路修建的扩张和铁路公司的加速成立带来了铁路股票的繁荣和投机。1845 年下半年，铁路股票价格不断上涨，“投机者的利润很快把居民中的各个阶级都卷入了这个漩涡。……即使只有一点点储蓄的人，即使只能弄到一点点贷款的人，都干起了铁路股票的投机”。[③] 在这一时期，投机利润的吸引使铁路领域出现了虚假的投机公司，它们将通过发行股票筹集而来的资金投入投机领域，而不是实际的生产领域，这进一步助长了股票价格的上扬。“上百条线路的设计毫无实现的希望，其实设计者本人也根本不想真正实现这些设计，而只不过是为了让经理能挥霍寄存代付金和从出卖股票中获取利润。”[④] 当投机的热潮一次次地拉高股价，铁路股票的价格与其实际应对应的事业已经严重脱离，股票价格泡沫持续膨胀。直到 1845 年 10 月，剧变开始发生，很快便引起了铁路股票市场的全面恐慌。首先，是最不可能实现的铁路建设计划相继破产，无法兑现股息，引起了投资者的关注，人们开始纷纷卖出股票，这直接导致了英国铁路股票价格的下降。其次，这种波动逐渐蔓延至欧洲大陆的股票市场，在法国、德国、荷兰的股票交易市场上都出现强制按照极低价格销售股票的现象，直接导致了很多投资者的破产。由于信用的紧缩和对流动性的需求，即使是比较可靠的铁路公司股票价格也逐渐受到影响，并受其他投机领域危机的影响，铁路危机变得更加尖锐。“这就使比较老的可靠的股票逐渐跌价，直到 1848 年 10 月跌到了最低谷。”[⑤]

### （三）1929~1933 年美国股票市场的大危机

20 世纪 20 年代，不仅是资本主义经济繁荣的十年，也是股票投机风潮盛行的十年。虽然在这一时期资本主义的工商业确实获得了迅速增长，但这种增长却过分夸张地反映在股票市场价格上。投资者对未来收益极其乐观的预期极大地刺激了他们进行股票投机的野心，在这样的背景下，越来越多的人被卷入到股市投机的狂热之中。“20 世纪 20 年代华尔街的股市确实随着美国人对股

---

①②③④ 中共中央马克思恩格斯列宁斯大林著作编译局．马克思恩格斯全集（10）［M］．北京：人民出版社，1998：576.

⑤ 中共中央马克思恩格斯列宁斯大林著作编译局．马克思恩格斯全集（10）［M］．北京：人民出版社，1998：577.

票市场前所未有的热情而繁荣，这种热情因为股票经纪人、投资信托基金和投机获利的梦想进一步被点燃。”① 人们坚定地认为，几乎所有买进的股票都意味着丰厚的利润。投资者乐观的心理预期作为极其重要的因素助长了股票市场投机的狂热及其价格的迅猛上扬。

1928 年初股票价格开始出现大幅度攀升。“价格从 1928 年 3 月开始上涨，到 1929 年 9 月达到顶点，以道琼斯工业指数表示的证券总值几乎翻了一番。”② 当时人们普遍认为，股票价格的这种持续上扬是技术进步、管理水平提高、经济规模扩大的结果，并认为这是经济的新时代来临的表现。而在约翰·肯尼斯·加尔布雷思看来，1928 年股票市场的繁荣是一种狂热的症状，是“人们为了逃避现实而变得想入非非，无节制的投机行为真的大量涌现”③的结果。在投资者们“对未来的幻想、漫无边际的企盼和乐观的态度”的支撑下，股票市场泡沫迅速膨胀了起来。④ 从一个更长的时间线来看，自 1921~1929 年，纽约证券交易所股票总市值上涨近 500%。自 1986 年以来一直在 60~120 点徘徊的道琼斯工业股票指数在 1926 年突破 200 点，在 1928 年达到了 300 点。当时对股价泡沫进行评价的基点是“10 倍市盈率”，在 1929 年大多数股票的市盈率多在 20~30 倍，更有甚者超过了 50 倍。⑤ 股票价格的迅速普遍上扬，一方面，使越来越多的投资者卷入股票的炒作和投机之中，股票交易额迅速扩大；另一方面，刺激了各行各业对扩大股票发行数量的动机，股票发行的数量急剧膨胀。这两个方面共同作用的结果是股票价格的进一步上涨、股价泡沫的进一步膨胀、股份资本虚拟形态和职能形态价值偏离的进一步扩大。

在股票价格发生短时间内大幅上涨之时，美联储意识到这是投机驱动的繁荣，而非真实的经济增长，为此它一度寻求抑制股市投机的方法。1929 年初，美联储引导成员银行对“投机性”贷款实行控制。为响应美联储的要求。联

---

① ［美］威廉·戈兹曼．千年金融史［M］．张亚光，熊金武译．北京：中信出版集团，2017：375.

② ［美］斯坦利·L. 恩格尔曼，罗伯特·E. 高尔曼．剑桥美国经济史（第三卷）（下册）［M］．蔡挺，张林，李雅菁主译．北京：中国人民大学出版社，2018：667.

③ ［美］约翰·肯尼斯·加尔布雷思．1929 年大崩盘［M］．沈国华译．上海：上海财经大学出版社，2017：11.

④ ［美］约翰·肯尼斯·加尔布雷思．1929 年大崩盘［M］．沈国华译．上海：上海财经大学出版社，2017：11-13．加尔布雷思认为，1929 年的大危机是玩世不恭的华尔街推销商与非理性投机行为共同作用的结果，而前者掠夺了小投资者们的希望和梦想(［美］威廉·戈兹曼．千年金融史［M］．张亚光，熊金武译．北京：中信出版集团，2017：375)。

⑤ 李达昌等．战后西方国家股份制的新变化［M］．北京：商务印书馆，2000：26-27.

邦储备委员会允许银行在8月9日将贴现率从5%提高到6%。[①]这种紧缩性的政策与当年夏季末开始的经济衰退一同打击了市场投资者的信心。道琼斯工业股票平均价格指数从9月3日的顶点开始一路下跌。[②]“随着证券交易规模的扩大，经纪公司陷入危机，对保证金要求的变动也更为频繁，订单开始远远跟不上需求。当投资者无法得知自身的资金头寸的去向时，恐慌性售卖活动就发生了。股票价格在10月24日这个黑色的星期四和10月29日这个黑色的星期二直线下降。”[③]人们的美梦破灭了，股价指数单日跌幅最高达13%。[④]到1930年7月，美国纽约证券交易所股票平均价格相较于1929年10月下跌了75%，股市总市值由897亿美元下跌至156亿美元。道琼斯工业股票指数从1929年8月峰值的381点跌至1932年7月最低时的41.22点，跌幅达89%，股票市值蒸发740亿美元。很多投资者、企业、银行、证券公司纷纷破产，期间破产企业达13万家，倒闭、重组的银行达1.05万家，占全国银行总数的49%。很多公司和银行的股票变得一文不值。[⑤]

## 二、1982~2000年美国的“千禧繁荣”和互联网泡沫

从总体上来看，自1982~2000年，美国股票市场价格近乎直线上升，标准普尔500价格指数一路飙升后又急转直下（见图5-1）。这次规模巨大的股市繁荣被称为“千禧繁荣”[⑥]。在这里，将这次“千禧繁荣”分为两段式考察：一段是从1982~1987年10月的黑色星期一，另一段是从1994~2000年8月股价的大规模断崖式下跌。因为，在1987年10月19日的那个黑色星期一美国纽约股票市场所发生的一切都不容忽视。因此，在1982~2000年美国的“千禧繁荣”中，股票价格泡沫经历了两轮从产生到破裂的周期性过程，也即经历了两轮股份资本虚拟形态价格偏离其职能形态价值并导致股市危机的过程。这两轮股价泡沫的形成、膨胀和破裂，无一不是私人性与社会性矛盾运动的结果。当这一对矛盾达到极其尖锐的程度时，将必然导致泡沫的破裂和金融危机

①②③ ［美］斯坦利·L. 恩格尔曼，罗伯特·E. 高尔曼. 剑桥美国经济史（第三卷）（下册）［M］. 蔡挺，张林，李雅菁主译. 北京：中国人民大学出版社，2018：668.

④ ［美］威廉·戈兹曼. 千年金融史［M］. 张亚光，熊金武译. 北京：中信出版集团，2017：375.

⑤ 李达昌等. 战后西方国家股份制的新变化［M］. 北京：商务印书馆，2000：25-26.

⑥ ［美］罗伯特·J. 希勒. 非理性繁荣［M］. 李心丹，俞红海，陈莹，岑咏华译. 北京：中国人民大学出版社，2016：7-8.

的发生。1987 年 10 月的黑色星期一和 2000 年 8 月互联网泡沫的破裂，从本质上来讲都根源于此。

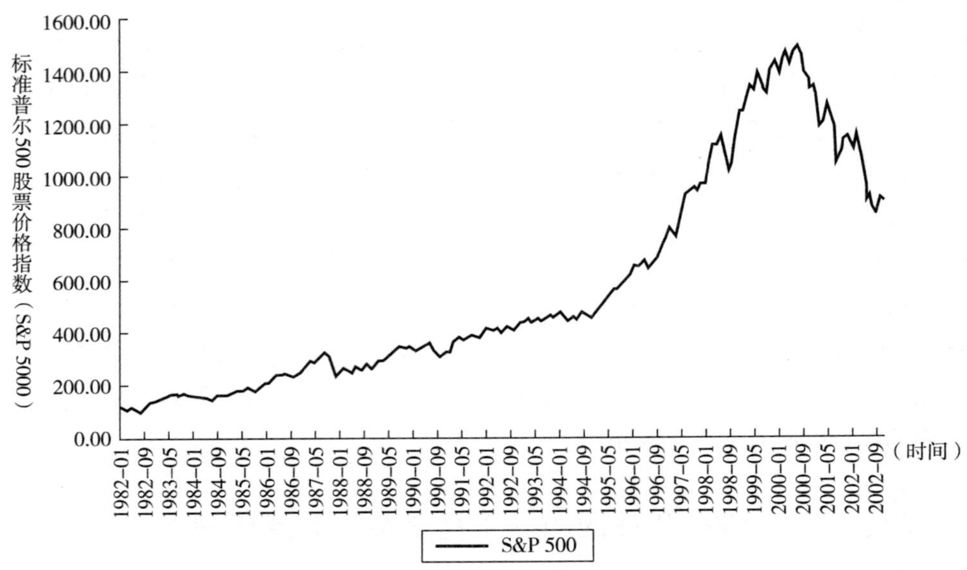


**图 5–1　1982 年 1 月至 2002 年 9 月标准普尔 500 股票价格指数波动**

先来看 1987 年 10 月的那一次股市危机。20 世纪 80 年代初，发达国家纷纷推出金融自由化政策，放松各种金融管制，鼓励金融创新。证券发行种类和数量的增加为投资者提供了更多的选择，加之长期的经济增长使人们建立起乐观的心理预期，因而纷纷参与到股票的投资狂潮之中，推动了股票价格的稳步上扬。这时美国甚至整个世界的股票市场都呈现虚假繁荣的景象，股票价格的这种极其迅速和大幅上涨已完全脱离其所代表的现实资本价值的增加，股票价格泡沫在一步步地膨胀。从 1982 年 8 月 12 日至 1987 年 8 月 25 日，道琼斯工业股票指数从 776 点猛涨至 2722 点，升幅高达 250%，而同期美国工业总产值升幅仅为 40%，国民生产总值仅上升 20%。道琼斯工业股票指数的平均市场价格在 1987 年 8 月约相当于上一年每股收益的 22 倍，远远超过企业实际资本和利润的增长水平。[①]

正当整个市场都沉浸在这种虚假的繁荣之时，1987 年 9 月，由于美元贬值的速度超过了美国当局的预期，因此，美国计划提高利率以吸引资金回流。

① 李永杰等．国外股份经济 100 年［M］．广州：广州出版社，1997：110.

加之德国率先提高利率的影响，市场上纷纷传言：估计美国可能会为了保卫美元而大幅上调利率。因此市场普遍做好了利率将会提高的预期，利率的提高对于急速上涨的股票市场来说并非利好消息。[①] 另外，当时市场上流行着杠杆收购（LBO）的企业间收购模式，而国会对杠杆收购的管控，对于股市来说也不是一个好消息。[②] 1987 年 10 月 19 日，美国纽约华尔街股票市场遭遇了突如其来的“黑色星期一”。当天，道琼斯工业股票平均价格指数下跌了 508.38 点，跌幅 22.62%。[③] 这是美国历史上股票价格指数下跌最多的一天，甚至远远超过了 1929 年 10 月世界经济大萧条前夕的日跌幅度。5000 多亿美元的市值，在短短的六小时之内像泡沫一般破裂并化为乌有。

同 1929 年相比，这次危机之后，证券市场以一个更快的速度获得了恢复并达到更高的水平，同时催生出了新一轮的股市泡沫。首先，因为 1987 年的股市危机过后并未同 1929 年一样引发大规模的经济衰退，而是随着互联网技术的发展很快进入了下一阶段的经济增长期。1987 年股市危机和衰退之后，“金融市场的研究把焦点放在证券组合保险以及计算机技术驱动下的交易对证券市场所起的重要作用上”。[④] 很快，股票市场又处于一个宽松的监管环境之下。另外，互联网技术的发展也给大众带来了一种极具冲击力的体验和震撼，让人们坚定地相信互联网的出现将带来重大的经济意义。这种乐观的预期和坚定的信心一度推动了股票价格的上涨和股票市场的繁荣。[⑤] 其次，当时美国市场经济的经验被奉上神坛，全世界都在向美国学习。因此，人们很自然地认为美国有着全世界最高的股市价值。这极大地刺激了投资者乐观的心理预期。[⑥] 再次，实用主义的气氛渲染了整个世界。“人们对成功的商业人士的尊重相当

---

① ［日］板谷敏彦．世界金融史［M］．王宇新译．北京：机械工业出版社，2018：208.

② 杠杆收购（Leveraged Buy Out，LBO）是一种企业之间的收购模式，即利用收购目标的资产作为债务抵押，进行融资借贷，从而收购目标公司。对此美国国会提出应加以管制，并出台了废除减免税额的议案。当时的股市，依靠企业收购可以回收已进入市面上的股票，对于调节股票供求也是一个有效手段。而对杠杆收购进行管控，对于股市来说也不是好的消息（［日］板谷敏彦．世界金融史［M］．王宇新译．北京：机械工业出版社，2018：208-209）。

③ 李永杰等．国外股份经济 100 年［M］．广州：广州出版社，1997：111.

④ ［美］斯坦利·L. 恩格尔曼，罗伯特·E. 高尔曼．剑桥美国经济史（第三卷）（下册）［M］．蔡挺，张林，李雅菁主译．北京：中国人民大学出版社，2018：708.

⑤ ［美］罗伯特·J. 希勒．非理性繁荣［M］．李心丹，俞红海，陈莹，岑咏华译．北京：中国人民大学出版社，2016：66-67.

⑥ ［美］罗伯特·J. 希勒．非理性繁荣［M］．李心丹，俞红海，陈莹，岑咏华译．北京：中国人民大学出版社，2016：67.

于或更甚于对杰出科学家、艺术家或革命家的尊重。社会上出现了越来越多的实用主义者，他们将投资股票视为迅速致富的捷径。"① 又次，股票共同基金的增长以及市场对于共同基金的大肆炒作，推动了股票市场的繁荣和泡沫。最后，美国当局推出的一系列政策措施也助推了股票市场的繁荣。例如，1997年最高资本利得税税率从28%下降到20%，不论是最高资本利得税税率的实际下降还是人们对资本利得税税率下降的预期，都对股票市场产生了十分积极的影响。② 又如，固定缴费养老金计划［401（k）计划］的推广，促使人们去学习并最终接受股票这种投资手段，因为［401（k）计划］所提供的选项通常都严重地偏向股票。③ 除去这些因素，当时媒体对财经新闻的浓密渲染、投资分析师日益乐观的预测、赌博机会的增加④都极大地刺激了投资者乐观的市场预期，从而推动了股票市场的上行。

在这诸多因素的综合作用之下，美国股市在1994年后便开始稳定持续地上涨。1994年初，道琼斯工业股票指数还徘徊于3600点附近，到1999年3月便已突破10000点大关，而到了2000年1月14日，道琼斯指数达到11722.98点的峰值。在短短六年时间里，道琼斯工业股票指数涨幅达225.64%。⑤ 就纳斯达克指数而言，这种上涨表现得更迅速也更明显。1995年7月，纳斯达克指数突破1000点大关；1999年以后更是进入发展的高潮阶段，半年的涨幅就超过了80%。这期间股票价格的迅猛增长似乎无法通过合理的方式进行解释。在此期间，美国基本经济指标增长远不到2倍，美国国内生产总值增长不足40%，企业利润增长不足60%。⑥ 因此，从这些数字来看，同期股票价格的飞

① ［美］罗伯特·J. 希勒. 非理性繁荣［M］. 李心丹，俞红海，陈莹，岑咏华译. 北京：中国人民大学出版社，2016：68.

② ［美］罗伯特·J. 希勒. 非理性繁荣［M］. 李心丹，俞红海，陈莹，岑咏华译. 北京：中国人民大学出版社，2016：69.

③ ［401（k）计划］规定为雇员设立一个可从雇员工资中代扣的延迟纳税退休金账户，雇员可以将401（k）账户上的资金投向股票、债券及货币金融市场（［美］罗伯特·J. 希勒. 非理性繁荣［M］. 李心丹，俞红海，陈莹，岑咏华译. 北京：中国人民大学出版社，2016：77-79）。

④ 赌博对金融波动的溢出效应可能归结于，赌博以及推销赌博的机构促使人们认为好运是无穷无尽的，助长了人们与他人攀比的强烈心理，并寻找到了一条从无聊单调的感觉中兴奋起来的新途径（［美］罗伯特·J. 希勒. 非理性繁荣［M］. 李心丹，俞红海，陈莹，岑咏华译. 北京：中国人民大学出版社，2016：86）。

⑤ ［美］罗伯特·J. 希勒. 非理性繁荣［M］. 李心丹，俞红海，陈莹，岑咏华译. 北京：中国人民大学出版社，2016：4.

⑥ ［美］罗伯特·J. 希勒. 非理性繁荣［M］. 李心丹，俞红海，陈莹，岑咏华译. 北京：中国人民大学出版社，2016：6.

涨是无现实经济增长之据可依的。因而，可以断定，这一时期的股票价格上涨是股份资本虚拟形态价格偏离其职能形态价值的运动，也是私人性与社会性之间矛盾表面化和尖锐化的结果。当这一对矛盾达到极其尖锐的程度之时，这种像肥皂泡沫一样的股票价格必将大幅回落。

事实就是如此。这次泡沫的破裂是从一些高科技公司股票的下跌开始的。2000 年第一季度，一些高科技互联网企业的财务状况不佳，甚至开始出现亏损的情况。投资者开始渐渐发现这些高科技公司的股票价格已经高得非常离谱，安全边际已经被侵蚀殆尽，市场信心开始动摇且并不足以支撑这些股票价格的继续膨胀。从 2000 年 3 月中旬开始，纳斯达克综合指数急转直下，到 3 月底时，纳斯达克综合指数已从历史最高点下跌了近 12%。[①] 股票市值在两年多的时间里缩水近 80%，近八成的股票跌幅超过 80%。虽然道琼斯工业股票指数没有纳斯达克指数下跌如此明显，但也下跌了 30%以上。同此前的股票市场泡沫的破裂不同，此次的股市危机并没有出现突然崩盘后持续的股价低迷，反而是以股票市场的大幅震荡作为表征。“纳斯达克市场在 4 月（2000 年 4 月——引者注）的一周内下跌了 25%。然而，它在 4 月 18 日（星期二）出现大幅回升，创下历史最大的点数涨幅。报道称纳斯达克正呈现一种‘狂躁行为’的模式，仅在 4 月就有 7 个交易日的行情出现‘巨大的上涨和下跌’。”[②] 这种巨大的震荡一直持续到 2000 年 5 月底，那时的经济数据显示经济终于从过热状态开始冷却。直到 2000 年 7 月底，新一轮的抛售出现，纳斯达克的股票在 9 个交易日中平均下跌 14%。[③]至此，互联网泡沫破裂，美国股票市场进入了一个持续低迷和衰退的过程，直到 2003~2007 年的“次贷繁荣”时期才得以恢复。

## 三、2003~2007 年美国的“次贷繁荣”和次贷危机

面对互联网泡沫破裂的危机，美国联邦储备系统（以下简称美联储）开始降息以挽救疲软的美国股市。这次的降息将利率推至 45 年以来的最低水平。2002 年 1 月 30 日，美联储宣布其将在不远的将来维持低利率政策的计划。对

---

① ［美］杰瑞·马克汉姆．美国金融史（第三卷）［M］．李涛，王湑凯译．北京：中国金融出版社，2018：378.

②③ ［美］杰瑞·马克汉姆．美国金融史（第三卷）［M］．李涛，王湑凯译．北京：中国金融出版社，2018：379.

这一计划的预期和新任总统乔治·布什的减税措施共同撑起股票市场。[①] 自 2003 年起，美国股市又进入新一轮的繁荣时期，并且随着资产证券化的发展，人们对于股票及其衍生品所有权背后所可能带来的价值增殖的想象和追逐愈加狂热，这无疑又助推了新一轮的价格泡沫。

纳斯达克综合指数在 2003 年增长了 50%，道琼斯工业股票指数增长了 25.3%。2004 年 1 月 12 日，纳斯达克综合指数达到 30 年以来最高峰。[②]美国股票市场呈现全面进入一个繁荣新时代的景象。与此同时，美联储的低利率政策开启了住房市场的繁荣，住房建设迅猛发展，房价迅速提升。新发放的住房抵押贷款有超过一半都经过证券化的过程投入到了二级市场，刺激了股市的上扬。随着房市热度的提升，"以套利为目的、在泡沫中购买和销售住房已成为全美范围内的一种娱乐休闲活动，连电视节目也在告诉人们如何通过购房和快速装修炒卖房产"。[③] 在投资者近乎疯狂的投资行为中，美国房价一路飙升，房市、股市都开始出现泡沫。为了对泡沫进行抑制，美联储于 2004 年 6 月 30 日起开始加息，联邦基金利率从 1%提高到 1.25%。[④] 但是，此举对住房市场和股票市场只起到了暂时性的收缩作用，很快美国房市、股市又呈现上涨趋势。2005 年 1 月，房屋开工率达到 21 年来的最高值，在房地产泡沫继续膨胀的背景下，形成了更多的套利空间。2006 年，房市开始出现下滑趋势，当年成品房销售下降了 8.4%，是 17 年以来的最差纪录。[⑤] 而此时的股票市场依然保持持续的繁荣态势，直到 2007 年 2 月 14 日，道琼斯工业股票指数收于创纪录的 12741.86 点。在此期间，随着房市泡沫的膨胀，股票市场泡沫也在不断膨胀。

除去已经讨论过的催生股价泡沫的影响因素，如整体经济环境的稳定向好、宽松的监管环境、金融创新的发展等对投资者乐观预期的影响所推动的股价泡沫，在此次"次贷繁荣"中，还有两个特殊的诱发股市泡沫的因素：一是对私有财产所有权空前的崇尚（根本性因素），二是美联储持续的支持性货

①② ［美］杰瑞·马克汉姆．美国金融史（第六卷）［M］．金风伟等译．北京：中国金融出版社，2018：56.

③ ［美］杰瑞·马克汉姆．美国金融史（第六卷）［M］．金风伟等译．北京：中国金融出版社，2018：57-58.

④ ［美］杰瑞·马克汉姆．美国金融史（第六卷）［M］．金风伟等译．北京：中国金融出版社，2018：58.

⑤ ［美］杰瑞·马克汉姆．美国金融史（第六卷）［M］．金风伟等译．北京：中国金融出版社，2018：69.

币政策（外部因素）[①]。这些因素不仅提振了股票市场，也激活了房地产市场。不仅如此，房地产市场的繁荣又进一步地将股票市场的泡沫推向了更高水平。在这两个因素中，人们对私有财产所有权空前的崇尚是起根本性作用的因素，也是在这里要重点分析的对象。在 21 世纪初期，受新自由主义思潮的影响，市场经济的理想演变为一个更加极端的理想。“在这样一种理想中，私有财产的价值进一步凸显，极大地影响着我们的生活。”[②] 美国总统乔治·布什曾称美国新社会为“所有权社会”（Ownership Society）。在这样的背景之下，人们对市场经济中私有财产价值的追逐日渐增强。政策的引导极大地刺激了人们获得住宅所有权的渴望。同时，宽松的监管环境也为次级贷款机构的迅速涌现提供了温床。这两个方面的共同作用将更多的人卷入购买房屋的浪潮之中，这其中不乏不良信用评级或有不良贷款申请记录的借款人。同时，“在这种物权趋势下，人们意识到他们不得不日益依赖自己的资源，人们的安全感缺失也随之而来。人们日益感觉被推入一个瞬息万变的世界性就业市场中，这可能让他们变得富裕，但也可能使他们突然一贫如洗”。[③] 矛盾的关键在于，“因为这种不安全感，在不断发展的市场经济中，人们愈发指望通过投资来应对未来的可能变化，而这种投资实际上却降低了人们用以应对不安全因素的平均储蓄水平，这是因为投资需求的增加导致股价上涨，这种虚涨的股价反过来又让人们错误地认为他们的储蓄随着所投资资产的增值而增加”[④]。因此，正是这种对私人占有财产价值的狂热追逐推动了房市、股市泡沫的急剧膨胀，这种膨胀使投资者们在虚假的繁荣之中建立投资资产必将升值的安全感。但他们忘记了最重要的一点，在泡沫之中，所有投资资产的价值及其价值的增值都是想象出来的，是完全依靠市场信心支撑起来的，其背后并没有实物价值或实际资本价值的支撑。因此，这种价格的繁荣是脆弱的，一触即破。

---

① 在这里不对美联储持续的支持性货币政策对股市和房市泡沫的影响进行重点研究，原因是它并不是导致泡沫存在的根本性因素。在整个作用的过程中，它只是作为一个外部因素对泡沫的膨胀起到了一定的助推作用。关于美联储在 2003~2007 年所采取的支持性货币政策的详细始末可以查阅［美］罗伯特·J. 希勒. 非理性繁荣［M］. 李心丹，俞红海，陈莹，岑咏华译. 北京：中国人民大学出版社，2016：88-89；［美］杰瑞·马克汉姆. 美国金融史（第六卷）［M］. 金风伟等译. 北京：中国金融出版社，2018：103-105.

②③ ［美］罗伯特·J. 希勒. 非理性繁荣［M］. 李心丹，俞红海，陈莹，岑咏华译. 北京：中国人民大学出版社，2016：87.

④ ［美］罗伯特·J. 希勒. 非理性繁荣［M］. 李心丹，俞红海，陈莹，岑咏华译. 北京：中国人民大学出版社，2016：88.

2007年2月，房市热度开始下降，待售空房率达到40%，待售空房占房屋总量的2.7%。[①] 这时，投机房产的套利者发现他们不再像往常一样能够轻易出手房产并确保收益。同时，次级贷款机构的风险性也进入了大众视野，一个最明显的表征就是次级贷款机构股票价格的急速下跌。随着多所次级贷款机构穆勒评级的下降和公司财务状况的恶化（甚至出现亏损和破产），市场信心被极大动摇。本身由乐观的预期和想象出来的价值增值所支撑的海市蜃楼也面临着崩塌，而处在信用链条各端的各种资产所有者都将无法逃离这一巨大厄运。很快，这种连锁反应波及了股票市场，股市在大幅震荡中的下跌。2008年3月7日，道琼斯工业股票指数下降到11893.69点，年环比下降10%。标准普尔500指数在2007年10月至2008年3月间下降17%。仅2008年3月10日一天，道琼斯工业股票指数就下跌了150点。[②] 这之后，美国股票市场经历了一段大起大落的震荡过程。金融飓风将越来越多的公司卷入破产边缘，特别是雷曼兄弟破产后，信用进一步紧缩，股市继续下滑，并引发了全球范围内的流动性危机。2008年9月15日，道琼斯工业股票指数单日下挫500点，跌至10917.51点，这一天也成为自"9·11"恐怖袭击事件以来华尔街最黑暗的一天。一天之内，大约7000亿美元的资产在股市中蒸发化为乌有。[③]

## 四、2009年以后美国股市的繁荣和潜藏的危机

美国股市在经历了2008年的急速下跌之后，很快从2009年4月起又开始复苏并呈现比较稳定的上升趋势（见图5-2）。自2009年3月至2019年8月，标准普尔500指数从757.13点一路上升至2883.98点，超出次贷危机前这一指数的最高水平。因此可以这么说，次贷危机并没有给美国股市带来如1929年大崩盘时那样的毁灭性打击和崩盘之后长期的衰退，反而在经济并未实现彻底复苏的环境下依然持续走高。这是20世纪80年代以来美国历次股市危机的共同特征，只是在这一轮的危机和复苏中因周期时间间隔更短而表现得更为明显。

---

① ［美］杰瑞·马克汉姆．美国金融史（第六卷）［M］．金风伟等译．北京：中国金融出版社，2018：70.

② ［美］杰瑞·马克汉姆．美国金融史（第六卷）［M］．金风伟等译．北京：中国金融出版社，2018：135.

③ ［美］杰瑞·马克汉姆．美国金融史（第六卷）［M］．金风伟等译．北京：中国金融出版社，2018：177.

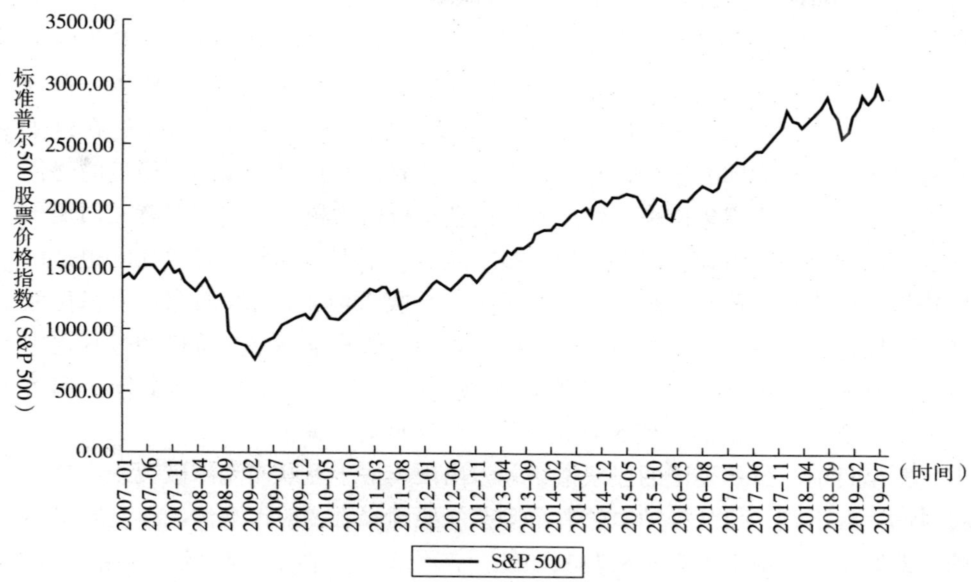


**图 5-2　2007 年 1 月至 2019 年 7 月标准普尔 500 股票价格指数波动**

此轮股票市场价格的持续上涨或仍可以归结为在私人所有的制度下，人们对私人所有权的崇尚和对私人财产价值增殖的追逐。但同次贷危机以前相比，这种追逐似乎成为了一种不得已而为之的选择。在次贷危机发生以后，企业为了恢复盈利，重塑投资者的信心，制定了一系列削减成本的政策，收益也因此实现了反弹。一方面，成本的削减通过迅速恢复企业的账面收益而使投资者重新获得了某种积极的信号；另一方面，企业削减成本政策的实施在很大程度上是通过裁员来实现的。人们对失业的焦虑可能进一步助长了低利率驱动的“回报至上”（Reach for Yield）主义，即人们宁愿现在承受较大的投资风险，也必须要为未来失业以后仍能过上体面的生活而下个赌注。“在后次贷繁荣时期，‘回报至上’的含义似乎有所变化。过去它常用于形容投资者无视风险而买入高利率债券或抵押贷款。而在实际利率逼近零点的当下，它更多地用于形容人们投资高风险股票或纷繁复杂的新投资产品的激进行为。”① 另外，随着人工智能的发展，未来能取代人们工作的新兴技术随处可见。这增加了年轻人对未来就业的焦虑和对于失业的心理压力。这种焦虑和压力也很明显地通过

① ［美］罗伯特·J. 希勒. 非理性繁荣［M］. 李心丹，俞红海，陈莹，岑咏华译. 北京：中国人民大学出版社，2016：87.

“回报至上”而表现出来，即他们对于股票等冒险性投资的偏见性倾向的增加。因而可以认为，在后次贷繁荣时期，大多数人对自己工作的忧虑和失业的压力，是诱发次贷危机之后美国股市持续繁荣的动因之一。究其根本，这种“回报至上”主义仍是植根于人们对私有财产价值增殖的追逐，只不过在这里这种追逐在主动的同时多少带有一些被动的色彩，并且对现实的不稳定的恐惧让人们更加依赖靠想象出来的资产价值而获得价值增殖，人们更愿意在幻想出来的泡沫中毫不费力地获得财产的增殖。此外，不平等现象的日益加剧也是后次贷繁荣时代资产价格上涨的重要推手之一。收入前1%人群的剩余所得份额增长可以通过一系列机制推高资产价格，并在一轮轮推高资产价格的过程之中更加加剧这种不平等。而对于不平等的感知也促使中等收入人群奉行“回报至上”主义而导致他们强烈的对股票等冒险性投资的偏见。①

截至目前，虽然美国的股票市场并未出现类似于互联网泡沫破裂或次贷危机时的大幅下跌，但从推动本轮股市繁荣的原因来看，股市泡沫的存在是必然的，即股份资本虚拟形态价格与其职能形态价值的偏离是必然的。也可以说，本轮美国股市的繁荣是次贷危机以前美国股市泡沫存在的延续和膨胀之表现。在后次贷繁荣之中，虽然企业通过削减成本的政策而在财务上获得了收益的增加，但它并不能带来经济整体实现增长的动力。股票市场是在经济总体疲软的条件下而实现的持续上涨，是人们在失业焦虑和不平等感知下奉行“回报至上”主义的结果。因此，这种上涨的背后必然酝酿着更大的股市泡沫，潜藏着更大的危机。

## 第二节　20世纪80年代以来美国股份资本的两权合一——原因、过程和后果

前述研究表明，股份资本从两权合一走向两权分离是其私人性与社会性之

① 而这似乎又构成了一种恶性循环，中等收入人群越是对不平等焦虑而奉行“回报至上”主义，就越是会投资进入股票市场，他们作为散户的财富就越是会被收入前1%的人群吸走。因为收入在前1%的人群远比他们有能力对股市的上涨或下跌进行影响和操纵。由于在这里研究的重点是日益加剧的不平等现象对股市繁荣的影响，而非对这种不平等本身的研究，因此在这里不对这一问题展开讨论。

间矛盾运动的结果，并在所有权与控制权的分离中，找到了这一对矛盾运动的方式，即将股份资本私人性与社会性之间的内在矛盾转化为其所有权主体与控制权主体之间的外部对立。股份资本的两权分离，意味着在现代公司治理中，“尽管企业资本可能是由成千上万的个人出资集合而成，但股东的个人利益很明确地要服从于经营者集团的意志”①。这种“经营者控制”在第二次世界大战后的美国现代公司治理中面临着巨大的考验。其中，最根本的是，公司的控制者倾向于与他们所赖以开发和利用资源的组织相分离所导致的企业创新能力下降，无法很好地应对在生产领域来自别国（特别是日本）的行业竞争以及在金融领域日益增长的变现压力。在这些挑战的共同作用下，美国现代公司治理在 20 世纪 80 年代以后发生了系统性的变化。这种变化代表了从“经营者控制”到机构投资者干预主义和重新重视股东权益最大化的改变。也正是在这种改变中，股份资本所有权与控制权在一个更为集中的集团手中实现合一，也就是股份资本的私人性在这一过程中获得了更加集中的回归。下面，来看在“经营者控制”中企业治理的“战略分割”，即公司的控制者同他们所赖以开发和利用资源的组织相分离——对公司治理的内部限制。

## 一、“经营者控制”中的战略分割

第二次世界大战以后，美国无疑成为世界经济中最具生产能力的经济体。在绝大多数的产业部门中，它都处于顶尖地位。特别是，在“二战”后的几十年里，美国在钢铁、机械、化学、汽车、家电、制药等行业都处于世界领先的地位。这种在生产能力上的领先地位不仅在大批量生产的企业中表现，同时也在高新技术产业中表现。然而，20 世纪上半叶日益普遍的“经营者控制”在现代公司治理中的有效性却面临着巨大考验。特别是在现代公司治理结构中出现以下状况，即公司管理人员同一线工人之间的僵硬区别，加之上层高级管理人员与基层管理人员之间距离的拉大和公司内部极度官僚主义化的科层制度，已经对美国公司内部的创新能力形成了阻滞。这种对创新能力的阻滞使美国在面对自 20 世纪 60 年代兴起的国际竞争者时略显吃力。

美国多数大批量的生产企业在第二次世界大战以后的公司治理都采取

---

① ［美］阿道夫·A. 伯利，加德纳·C. 米恩斯. 现代公司与私有财产［M］. 甘华鸣，罗锐韧，蔡如海译. 北京：商务印书馆，2005：283.

“经营者控制”模式，公司管理者掌握着公司资本运动和实际生产过程。而在“经营者控制”中，作为其竞争绝对优势基础的组织学习仍然仅限于管理组织内部的技术、行政和专业人员。“管理人员与蓝领工人的等级划分和技术对技能的替代，意味着组织学习的结构仍然以对一线技术工人的系统排斥为特征，并沿着这一轨道发展。”① 这种治理模式导致公司经营管理阶层同一线工人之间的组织分割，进而形成对公司创新能力的阻滞以及一线工人工作动力的缺失。一个直接的经济后果是，美国的总体生产水平在20世纪60年代中期开始放缓，人们也随即开始对美国公司治理中的“经营者控制”模式是否达到内部极限表示担心。“但是，只有在美国大批量生产行业的绝对竞争地位面临新的严重威胁时，工作重组问题才会被重新提到管理日程中。”② 也就是说，只有当美国在创新生产能力的国际竞争中处于明显的劣势地位时，现代公司治理中的“经营者控制”模式所导致的公司管理人员同一线工人之间的组织分割所产生的经济问题才变得难以被忽视。

美国现代公司治理中的“经营者控制”模式及组织分割在“二战”后美国现代公司的多角化扩张中被逐渐加强。“在战后的几十年里，这些公司不仅通过内部发展而且前所未有地依靠外部成长，并且经常进入不相关的业务领域来进行扩张。”③ 而在公司以这种方式的成长、扩张和多元化的过程中，一个可能的危险在于：公司实际资本和实际生产活动的控制者同直接从事生产资源开发和利用的组织之间存在着战略分割。

构造多角化集团的趋势，即通过发展与公司本身业务不相关的多元化成长，在“二战”以后不仅限于进入新行业的多元化，而且还包括进入没有任何技术和市场联系业务的多角化运动。到1973年，在美国制造业200强中，有15家被列为多角集团。在多角化运动的鼎盛时期，这一运动的推行者鼓吹这样的观点：一名资深的职业经理人能够管理一个经营着诸多不同行业业务的巨型公司，凭借职业经理人的知识和经验能够对巨型多角化集团实行有效的管理，以实现公司资源最有效的配置。“到20世纪70年代，将近90%的美国大公司运用贴现现金流技术作为资源配置决策的基础。熟练掌握这类技术的人大多是工商管理硕士，他们在成长为时代宠儿的浪潮中掌握了公司组织中前所未

① ［美］玛丽·奥沙利文．公司治理百年——美国和德国公司治理演变［M］．黄一义，谭晓青，冀书鹏译．北京：人民邮电出版社，2007：111.

②③ ［美］玛丽·奥沙利文．公司治理百年——美国和德国公司治理演变［M］．黄一义，谭晓青，冀书鹏译．北京：人民邮电出版社，2007：113.

有的权力。”① 然而，在大型多角化集团中，“经营者控制”的含义不限于管理者对公司内部经营活动的协调，相反，它试图建立一个平台以证明美国现代公司的管理者可以在公司内外行使巨大的控制权。在这一过程之中，掌握现代公司生产活动和实际资本控制权的公司管理者同一线生产工人的战略分割不断加剧。并且这种战略分割在公司制企业分权化的趋势中表现得愈加显著。② 也正是由于这种战略分割愈加严重，也即在多角化集团中的“经营者控制”和企业科层制度中，越来越多的高级管理人员与那些直接在实际生产中从事开发和利用资源的人分离，他们正在失去对建立一个沟通良好的、创新的组织所必须投入的资源的理解。这一变化则构成了一种恶性的循环：在多角化巨型公司的控制中，“经营者控制”及其必然导致的企业科层制的官僚主义化将进一步加剧公司管理者同一线工人之间的战略分割，从而阻滞公司的创新性行为。这使美国在面对 20 世纪 70 年代以来在生产领域来自日本的挑战③时，显得格外力不从心。

与美国现代公司治理中的“经营者控制”模式同时出现的公司管理者同在实际生产中直接从事资源开发和利用的主体之间的战略分割，使股份资本在两权分离过程中可能具备的极为特殊的社会性质无法表现，这也是美国的“经营者控制”模式阻滞企业创新并无法应对国际竞争的根本性原因。在这种僵硬的战略分割中，掌握公司控制权的仅仅是现代公司中的一个特殊的集团——公司经营管理者。这虽然打破了由私人所有权所决定的控制权，即打破了社会化的资本职能与资本私人占有权力之间直接的逻辑联系，而使股份资本具有了一定的社会性质。但是在股份资本两权分离的情况下，其社会性质的表现本应该远不止于此。当公司的控制权不再由所有权主体所掌握时，企业管理者和一线工人都有可能掌握在实际生产中决策的权力。如果这一权力能够部分地掌握在直接从事资源开发和利用的一线工人手中时，资本职能的社会化性质将在资本主义条件下获得最大限度的表现。因为在这里，不仅社会化的资本职

---

① ［美］玛丽·奥沙利文．公司治理百年——美国和德国公司治理演变［M］．黄一义，谭晓青，冀书鹏译．北京：人民邮电出版社，2007：127.

② Byrne J. The Whiz Kids：The Founding Fathers of American Business and the Legacy They Left Us［M］. New York：Currency Doubleday，1993：173.

③ 美国在技术和经济方面的霸主地位都面临着来自不同社会环境的企业的重大挑战；通过对更为广泛和深入的技能基础的开发和利用，这些挑战者生产出了质量更高、成本更低的产品。来自日本企业的挑战尤为严峻，它们不仅像美国公司一样将管理人员融入组织学习过程当中，而且还把一线生产工人以及供应商等附属企业的雇员也纳入到了这一过程当中。

能与资本私人占有权力之间直接的逻辑联系被打破，并且社会化的职能资本的控制权被更加知悉企业局部生产状况的社会化主体所掌握。然而，这种最大限度的社会性在美国被“经营者控制”中的战略分割扼杀在了摇篮之中。由于公司管理者与一线工人之间的僵硬分割，以及前者对后者实行绝对管理和控制的科层制度，使整个公司在实际生产中的控制权完全掌握在脱离实际劳动过程的公司管理者手中，这形成了资本主义企业内部的官僚主义化。在官僚主义化的资本主义公司中，直接从事资源开发和利用的一线工人几乎完全丧失了参与实际生产活动决策的权力，相反这一权力被公司管理者阶层完全掌握。这时，公司管理层作为一个单独的集团（或与大股东利益联合的集团）获取了社会化资本职能的控制权。因而也就产生了这样的结果：控制社会化生产组织的社会权力被一个新的集团所掌握，这个集团并不是社会化主体的代表，而是由公司管理层所组成的官僚集团的代表。

## 二、机构投资者干预主义

20 世纪 80 年代是美国现代公司史中一个充满冲突的年代。对来自国际竞争压力应对的力不从心，使人们开始重新审视公司治理中的“经营者控制”及其局限性并试图改变。并且，一个主流的观点认为，在公司控制权完全被经营管理者所掌握时，“投资人的预期同公司实际运营之间的差距越来越大。经理们被指责为无能、低效，漠视股东利益、挥霍浪费并且自作主张，这些指责往往会导致历来被动的股东投票选举新的领导层”①。美国企业在面临生产领域竞争压力的同时，金融基础的变化为公司治理中“经营者控制”的动摇提供了可能性。这种金融基础的变化主要表现为机构投资者的兴起。随着机构投资者数量的增加及其在经济整体中地位的上升，它们要求公司制企业对它们所投资的公司股票给予较高回报的压力也不断加大。由于公司战略的实施所要求的金融资源投入在一个较大的程度上受到机构投资者的限制，因此，大型机构投资者获得了它们能够影响公司实际资源配置的地位，这一运动被称为机构投资者干预主义的兴起。

在 20 世纪 80 年代以前，公司在实际生产中开发和利用生产资源的财务承

---

① ［美］唐纳德·H. 邱. 公司财务和治理机制：美国、日本和欧洲的比较［M］. 杨其静，林妍英，聂辉华，林毅英等译. 北京：中国人民大学出版社，2005：157.

诺，即公司组织在生产过程中所必须依靠的金融资源，主要来自于公司自身盈余的保留。即在公司自身盈余中扣除一部分用于下一阶段再生产过程的投资（包括创新投资）。“例如，从1970~1989年，盈余保留占美国非金融公司净财务来源的91%，同期债务融资占34%，新的股本和其他财务来源则为负值。”① 在20世纪80年代以后，以牺牲再生产投资为代价，美国现代公司的治理朝着支持金融变现的方向发生了明显转变。这种转变的一个重要基础就是美国家庭储蓄（投资）方式的改变。自20世纪60年代以后，美国金融制度的变化②直接鼓励和支持了美国相对富有家庭的资金流向更多地转向对上市公司股票的投资。由于美国富有家庭部门越来越多地依赖于股票市场投资收益来增加他们的资本收入，因此，这些本身就拥有较多特权的美国人就作为一个力图保持公司股票具有高回报的主要利益集团而存在。与在股权高度分散下的情形不同，在这里，任何一家公司的股票不再由数量极多且极度分散的家庭投资者所有，而是依靠机构投资者的集体力量使这些富有家庭享有更多获得高额回报的机会。在20世纪80年代以后，机构投资者已日益成为美国储蓄制度的核心机构。随着机构投资者持有越来越多比例的公司股票，在股权极度分散的情况下，它极有可能凭借一个较少的持股比例而处于相对控股地位，从而获取对股份公司的控制权。在这种情况下，机构投资者完全可以做到向其掌握控制权的公司经营管理层施加压力，从而打破“经营者控制”的情形，使“股东利益最大化”的要求被重新奉上神坛。

但是，这种对“股东利益最大化”的要求，并不是在所有股东都具有同等地位上对他们利益最大化的均等追求。而是作为金融资产积累和配置趋势的结果，美国家庭中一个庞大且日益增长的少数群体作为大股东对其股票金融收益最大化的依赖和追求。机构投资者则是这些少数群体的利益代表。“在某种程度上，机构投资者对当今美国公司治理具有重要影响，只是因为他们赶上了美国结构变化的浪潮，这一变化产生了一个庞大的美国人群，他们寿命更长、

---

① Corbett J. and Jenkinson T. The Financing of Industry, 1970-1989: An International Comparison [J]. Journal of the Japanese and International Economics, 1996 (10): 71-96.

② 美国金融制度的结构性调整及其与实体经济之间相互作用的转变开始于20世纪60年代末。虽然这种结构调整的原因是极其复杂的，但美国家庭金融财富的增长以及他们对财富在不同金融工具之间配置方式的改变是这种变化的关键因素。特别是，养老金和共同基金对银行和储蓄机构份额的挤占，以及家庭对养老基金和共同基金的依赖。这在一定程度上归因于人口老龄化的趋势，以及美国所采取的退休人员社会保障的特定形式，即作为养老金收入来源的政府养老金计划远不如雇主（私人）养老金计划的发展。

退休更早并积累了大笔金融资产。”① 一个直接的结果是：尽管美国家庭普遍变得更加依赖股市，但股票持有者在人口中的分布仍然很不均衡。“1992年，持有最多股权投资的0.5%的股票所有者，包括直接和间接所有，拥有全部股权的36.8%；前10%的股票持有者拥有89.4%的股权，后80%的股票持有者只拥有1.8%的微少股权。约50万拥有最多股权的家庭获得或承受了1/3以上的公司股票收益或损失，10%的最富裕家庭获得了近90%的收益，因此，美国的实际情况与某些学者所描绘的股东民主政治的景象是大相径庭的。”② 以公司控制为视角来看，由于机构投资者对公司经营管理层施加影响的能力日益提升，机构投资者作为较大股东的代表，它们在与公司管理者之间就公司控制权归属而进行的博弈中，逐渐占据上风。然而必须注意的是，机构投资者并非代表全体股东作为一个整体的利益最大化，而是更多地代表美国家庭中一个庞大且日益增长的少数群体作为大股东的利益最大化。因此，机构投资者干预主义的兴起代表股份资本的所有权与控制权在一个少数群体手中的合一，也就是股份资本的私人性以一个更为集中的姿态强势回归。

## 三、“股东利益最大化”原则的复归

迫于来自生产领域国际竞争的压力以及来自机构投资者对“股东利益最大化”追求的压力，美国现代公司的管理者们不得不改变了企业资源配置和收益分配的方式。这是股东与公司管理者之间就公司控制权归属问题进行博弈的结果。在这场博弈之中，美国现代公司治理中“经营者控制”模式的稳定性受到了极大威胁。机构投资者的出现将原本分散的股东权力重新集中起来，作为美国家庭中一个庞大且日益增长的少数群体（大资本所有者）利益的代表，对股份公司实际资本的运用实行一定程度的控制。同中小股东的股份资本所有权相分离的，对股份资本作为职能资本的控制权已较多地被机构投资者作为具有绝对或相对控制地位的大股东所掌握。然而，机构投资者绝不代表全体股东作为一个整体的利益最大化，而是更多地代表美国家庭中一个庞大且日益

---

① ［美］玛丽·奥沙利文．公司治理百年——美国和德国公司治理演变［M］．黄一义，谭晓青，冀书鹏译．北京：人民邮电出版社，2007：168.

② Poterba J. and Samwick A. Stock Ownership Patterns, Stock Market Fluctuations, and Consumption［J］. Brookings Papers on Economics Activity, 1995（2）：295-372.

增长的少数群体作为大股东的利益最大化。因此，机构投资者掌握公司控制权以后的一个直接结果就是：美国公司普遍采取“裁员加分红”的政策，以应对生产率的挑战并缓解实现股东利益最大化的压力。

来自机构投资者的压力迫使美国公司不得不重新将“股东收益最大化”看作公司运营的首要目的。这种对股东价值的更大重视，直接导致了 20 世纪 90 年代“裁员加分红”的新经济兴起。“20 世纪 80~90 年代，美国公司的战略家们改变了企业资源和收益的分配方式，以此来应对生产率及财务上的挑战。人力和资金的配置从企业内部转向外部的人力和资本市场，这已成为过去 20 年的一个明显的趋势。鉴于过去美国公司一贯倾向将人力资源和盈余保留在公司内部的传统，这一变化不能不说是相当惊人的。”[①]

自 20 世纪 80 年代起，美国大公司都开始致力于职工队伍的重组，而直接的结果是，在美国工作稳定且收入较高的职位大大减少了。“在 1980~1982 年的经济衰退中，数以万计稳定的、高薪的蓝领工作岗位消失了，并且再也没有恢复。……这些稳定且高薪的蓝领岗位的消失体现为制造业劳动力占总劳动力比例的降低[②]：1970 年这一比例为 47.4%，1983 年下降为 27.8%，而 1994 年则为 18.2%。”[③] 企业裁员的趋势并没有因 20 世纪 90 年代初经济的复苏而逐渐减弱，反而愈演愈烈。企业岗位的缩减使雇用员工的数量大大减少。在这一过程中，蓝领工人承受了失业带来的最为沉重的打击，因为他们不得不加入到日益庞大的产业后备军之中。对于他们来说，这一损失是极其巨大的，因为他们很有可能不会再有被雇佣的机会，或是以一个更低的劳动力价格再度得到工作的机会。[④] 在 20 世纪八九十年代参与裁员大潮的领军人物正是那些美国最大的巨型公司。美国巨型公司的这种以大规模裁员为特点的雇用行为的改变，实质上反映其控制者在公司资本运用和收益分配上的变化。这是机构投资者作为大资本代表行使公司控制权的结果，也就是以牺牲蓝领工人的就业机会为手段削减成本以增加利润，从而将这一部分增加的收益更多地分配给股东，以确保“股东价值最大化”的实现。

---

① ［美］玛丽·奥沙利文．公司治理百年——美国和德国公司治理演变［M］．黄一义，谭晓青，冀书鹏译．北京：人民邮电出版社，2007：197.

② 因为绝大部分的高薪蓝领工作岗位产生于制造业。

③ ［美］玛丽·奥沙利文．公司治理百年——美国和德国公司治理演变［M］．黄一义，谭晓青，冀书鹏译．北京：人民邮电出版社，2007：197-198.

④ 一般来说，即使他们再度得到工作，他们的实际周薪也会比被解雇前减少 13%（Farber H. The Changing Face of Job Loss in the United States［J］. Brooking Papers：Microeconomics，1997：55-142）。

20世纪80年代以来，美国公司主要采取了两种手段以将更多的公司收益用于股东权益的分配：首先是股息支付率的上升。“20世纪80~90年代，股息支付率出现了波动。1980年，利润减少了17%，而股息反而增加了13%，股息支付率上升了15个百分点，达到57%。……在1980~1997年，每个5年段的股息支付率平均都在47%以上，而这18年的平均数则达到了50%。”[①] 其次是股票回购政策。自20世纪80年代中期开始，股息支付率的增加就不再是增加股东权益分配的唯一手段。“1985年，企业总的股利支出为840亿美元，股票回购（Stock Repurchase）的支出则达到了200亿美元，……1996年，股票回购支出为1160亿美元，股息分红率上升到72%。”[②] 因此，在机构投资者对最大化股东收益追求的压力之下，美国公司越来越将更多的资本用于股票回购以增加在公司收益分配中股东权益的部分。

从一个更为本质的视角来看，这种依靠“裁员加分红”政策来实现的公司盈利能力的回升以及股东权益的增加，不过是将资源从劳动者手中转移到资本家手中，是大资本家对中小资本家和劳动者的更大程度的剥夺。以牺牲广大劳动者的利益为手段的“裁员加分红”政策所带来的公司盈利能力以及劳动生产率的提高所产生的公司利润的增加，只有很小一部分分配到了广大劳动者手中。只有那些处于最高层收入的一小部分大资本所有者才真正摘取了美国经济繁荣的果实，而他们收入的增加无疑是以对广大劳动者的剥夺作为前提的。这一切都是机构投资者作为大资本的代表获取公司控制权而对公司资本运用和决策进行干预的结果。机构投资者干预主义对美国公司“经营者控制”的冲击，以及机构投资者作为大资本的代表对公司管理者具有了越来越大的控制力。作为大资本的代表，机构投资者行使其控制权的根本目的，就是将公司利润留给美国的一小撮精英。这也是“裁员加分红”政策之所以兴起的根本性原因和目的。

因此，机构投资者干预主义的兴起，以及由此带来的以“裁员加分红”为手段的股东利益最大化的实现，反映股份资本所有权与控制权在机构投资者作为大资本的代表手中的合一，也就是股份资本的私人性更为集中的回归及其与社会性之间内在矛盾的进一步激化；同时，也反映有产者对无产者的更大程度的剥夺。

---

① ［美］玛丽·奥沙利文．公司治理百年——美国和德国公司治理演变［M］．黄一义，谭晓青，冀书鹏译．北京：人民邮电出版社，2007：201．

② ［美］玛丽·奥沙利文．公司治理百年——美国和德国公司治理演变［M］．黄一义，谭晓青，冀书鹏译．北京：人民邮电出版社，2007：202．

# 第三节　20 世纪 80 年代以来美国股份资本的价值偏离与两权合一
## ——基于现实经济指标的考察

## 一、价值偏离的程度及其波动的规律

本书在第三章中已经得出以下结论：股份资本职能形态与虚拟形态在存在形式上的分离与对立，是其私人性与社会性内在矛盾的外部独立实现形式。但这并没有改变这一对矛盾的实质，也没有完成对这一对矛盾的积极扬弃。私人性与社会性之间的矛盾在股份资本职能形态同其虚拟形态的价值偏离中被表面化，并在这种偏离逐渐扩大的过程之中不断被激化。而股份资本职能形态与虚拟形态的价值偏离，在现实经济中可以表现为股票价格脱离其所能代表的实际资本价值而形成的自身独立运动，即股票价格泡沫的形成过程。在本章第一节中，已经对 20 世纪 80 年代以来美国股票市场历次泡沫的形成和破裂过程进行了详细考察。在这里将基于现实经济指标，对 20 世纪 80 年代以来美国股份资本职能形态与虚拟形态的价值偏离是否存在及其波动的特征进行研究，以期考察私人性与社会性的矛盾在其中的发展程度。

### （一）虚拟形态的内在价值界定及其衡量

股票作为股份资本虚拟形态的实体代表，其本身既“不是实际的资本”，也“不是资本的组成部分，并且本身也不是价值”。① 然而，资本化的过程使对一定货币额的所有权证书和剩余索取权证书，及一切能够在一定时间之后获得本金和利息回流的东西都具有了资本的性质，即获得了价值增殖的能力。股票即是其中最为典型的一种。如此，股票在资本市场上便被赋予了一定的价格。从理论上来讲，这种价格形成的基础势必要对应其价值实体的实际价值。

① 中共中央马克思恩格斯列宁斯大林著作编译局．马克思恩格斯全集（第二版）（46）［M］．北京：人民出版社，2003：519.

也就是说，股份资本虚拟形态的价格波动应以其所对应职能资本的价值变动相对应，即股份资本虚拟形态的内在价值就应该是其所对应的价值实体——职能资本——的实际价值。

在《资本论》第二卷中对股票下有明确定义：“股票。如果没有欺诈，它们就是对一个股份公司拥有的实际资本的所有权证书和索取每年由此生出的剩余价值的凭证。”① 由此，虽然股票仅仅作为一种所有权证书或剩余索取权证书本身并不是实际的资本也不是价值，但它应与其所对应的股份公司职能资本价值及其在实际生产中所创造的剩余价值相对应。即股东手中所持有的股票，应是一部分现实资本的代表，并且这部分现实资本应是在股份公司中真正执行职能的资本，其本身具有价值且能够创造剩余价值。因此，股东手中的股票和股份公司中真正执行职能的现实资本所对应的是同一部分实际资本价值。因而从这个意义上来讲，股票的内在价值应与股份公司中实际执行职能的现实资本价值相等。

对股份资本虚拟形态内在价值的界定正基于此。认定股票的内在价值等于股份公司中执行职能的现实资本价值，这与主流经济学中关于股票内在价值的认定完全不同。主流经济学的方法基于投资者效用价值理论，用投资者的预期股息收益及未来出售股票收益的折现值来代表股票的内在价值（或称理论价格），再用股票实际市场价格与内在价值（理论价格）的差值来衡量泡沫的存在、大小和性质。② 然而，虽然股票与一般实物商品有所区别，但其内在价值仍应由其所对应的实际资本价值来决定，而并非投资者预期收益的折现。股票作为一部分实际资本的所有权证书和剩余索取权凭证，它的内在价值应该与其所对应的那部分职能资本的价值相符。基于劳动价值理论和基于效用价值理论测算股票内在价值（理论价格）的区别在于，投资者对股票未来收益的预期（尤其是非理性预期），事实上已构成了股票价格与其所对应职能资本价值的偏离，因而用此方法衡量的股价泡沫容易低估泡沫的膨胀程度。

一般来讲，股份资本虚拟形态价格同其职能形态价值的偏离，即股票实际市场价格偏离其所对应职能资本价值的部分被称为股票价格泡沫。③ 在《新帕

---

① 中共中央马克思恩格斯列宁斯大林著作编译局．马克思恩格斯全集（45）［M］．北京：人民出版社，2003：386.

② 主流经济学计算股票内在价值的模型主要有：资本资产定价模型（CAPM）、股利贴现模型（DDM）、自由现金流模型（FCE）和剩余收益模型（RIV）等。无一例外，这些模型都基于效用价值理论，认为股票的内在价值同其未来现金流的现值相等，而它们之间的区别仅在于对未来现金流的定义不同。

③ 在下文中也多以此指代股份资本虚拟形态价格同职能形态价值的偏离。

尔格雷夫经济学大辞典》一书中，“泡沫状态”被定义为：“一种或一系列资产在一个连续过程中陡然涨价，开始的价格上升会使人们产生还要涨价的预期，于是又吸引了新的买主——这些人一般只是想通过买卖谋取利润，而对这些资产本身的使用和产生盈利的能力是不感兴趣的。随着涨价常常是预期的逆转，接着就是价格暴跌，最后以金融危机告终。”① 由此可见，股票市场泡沫即是股票价格在连续交易中价格不断上涨，逐渐偏离其所对应实际资本的价值，这时股票市场实际价格并不能反映其所对应的物质实体财富价值。从这个角度来说，股票的实际市场价格可以被分解为两个部分：一部分是由股票所对应股份公司职能资本价值决定的内在价值，另一部分则是由投机因素或其他因素决定的泡沫部分。从理论上来讲，股份资本的职能形态价值应该与其虚拟形态价格相统一，即两者相等，价格泡沫为零。但在现实之中，股票价格泡沫的存在是常态，即股份资本虚拟形态价格与其职能形态价值偏离的存在也是常态。

因此，股票价格泡沫即是股票实际市场价格超出其所对应实际资本价值的部分。一般来说，每股股票所对应的实际资本价值可以通过股份公司所披露的财务数据及其发行的优先股和普通股股数计算出来，并与公司经营基本面状况具有极大的相关性。在股份公司的财务数据中，每股股票所对应的股份公司实际资本价值的直观数据表现即为每股净资产。每股净资产是股份公司总净资产与总股数的比率，其基本表达式如下：

$$每股净资产=\frac{股份公司总净资产（股东权益）}{总股数}=\frac{公司总资产-总负债}{总股数}$$

一般来说，每股净资产反映每股股票所代表的股份公司净资产的价值，即其所对应的股份公司实际资产的价值。虽然每股净资产只是用会计方法所计算出的股票账面价值，且股份公司净资产的多少也不能十分全面地反映股份公司的实际经营状况和创造剩余价值的能力，但每股净资产是股票所对应职能资本价值最为直观的表现数据，它所代表的是股份资本作为职能资本价值的大体状况。因此，在这里对于股份资本虚拟形态内在价值的衡量是基于这一指标的。

在微观企业层面现实经济指标的考察中，用股票实际价格同股份公司每股净资产之间的偏差作为现实指标来衡量股份资本虚拟形态与职能形态价值偏离的情况。为了适当弥补微观层面经济指标全面性的不足，在此之前，有必要先

① ［英］约翰·伊特韦尔，［美］默里·米尔盖特，［美］彼得·纽曼．新帕尔格雷夫经济学大辞典（第一卷：A-D）［M］．陈岱孙等译．北京：经济科学出版社，1996：306.

对股份资本虚拟形态与职能形态的价值偏离进行一个简单的宏观层面的经济指标考察，即在一个较为宽泛的层面对 20 世纪 80 年代以来美国股份资本虚拟形态价格同其职能形态价值的偏离程度进行一个大体的了解。

## （二）基于宏观层面现实经济指标的考察

市盈率指标（Price Earnings ratio，P/E ratio）是简单测度股票实际价格偏离其内在价值的指标之一。市盈率指标是股份公司每单位股票的市场价格相当于每股利润的倍数。这个倍数所反映的是股票实际市场价格与其所对应的每股实际资本创造价值的偏离程度。一般来说，倍数越大则这种偏离也越大，也即股票价格泡沫越大。从理论上来讲，只要这一倍数不等于 1，则说明在现实中已发生了股票实际价格同其内在价值的偏离。由于在股票价格的决定因素中投资者预期占有极其重要的地位，因此，基于股票内在价值和投资者的预期收益会形成一个股票的理论价格，主流经济学把从内在价值到理论价格的这部分虚拟成分看作是股票价格与其内在价值的正常偏离，并不会对股票价格的运动产生不可控制的影响。因此，从这个角度来看，市盈率大于 1 是股票市场的常态。但当市盈率指标扩大到超过一个合理范围时，说明股票的实际价格不仅远远偏离了其内在价值，并已经开始与其加入投资者预期的理论价格相偏离，这时股票实际价格的继续膨胀将催生股票价格泡沫的出现。由于股票的价格是与市场利息率相关的股息收入的资本化，股票理论价格的形成便应取决于以无风险利率为基础的参照系，因为，投资者投资于股票的决策必将以股份公司的盈利前景（股利情况）与无风险利率进行比较。因此，市盈率的合理范围确定应与市场无风险利率相关，并且以市场无风险利率的倒数作为这一合理范围的极大值。一但市盈率超过合理范围的极大值，那么股票实际价格则不仅远远偏离其内在价值，更进一步地偏离其理论价格，形成了价格泡沫。

从理论上来看，股票投资者的投资决策必然建立在衡量股票预期收益的基础上，即通过比较股票预期收益率与无风险利率的大小来进行最终的投资决策。一般而言，投资股票的风险相较于投资国债的风险更大，因而预期回报也越高；而投资短期国债的风险最低，预期回报也最低。这里将选取美国三个月短期国债固定收益率作为股票预期回报率的底线。为了更加全面地分析问题，同时选取美国三月期、一年期和十年期国债固定收益率作为数据比较。目前（2019 年 11 月 1 日），美国三个月、一年、十年期国债固定收益率分别为

1.52%、1.53%、1.78%。[①] 以此为参照指标，所对应市盈率应分别为 65.8 倍、65.4 倍、56.2 倍。依据上述理论分析，如果股票市场实际市盈率不超过 65.8 倍，那么虽然股票的实际价格偏离了其所对应的新创造价值，但并未超出加入投资者预期因素的股票理论价格，即并未产生严重的股票价格泡沫。进一步地，以十年期国债固定收益率为参照系，如果股票市盈率低于 56.2 倍，那么说明股票具有长期投资价值，即股票价格的虚拟部分被控制在合理范围之内，且不存在严重的股价泡沫。但如果市盈率超出这一界限，则说明股票价格泡沫正在形成且有可能不断膨胀，股票实际价格偏离内在价值的程度也将进一步扩大。一旦泡沫破裂，那么很可能给股票市场带来剧烈的震荡。

根据公开数据，2019 年 11 月美国标准普尔 500 股票平均市盈率为 22.91 倍，既未超出以三个月国债固定收益率为基准的市盈率最大倍数，也未超出以十年期国债固定收益率为基准的市盈率最大倍数。因而可以认为，目前美国股票市场中主要股票市盈率并未超出以无风险利率作为基准计算的最大值，也相对具有长期投资的价值。也就是说，虽然美国主要股票的实际价格并不等于其所对应实际资本的价值增值，但并未超出加入投资者预期之后的理论价格，即股票实际价格同内在价值的偏离程度在合理范围之内，并未产生严重的股票价格泡沫。

从历史数据来看，自 20 世纪 80 年代以来，美国标准普尔 500 股票的平均市盈率曾出现几次较为剧烈的膨胀和波动过程。如图 5-3 所示，标普 500 股票平均市盈率在 1897 年、1991 年、2001 年、2009 年前后均出现过相当明显的膨胀期，并都于金融危机之后有一个急速下跌的过程，这与资本主义历史上数次股市泡沫发生的情况基本吻合。其中，当属 2008 年金融危机爆发之前的膨胀最为明显和迅速，因而以此为例：自 2007 年 3 月起，标普 500 股票平均市盈率开始呈连续爬升趋势，于 2009 年 5 月飙升至 123.73 倍，成为自 1980 年以来的历史最高点。股票价格泡沫比率达 75.28%[②]（标普 500 股票平均市盈率为 123.73，十年期国债固定收益率所对应市盈率为 30.58）。这时，美国股票市场泡沫累积严重，面临股票实际价格同其内在价值的严重偏离。在此后的半年内，标普 500 股票平均市盈率迅速跌落至 28.51 倍，其同十年期国债收益率所对应市盈率之间的差值也迅速回落，泡沫比率极速降低，股票价格泡沫破

---

① 美国财政部官方网站［EB/OL］. https：//www.treasury.gov/resource-center/data-chart-center/interest-rates/Pages/TextView.aspx？data=yieldYear&year=2019.

② 计算方法：（标普 500 股票平均市盈率-十年期国债对应市盈率）/标普500 股票平均市盈率。

裂。这整个过程反映股票价格泡沫从产生、积累，到最终破裂的全过程。

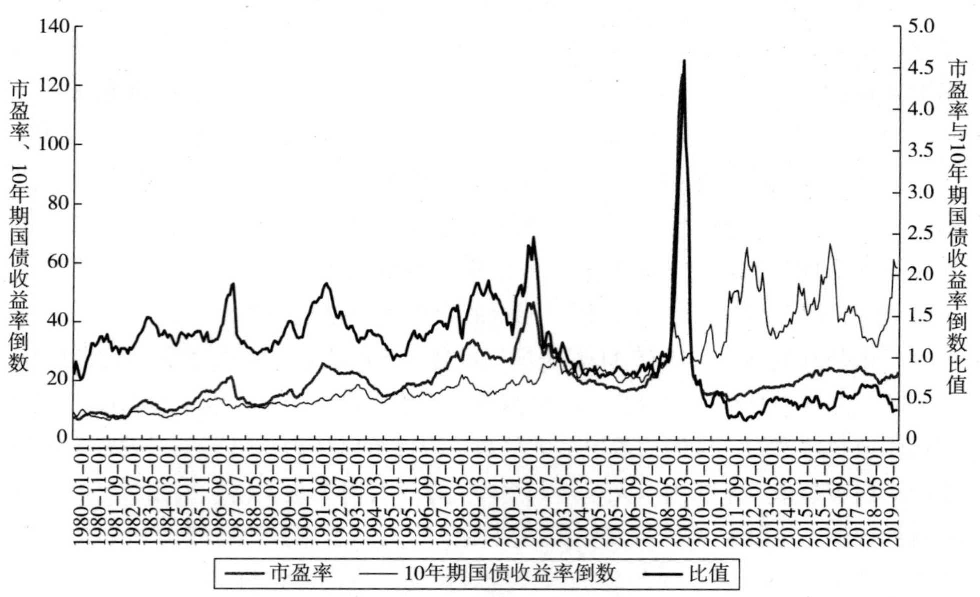


**图 5-3　1980 年 1 月 1 日至 2019 年 3 月 1 日美国标准普尔 500 股票平均市盈率与 10 年期国债收益率对应市盈率比较**

资料来源：市盈率数据来自罗伯特·J. 希勒电子数据库［EB/OL］. https：//www. multpl. com/s-p-500-pe-ratio/table/by-year；美国 10 年期国债收益率数据来自联邦储备经济数据库（Federal Reserve Economic Data，Federal Reserve Bank of St. Louis）［EB/OL］. https：//fred. stlouisfed. org.

此外，股市总市值与 GDP 比率（Stock Market Capitalization-to-GDP Ratio）是衡量股市估值水平高低的指标，即间接反映股市泡沫的单一指标。这种估值水平的高低标准取决于一国经济实体总产出，即实际创造剩余价值的多少。如果股市总市值在某一时期超出一国国内生产总值（股市总市值与 GDP 比率高于 100%），那么说明这一时期股票市场价格存在高估的情况，股票实际价格的上扬已超出了经济实体所创造出商品和服务的总价值，即从一国整体的层面来看，股票市场存在价格泡沫和股票实际价格与其内在价值的偏离。虽然这一指标只能从整体上大致判断一国范围内股票市场实际价格水平偏离价值总量的情况，是一个较为宽泛的衡量指标。但作为单一指标来说，它既可以从总体上判断股票市场实际价格是否虚高，又可以通过时间比较和国际比较大致判断股市泡沫膨胀的程度。因而从这一角度来看，股市总市值与 GDP 比率是总体上衡量一国股票市场实际价格水平与真实价值创造偏离程度的有效单一指标。

如图 5-4 所示，自 1996 年以来，美国股市总市值与 GDP 比率始终远超世界平均水平，并在 2000 年、2007 年、2015 年前后出现明显峰值，这表明在这些时段美国股票市场价格同实体经济所创造的实际价值偏离显著，也就是股票市场存在较为严重的价格泡沫。从具体数据来看，美国股市总市值与 GDP 比率除 1996 年和 2009 年以外均超过了 100%。这说明美国股票市场价格水平存在高估的情况，并且几乎始终超出了经济实体所创造出的真实价值。值得一提的是，自 2009 年后，这一比率一直处于向上爬升的状态并且已在 2014 年超过 2008 年金融危机之前股市泡沫的膨胀程度。因而从这一角度可以判定美国股票市场实际价格与其内在价值之间存在着较为严重的系统性偏离，并且这种偏离正在不断扩大，股票价格泡沫也在不断累积和膨胀。

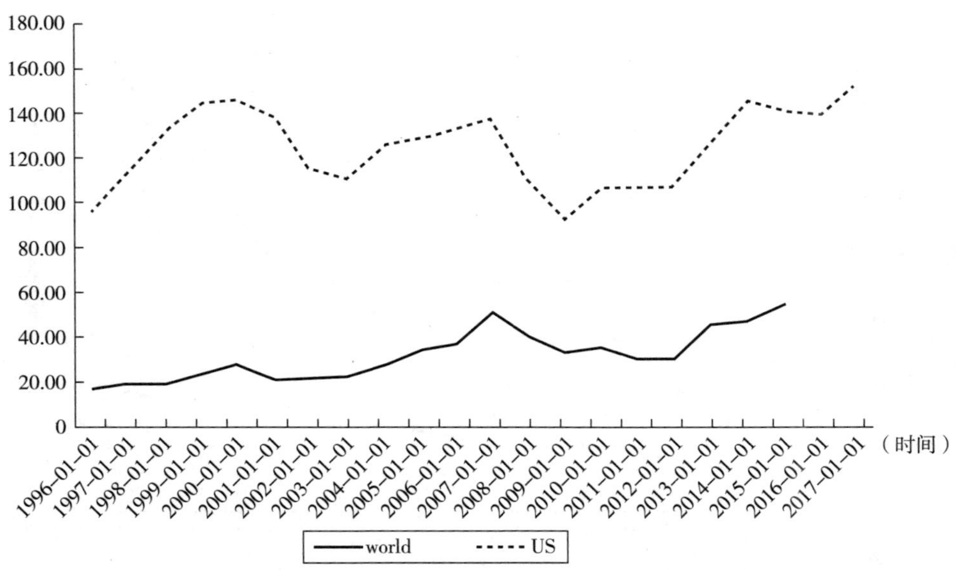


**图 5-4　1996 年 1 月 1 日至 2017 年 1 月 1 日股市总市值与 GDP 比率年度数据（美国及世界水平）**

资料来源：股市总市值与 GDP 比率数据来自联邦储备经济数据库（Federal Reserve Economic Data, Federal Reserve Bank of St. Louis）［EB/OL］. https：//fred. stlouisfed. org。

市盈率指标和股市总市值与 GDP 的比率分别从不同的侧面对股份资本虚拟形态价格偏离其职能形态价值的程度进行了宏观层面的测量，两者的结果也大体相似。下面，将用基于前述理论逻辑的核心现实指标——每股净资产来对美国股份资本虚拟形态同职能形态的价值偏离进行宏观层面上的现实考察。

每股净资产反映每股股票所代表的股份公司净资产的价值，即其所对应的股份公司实际资产的价值。每股净资产作为股票所对应职能资本价值最为直观的表现数据，它所代表的是股份资本作为职能资本价值的大体状况。因此，把每股净资产当作其所拥有的职能资本价值的单一指标，也是用于衡量股份资本虚拟形态内在价值的指标。在这里，通过使用标准普尔 500 股票的实际价格及其同标准普尔 500 公司每股净资产的比值，来对股份资本虚拟形态价格偏离其职能形态价值的情况进行一个比较宏观的考察。

如图 5-5 所示，自 2000~2021 年，美国标准普尔 500 股票价格始终高于其每股净资产数值，这说明依据前述对股份资本虚拟形态与职能形态价值偏离

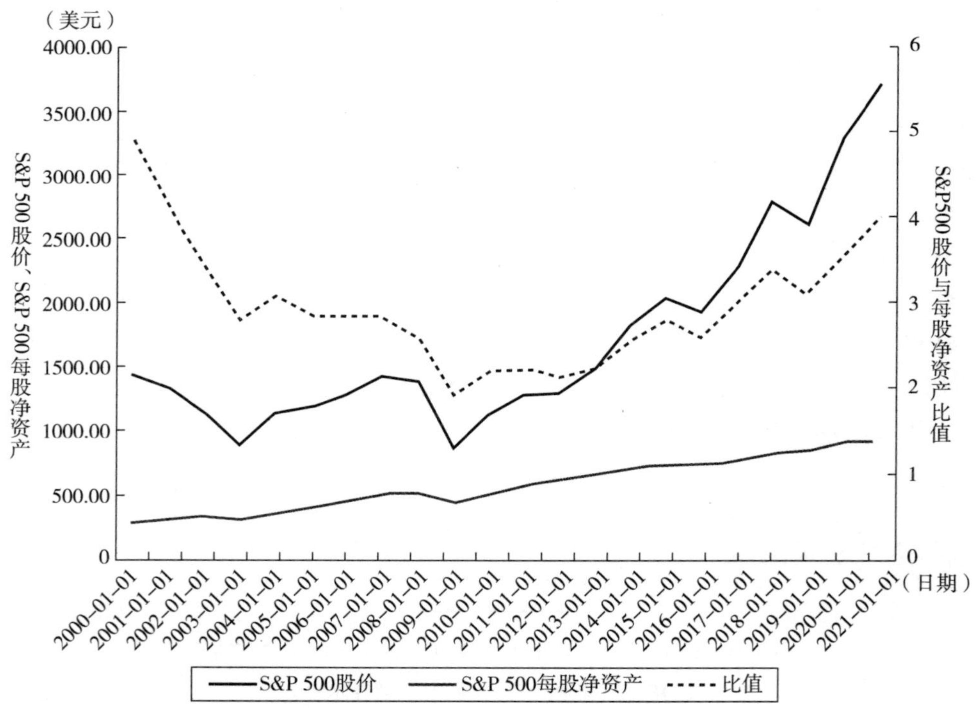


**图 5-5　2000 年 1 月 1 日至 2021 年 1 月 1 日标准普尔 500 股价与每股净资产比较①**

① 标准普尔 500 股价来自联邦储备经济数据库（Federal Reserve Economic Data，Federal Reserve Bank of St. Louis）［EB/OL］. https：//fred. stlouisfed. org；标准普尔 500 每股净资产数据来自罗伯特·J. 希勒电子数据库［EB/OL］. https：//www. multpl. com/s-p-500-book-value/table/by-year。

的界定，自 2000 年以来这种偏离始终存在。而这种偏离的程度却在不同的时段有所区别：2000 年、2005~2007 年、2015 年、2018 年和 2021 年都是这种偏离比较大的时期，并且在偏离达到峰值之后都有一个迅速的回落过程。这说明在这些时段之前，股票市场价格泡沫不断积累，并在达到顶峰之后泡沫破裂。这一个个周期性的过程反映股票价格泡沫形成、积累和破裂的过程，也就是股份资本虚拟形态价格偏离其职能形态价值并在危机中复位的过程，同时也是股份资本私人与社会性之间矛盾逐渐深化、激化、尖锐化的过程。从总体趋势来看，2000~2009 年，这种偏离的程度呈现下降的趋势；而从 2009 年至今，这种偏离的程度在不断地扩大。这意味着一个巨大的股票价格泡沫正在逐渐膨胀，股份资本虚拟形态价格偏离其职能形态价值的程度也在不断加强，新一轮的金融危机正在酝酿。在这一过程之中，股份资本私人性与社会性之间的矛盾也在一步步加深和激化。

不论是以市盈率指标、股市总市值与 GDP 比率，还是每股净资产指标对股份资本虚拟形态与职能形态价值偏离在宏观层面上的测量，大体上都能得到一些相似的结论，主要体现在以下三个方面：一是这种偏离几乎始终存在，只是其偏离的程度随着时间的推移而有所区别。这是由于股票作为虚拟资本，其价格的形成只是预期收益资本化的结果，并且在其自身特有的运动中极易形成自我膨胀。这就表明，以股票价格膨胀所反映的虚拟资本积累，几乎必然总是比其所对应的现实资本积累更大。二是这种偏离的程度表现周期性特征，且这种周期性几乎与金融市场波动的周期完全一致。在金融市场上升时期，这种偏离不断扩大，股票价格泡沫不断累积，直到达到一个峰值。此后，多半是金融危机和衰退期，在这一时期偏离的程度迅速下降，股票价格泡沫破裂。三是这种偏离的程度在历次金融危机爆发之前都达到极大水平，并在危机之后极速下降。这就表明，这种偏离的逐渐扩大是构成股票价格泡沫形成和不断膨胀的基础，并且在这种偏离不断扩大的过程中，风险也在不断累积。直到这种风险大到市场无法承担时，价格泡沫破裂的金融危机在所难免。在危机中，随着股票价格泡沫的破裂，股份资本虚拟形态与职能形态价值的偏离在一定程度上被强行修正。

### （三）基于微观企业层面现实经济指标的考察

虽然在宏观层面的测算可以更为全面地考察股份资本虚拟形态价格偏离其职能形态价值的总体情况，但每股净资产是以单个企业为单位进行会计核算的指标。因此，只在一个宏观层面的平均水平上考察这一问题未免略显单薄。因而在这里，以 1980 年以来美国最大的 10 家非金融公司为例，对这一问题进行微观企业层面的考察，以为研究提供更为丰富之佐证。

1980 年以来美国最大的 10 家非金融企业的选取，依据《财富》杂志每年按公司营业收入排名而评选出的世界 500 强企业，从中挑选所属美国、排名最靠前且在 1980~2019 年出现频次最高的 10 家非金融公司（见表 5-1）。这 10 家非金融公司为：国际商业机器公司（IBM）、美国电话电报公司（AT&T）、埃克森美孚公司[①]（EXXON MOBIL）、通用电气公司（GENERAL ELECTRIC）、通用汽车公司（GENERAL MOTERS）、沃尔玛公司（WALMART）、福特汽车公司（FORD MOTOR）、菲利普莫里斯烟草公司（PHILIP MORRIS）、雪佛龙公司（CHEVRON）、麦克森医药公司（McKesson）。

通过对美国这 10 家最大的非金融公司 1980~2019 年每股净资产季度数据及其所对应时段股票市场价格数据的比较，可以看到在这 10 家公司中自 1980 年以来股票价格与每股净资产偏离的情况，从而进一步判断股份资本虚拟形态价格同其职能形态价值偏离的情况。如图 5-6 所示，除通用汽车公司和福特汽车公司外，在美国最大的前 10 家公司中，实际股票价格高于每股净资产的情况存在于大多数时段。特别是在历次金融危机爆发之前，这种正向的偏离一般都达到一个峰值，而在危机爆发之后随即迅速回落。这就表明，在以每股净资产为泡沫衡量基准的意义上，股票价格正向泡沫的存在是一个常态。也就是股份资本虚拟形态价格与其职能形态价值正向偏离的存在是常态。一般而言，公司股票的市场价格普遍存在高估现象，这是由其本身作为虚拟资本的特殊性质所决定的。也正是由于它作为虚拟资本同其所对应职能资本既独立又依附的矛盾关系，决定了随着其虚拟形态价格同其职能形态价值偏离程度的不断扩大而引发泡沫破裂危机的必然性。因此，公司股票价格同其每股净资产偏离的程度大多具有与金融波动周期极其吻合的周期性。如图 5-7 所示，在大部分情况下，与金融繁荣时期相对应的是股票价格与每股净资产正向偏离程度的扩大，在金融危机爆发之前的时刻这种偏离达到最大的程度，并随着危机的到来和泡沫的破裂迅速缩减，甚至在此后的一段时间内出现一定时期的负向偏离。这与第三章第三节所进行的理论分析如出一辙，只是在这里用现实数据为此提供了

① 1999 年由埃克森石油公司和美孚石油公司合并而成，在合并之前的年份以埃克森石油公司作为其代表。

**表 5-1　1980~2019 年美国营业收入前 10 名的非金融公司**

| 年份 | 公司名称 | | | | | | | | | |
|---|---|---|---|---|---|---|---|---|---|---|
| 1980 | 国际商业机器公司 | 美国电话电报公司 | 埃克森 | 标准石油公司（印第安纳） | 斯伦贝谢公司 | 壳牌石油公司 | 美孚石油 | 标准石油公司（加利福尼亚） | 大西洋富田公司 | 通用电气 |
| 1981 | 美国电话电报公司 | 国际商业机器公司 | 埃克森 | 斯伦贝谢公司 | 标准石油公司（印第安纳） | 标准石油公司（加利福尼亚） | 壳牌石油公司 | 通用电气 | 通用汽车 | 伊士曼柯达 |
| 1982 | 国际商业机器公司 | 美国电话电报公司 | 埃克森 | 通用电气 | 通用汽车 | 伊士曼柯达 | 斯伦贝谢公司 | 标准石油公司（印第安纳） | 壳牌石油公司 | 标准石油公司（加利福尼亚） |
| 1983 | 国际商业机器公司 | 埃克森 | 通用电气 | 通用汽车 | 美国电话电报公司 | 标准石油公司（印第安纳） | 斯伦贝谢公司 | 西尔斯罗巴克公司 | 伊士曼柯达 | 杜邦 |
| 1984 | 国际商业机器公司 | 埃克森 | 通用电气 | 通用汽车 | 美国电话电报公司 | 壳牌石油公司 | 标准石油公司（印第安纳） | NA | 杜邦 | 伊士曼柯达 |
| 1985 | 国际商业机器公司 | 埃克森 | 通用电气 | 美国电话电报公司 | 通用汽车 | 壳牌石油公司 | 杜邦 | 阿莫科石油 | 贝尔南方 | 西尔斯罗巴克公司 |
| 1986 | 国际商业机器公司 | 埃克森 | 通用电气 | 美国电话电报公司 | 壳牌石油公司 | 通用汽车 | 杜邦 | 贝尔南方 | 菲利普莫里斯烟草 | 默克集团 |
| 1987 | 国际商业机器公司 | 埃克森 | 通用电气 | 壳牌石油公司 | 美国电话电报公司 | 默克集团 | 杜邦 | 菲利普莫里斯烟草 | 福特汽车 | 通用汽车 |

续表

| 年份 | 公司名称 | | | | | | | | | |
|---|---|---|---|---|---|---|---|---|---|---|
| 1988 | 国际商业机器公司 | 埃克森 | 通用电气 | 美国电话电报公司 | 壳牌石油公司 | 通用汽车 | 福特汽车 | 菲利普莫里斯烟草 | 默克集团 | 杜邦 |
| 1989 | 埃克森 | 通用电气 | 国际商业机器公司 | 美国电话电报公司 | 壳牌石油公司 | 菲利普莫里斯烟草 | 默克集团 | 百时美施贵宝公司 | 杜邦 | 阿莫科石油 |
| 1990 | 国际商业机器公司 | 埃克森 | 通用电气 | 菲利普莫里斯烟草 | 壳牌石油公司 | 百时美施贵宝公司 | 默克集团 | 沃尔玛 | 美国电话电报公司 | 可口可乐 |
| 1991 | 埃克森 | 菲利普莫里斯烟草 | 沃尔玛 | 通用电气 | 默克集团 | 可口可乐 | 美国电话电报公司 | 国际商业机器公司 | 壳牌石油公司 | 百时美施贵宝公司 |
| 1992 | 埃克森 | 沃尔玛 | 通用电气 | 菲利普莫里斯烟草 | 美国电话电报公司 | 可口可乐 | 默克集团 | 壳牌石油公司 | 宝洁 | 百时美施贵宝公司 |
| 1993 | 通用电气 | 埃克森 | 美国电话电报公司 | 可口可乐 | 沃尔玛 | 壳牌石油公司 | 菲利普莫里斯烟草 | 默克集团 | 通用汽车 | 宝洁 |
| 1994 | 通用电气 | 美国电话电报公司 | 埃克森 | 可口可乐 | 壳牌石油公司 | 菲利普莫里斯烟草 | 沃尔玛 | 默克集团 | 国际商业机器公司 | 宝洁 |
| 1995 | 通用电气 | 美国电话电报公司 | 埃克森 | 可口可乐 | 默克集团 | 壳牌石油公司 | 菲利普莫里斯烟草 | 宝洁 | 强生 | 微软 |
| 1996 | 通用汽车 | 福特汽车 | 埃克森 | 沃尔玛 | 美国电话电报公司 | 国际商业机器公司 | 通用电气 | 美孚石油 | 美国邮政服务公司 | 克莱斯勒 |

续表

| 年份 | 公司名称 | | | | | | | | | |
|---|---|---|---|---|---|---|---|---|---|---|
| 1997 | 通用汽车 | 福特汽车 | 埃克森 | 沃尔玛 | 通用电气 | 国际商业机器公司 | 美国电话电报公司 | 美孚石油 | 克莱斯勒 | 美国邮政服务公司 |
| 1998 | 通用汽车 | 福特汽车 | 埃克森 | 沃尔玛 | 通用电气 | 国际商业机器公司 | 克莱斯勒 | 美孚石油 | 美国邮政服务公司 | 菲利普莫里斯烟草 |
| 1999 | 通用汽车 | 福特汽车 | 沃尔玛 | 埃克森 | 通用电气 | 国际商业机器公司 | 美国邮政服务公司 | 菲利普莫里斯烟草 | 波音公司 | 美国电话电报公司 |
| 2000 | 通用汽车 | 沃尔玛 | 埃克森美孚 | 福特汽车 | 通用电气 | 国际商业机器公司 | 美国邮政服务公司 | 美国电话电报公司 | 菲利普莫里斯烟草 | 波音公司 |
| 2001 | 埃克森美孚 | 沃尔玛 | 通用汽车 | 福特汽车 | 通用电气 | 安然公司 | 国际商业机器公司 | 美国电话电报公司 | 威瑞森通信 | 美国邮政服务公司 |
| 2002 | 沃尔玛 | 埃克森美孚 | 通用汽车 | 福特汽车 | 安然公司 | 通用电气 | 雪佛龙 | 国际商业机器公司 | 菲利普莫里斯烟草 | 威瑞森通信 |
| 2003 | 沃尔玛 | 通用汽车 | 埃克森美孚 | 福特汽车 | 通用电气 | 雪佛龙 | 国际商业机器公司 | 威瑞森通信 | 美国邮政服务公司 | 奥驰亚集团（菲利普莫里斯烟草） |
| 2004 | 沃尔玛 | 埃克森美孚 | 通用汽车 | 福特汽车 | 通用电气 | 雪佛龙 | 康菲石油 | 国际商业机器公司 | 惠普 | 麦克森医药 |

续表

| 年份 | 公司名称 | | | | | | | | | |
|---|---|---|---|---|---|---|---|---|---|---|
| 2005 | 沃尔玛 | 埃克森美孚 | 通用汽车 | 福特汽车 | 通用电气 | 雪佛龙 | 康菲石油 | 国际商业机器公司 | 麦克森医药 | 惠普 |
| 2006 | 埃克森美孚 | 沃尔玛 | 通用汽车 | 雪佛龙 | 福特汽车 | 康菲石油 | 通用电气 | 国际商业机器公司 | 麦克森医药 | 惠普 |
| 2007 | 沃尔玛 | 埃克森美孚 | 通用汽车 | 雪佛龙 | 康菲石油 | 通用电气 | 福特汽车 | 麦克森医药 | 威瑞森通信 | 惠普 |
| 2008 | 沃尔玛 | 埃克森美孚 | 雪佛龙 | 通用汽车 | 康菲石油 | 通用电气 | 福特汽车 | 美国电话电报公司 | 惠普 | 麦克森医药 |
| 2009 | 埃克森美孚 | 沃尔玛 | 雪佛龙 | 康菲石油 | 通用电气 | 通用汽车 | 福特汽车 | 美国电话电报公司 | 惠普 | 瓦莱罗能源 |
| 2010 | 沃尔玛 | 埃克森美孚 | 雪佛龙 | 通用电气 | 康菲石油 | 美国电话电报公司 | 福特汽车 | 惠普 | 麦克森医药 | 威瑞森通信 |
| 2011 | 沃尔玛 | 埃克森美孚 | 雪佛龙 | 康菲石油 | 通用电气 | 通用汽车 | 福特汽车 | 惠普 | 美国电话电报公司 | 麦克森医药 |
| 2012 | 埃克森美孚 | 沃尔玛 | 雪佛龙 | 康菲石油 | 通用汽车 | 通用电气 | 福特汽车 | 惠普 | 美国电话电报公司 | 瓦莱罗能源 |
| 2013 | 沃尔玛 | 埃克森美孚 | 雪佛龙 | 菲利普斯 66 | 苹果公司 | 通用汽车 | 通用电气 | 瓦莱罗能源 | 福特汽车 | 美国电话电报公司 |

续表

| 年份 | 公司名称 | | | | | | | | | |
|---|---|---|---|---|---|---|---|---|---|---|
| 2014 | 沃尔玛 | 埃克森美孚 | 雪佛龙 | 苹果公司 | 菲利普斯 66 | 通用汽车 | 福特汽车 | 通用电气 | 麦克森医药 | 瓦莱罗能源 |
| 2015 | 沃尔玛 | 埃克森美孚 | 雪佛龙 | 苹果公司 | 麦克森医药 | 通用汽车 | 菲利普斯 66 | 通用电气 | 福特汽车 | CVS Health 公司 |
| 2016 | 沃尔玛 | 埃克森美孚 | 苹果公司 | 麦克森医药 | 联合健康集团 | CVS Health 公司 | 通用汽车 | 福特汽车 | 美国电话电报公司 | 通用电气 |
| 2017 | 沃尔玛 | 苹果公司 | 埃克森美孚 | 麦克森医药 | 联合健康集团 | CVS Health 公司 | 通用汽车 | 美国电话电报公司 | 福特汽车 | 美源伯根医药 |
| 2018 | 沃尔玛 | 埃克森美孚 | 苹果公司 | 麦克森医药 | 联合健康集团 | CVS Health 公司 | 亚马逊 | 美国电话电报公司 | 通用汽车 | 福特汽车 |
| 2019 | 沃尔玛 | 埃克森美孚 | 亚马逊 | 联合健康集团 | 麦克森医药 | CVS Health 公司 | 美国电话电报公司 | 美源伯根医药 | 雪佛龙 | 福特汽车 |

资料来源：根据《财富》杂志历年世界 500 强公开榜单整理。

清晰的佐证。也就是说，在以股票实际价格与每股净资产为现实指标所反映的股份资本虚拟形态价格同其职能形态价值的偏离过程中，安全边际会被不断侵蚀，当价值偏离达到一个相当大的程度以致市场信心无法支撑之时，这种正向泡沫会在极短的时间内发生瞬时破裂，并在信用链条的催化下发生超出破裂点本身范围的大规模连锁反应，甚至在市场信心极低的情况下引发负向泡沫。这一切的结果是信用的崩溃、金融的动荡，甚至经济的危机。因此，股份资本虚拟形态与其职能形态的价值偏离，以及它们之间既相互独立又相互依附的对立统一的矛盾，是一切股市危机的根源所在。

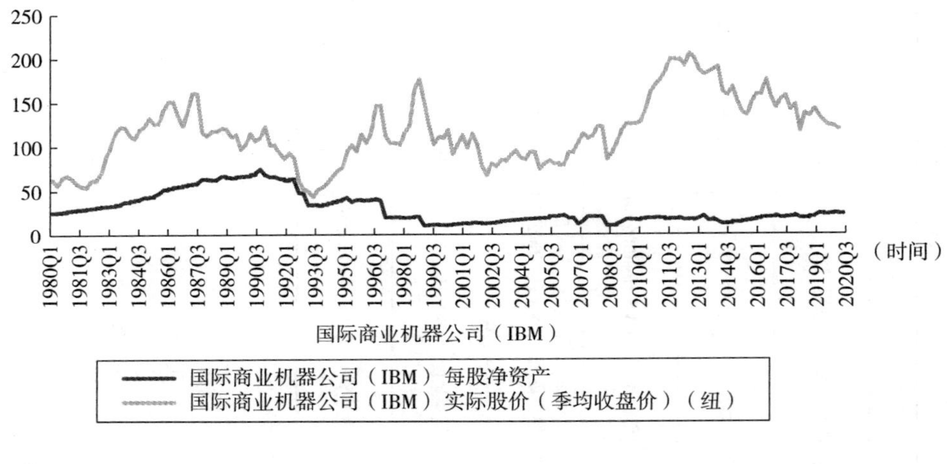


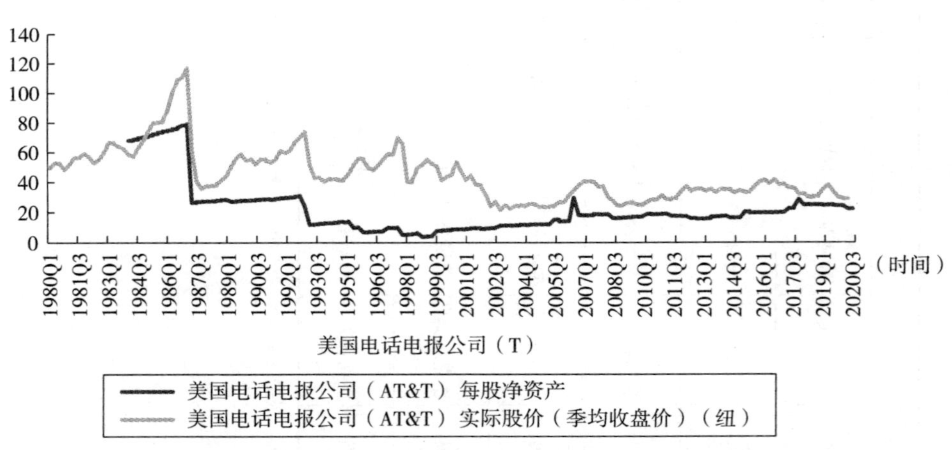


**图 5-6　1980~2020 年美国最大 10 家非金融公司股价与每股净资产比较**

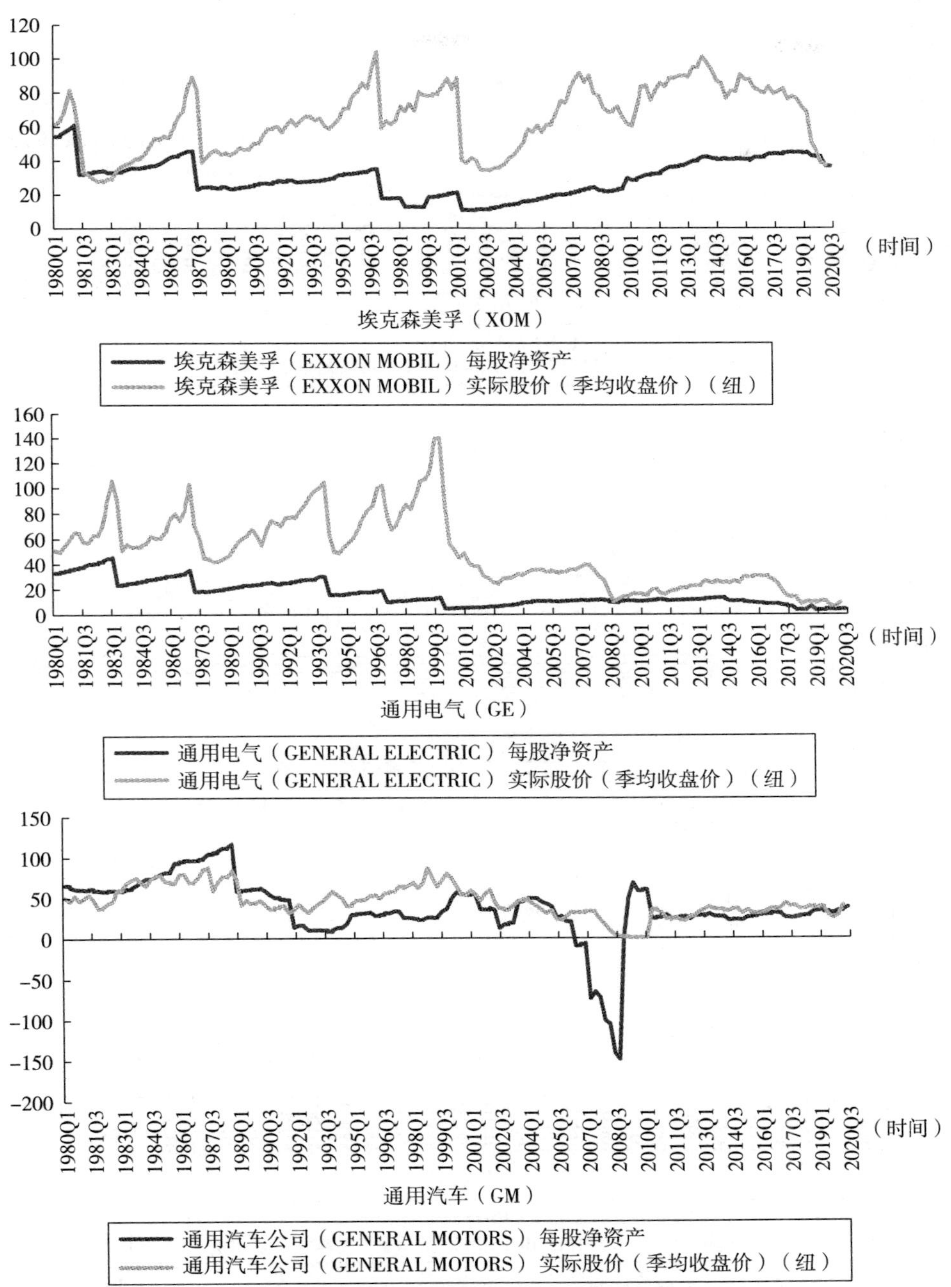


**图 5-6　1980~2020 年美国最大 10 家非金融公司股价与每股净资产比较（续）**

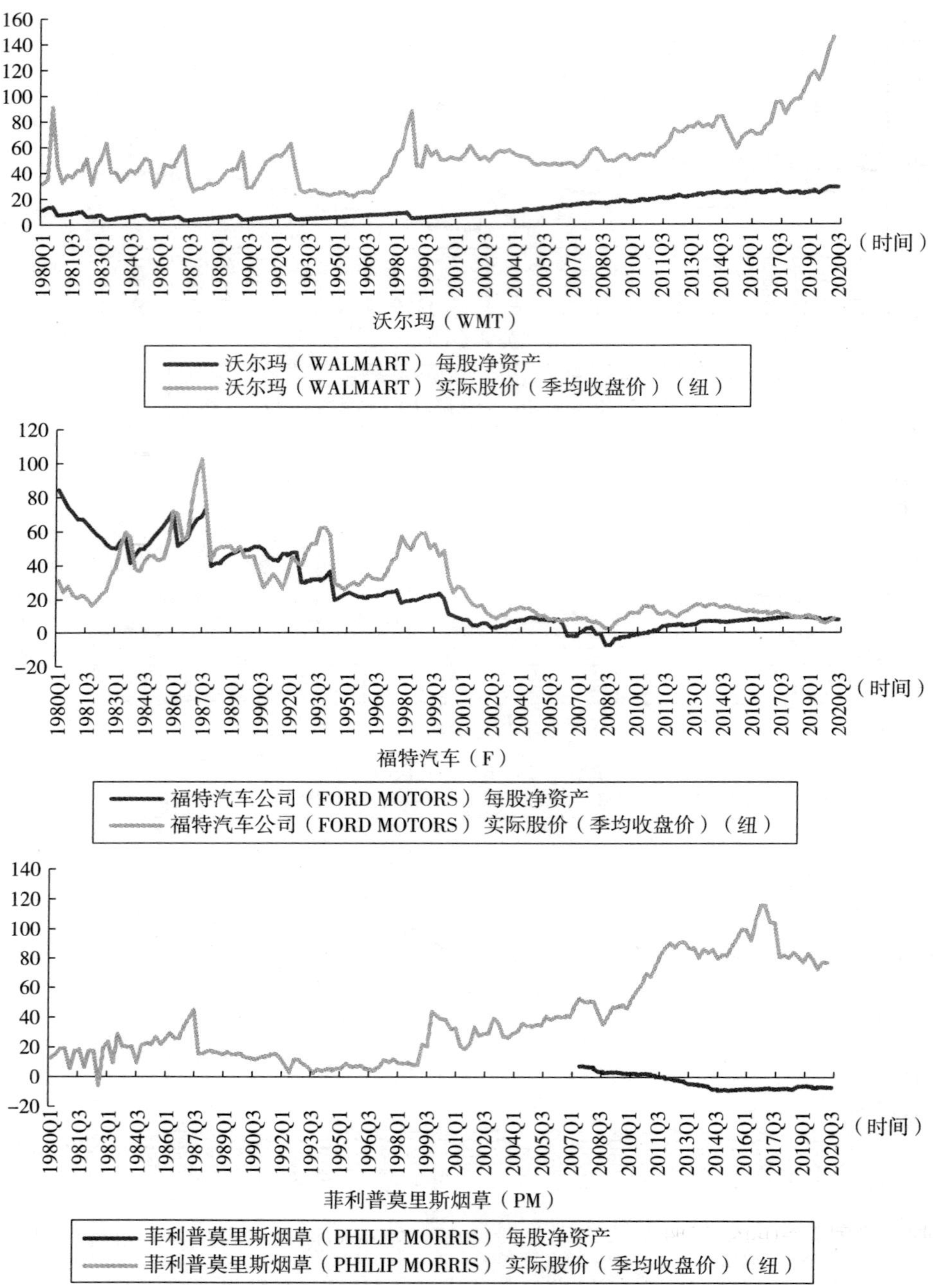


**图 5-6　1980~2020 年美国最大 10 家非金融公司股价与每股净资产比较（续）**

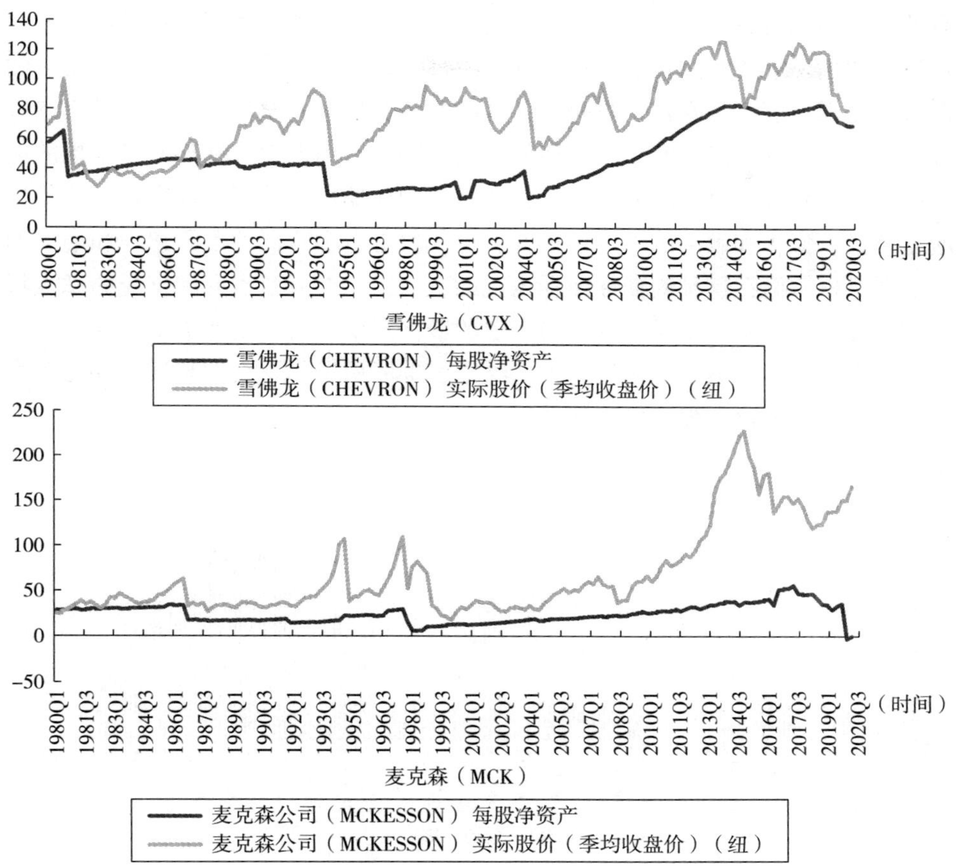


**图 5-6　1980~2020 年美国最大 10 家非金融公司股价与每股净资产比较（续）**

资料来源：公司股票价格季度数据来自宾夕法尼亚大学沃顿商学院研究数据中心（美国股票和指数资料数据），即 WRDS（CRSP）。https://wrds-web.wharton.upenn.edu/wrds/query_forms/navigation.cfm?navId=118&_ga=2.239819459.1537482434.1573121682-1776744267.1572854325；公司每股净资产数据来自宾夕法尼亚大学沃顿商学院研究数据中心（标准普尔公司会计数据库），即 WRDS（Compustat-Capital IQ）。https://wrds-web.wharton.upenn.edu/wrds/query_forms/navigation.cfm?navId=60&_ga=2.205599699.1537482434.1573121682-1776744267.1572854325。

总之，不论从微观企业数据还是从宏观数据来看，自 20 世纪 80 年代以来，美国公司的实际股票价格同每股净资产的正向偏离是普遍存在的，并且这种偏离的程度呈现与金融市场周期基本吻合的周期性特征。这说明以下三个问题：一是股份资本虚拟形态价格同其职能形态价值偏离的存在是一种普遍的常态，并且这种偏离在大部分时间以正向偏离为主。这是由股票作为虚拟资本具有独立运动且自我膨胀的性质所决定的。二是这种偏离的程度很容易进入一个正反馈的循环之中。这种正向偏离程度的逐渐扩大往往是从其一旦开始就必然发生的结果。也正是在这一过程中，金融的脆弱性不断累积。三是股份资本虚拟形态价格与其职能形态价值偏离程度的波动具有周期性质并与金融市场的波动周期基本吻合。这就表明，这种偏离程度的周期性波动不仅代表着股票价格泡沫形成、膨胀和破裂的周期性过程，也代表着金融脆弱性不断累积和崩溃的周期性过程。而在这种周期性波动过程的背后，是对股票占有和支配的私人权力不断膨胀的结果，也是在虚拟形态上的股份资本与其在职能资本形态上作为联合资本的社会权力之间矛盾运动的结果，即股份资本私人性与社会性之间内在矛盾运动、激化和强行修正的结果。

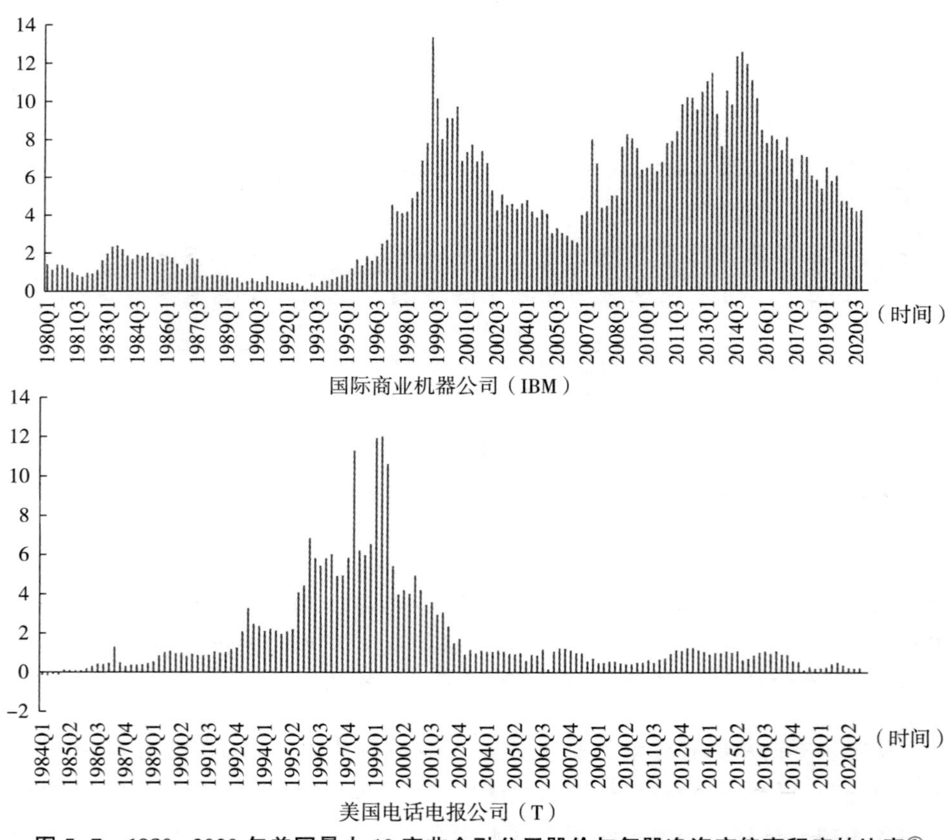


**图 5-7　1980~2020 年美国最大 10 家非金融公司股价与每股净资产偏离程度的比率①**

① 计算公式：公司股价与每股净资产偏离程度的比率=(公司股票价格-每股净资产)/每股净资产

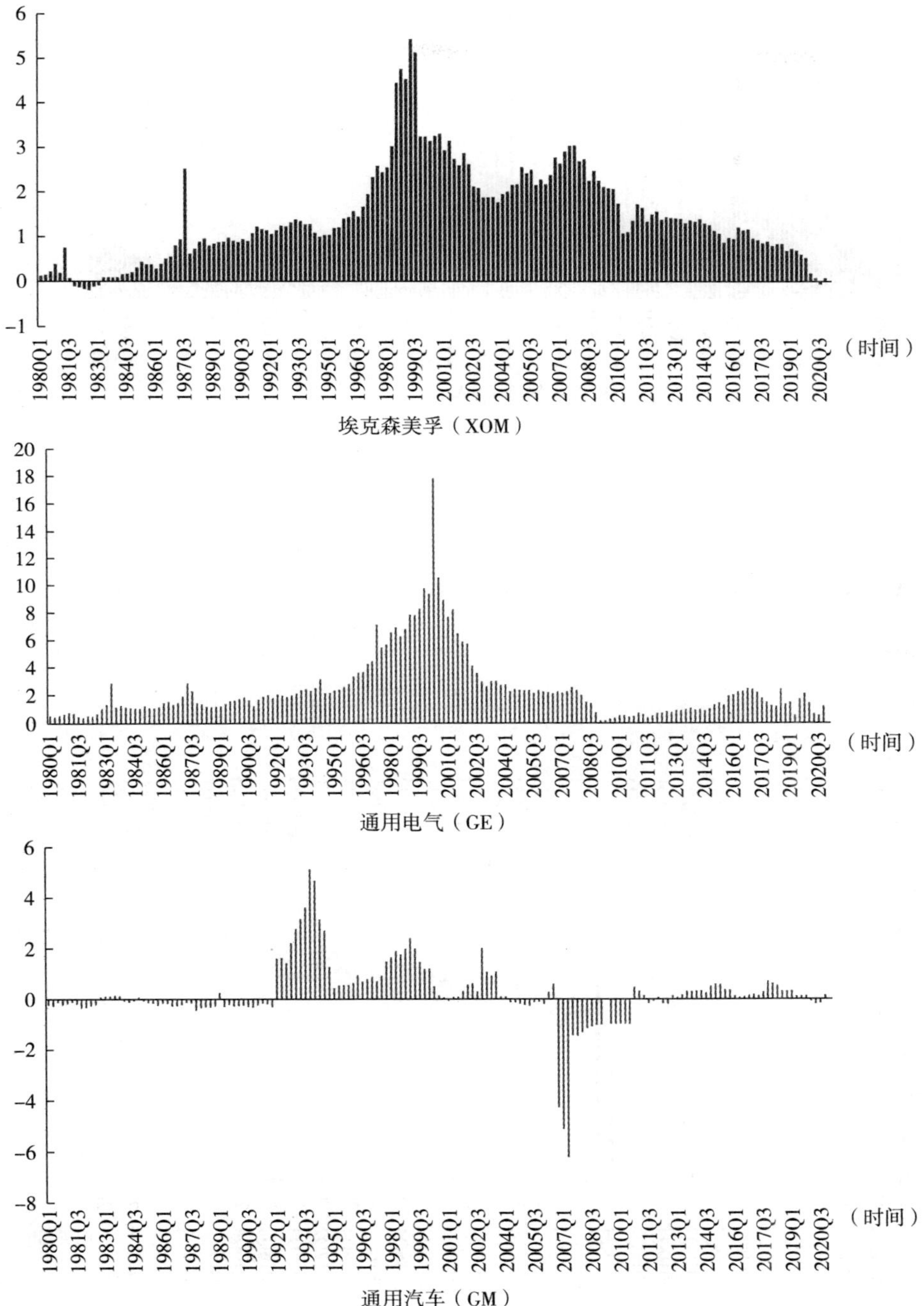


**图 5-7　1980~2020 年美国最大 10 家非金融公司股价与每股净资产偏离程度的比率（续）**

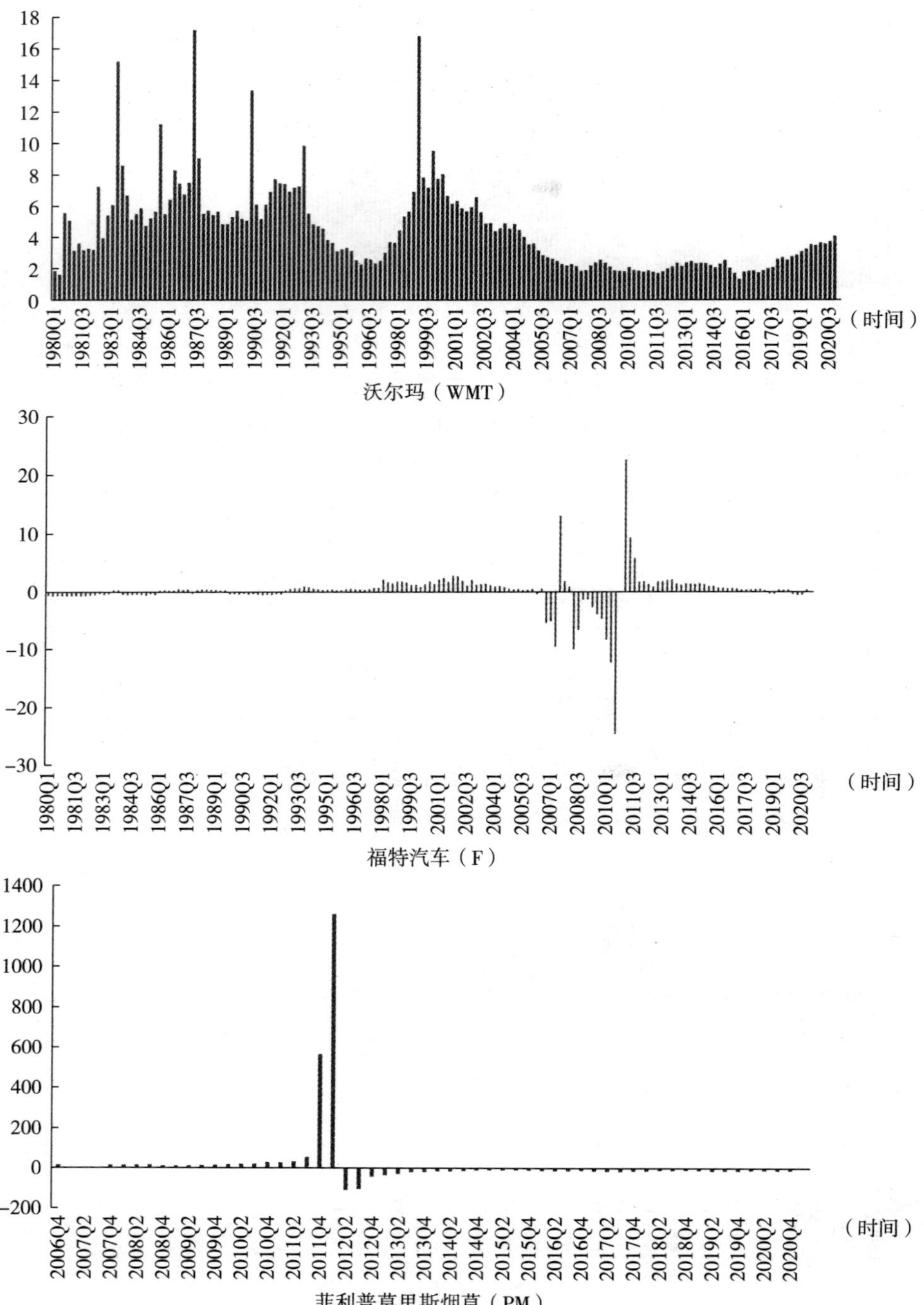


**图 5-7　1980~2020 年美国最大 10 家非金融公司股价与每股净资产偏离程度的比率（续）**

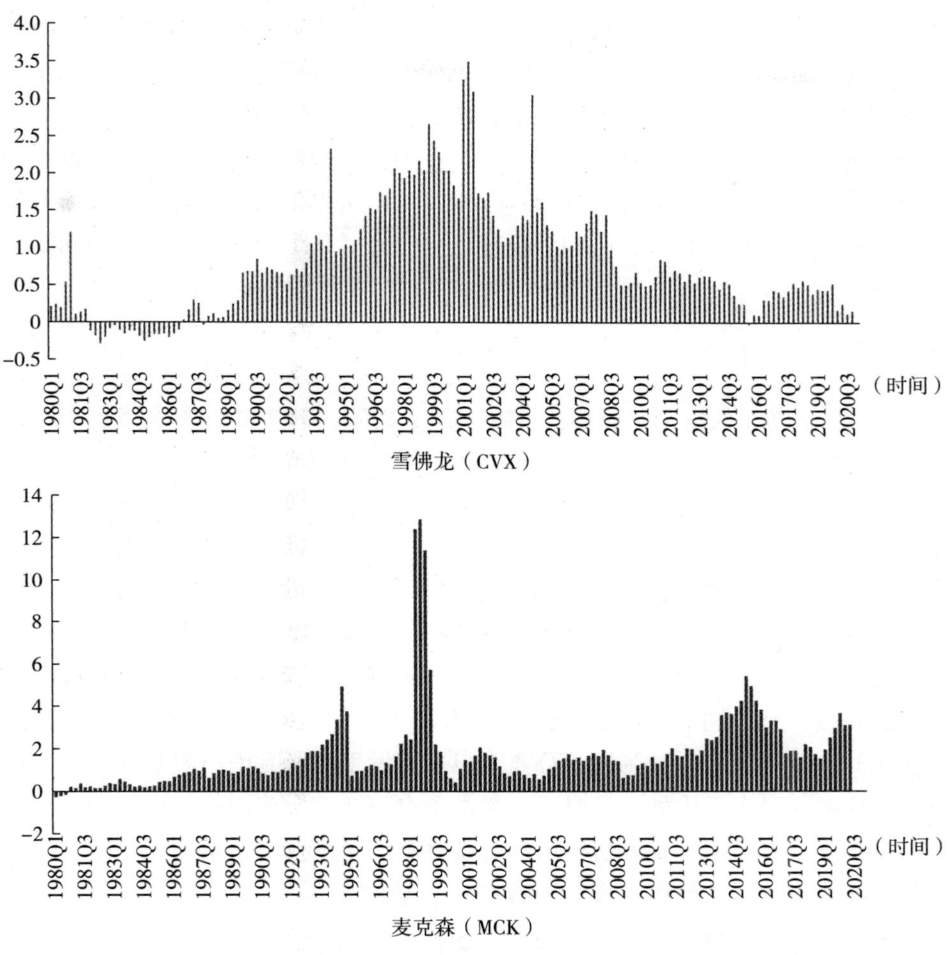


**图 5-7　1980~2020 年美国最大 10 家非金融公司股价与每股净资产偏离程度的比率（续）**

## 二、所有权与控制权的分离与合一

在这里，将寻求用现实经济指标来考察 20 世纪 80 年代以来美国股份资本所有权与控制权合一与分离的情况，并以此为研究进一步讨论股份资本私人性与社会性的内在矛盾在 20 世纪 80 年代以来美国现代公司治理中发展的程度。在第四章中已表明，股份资本私人性与社会性的内在矛盾在其所有权与控制权的分离之中找到了运动的方式，并因此获得了相较于个别资本而言更加具有社会性质的存在形式。但在资本主义私有制条件下，这一对矛盾并不能被积极地扬弃，只是获得了新的发展形式。这种新的发展形式不仅在于其所有权主体与控制权主体之间利益冲突的外部对立，更在于当所有权与控制权在更为集中的主体手中实现合一时，其导向了一个更加偏向私人性质的存在，以及由此而必然导致的私人性与社会性之间矛盾的进一步激化。通过对大型股份公司资本占有结构及其控制权归属情况的整理和分析，可以从现实经济的角度对当前股份资本的所有权与控制权是否已相对稳定地集中到了几个经济主体手中的问题进行回答。

### （一）股东持股情况

20世纪80年代以来，机构投资者干预主义的兴起使股份资本经历了从两权分离走向两权合一的过程。随着机构投资者数量的增加及其在经济整体中地位的上升，它们要求公司制企业对它们所投资的公司股票给予较高回报的压力也不断加大。由于公司战略的实施所要求的金融资源投入在一个较大的程度上受到机构投资者的限制，因此，大型机构投资者获得了它们能够影响公司实际资源配置的地位。同时，在大多数股份公司中，机构投机者都作为其具有相对控制地位的大股东而存在。这种以相对较多所有权为基础的控制权的获取则来得更加直接，其控制地位也更加稳固。当股份公司中存在具有相对控制地位的大股东时，其所有权与控制权的分离就只可能发生在所有中小股东的身上，而掌握在这些大股东手中的，是对股份资本所有权及更大范围控制权的合一。因此，首先应该对美国主要股份公司的资本占有结构进行一个系统的考察，以确定掌握绝对或相对多数所有权的大股东是否存在。

根据公开披露数据，在美国最大的50家公司中，几乎都存在具有绝对或相对控制地位的大股东，并且除少数例外之外这些大股东几乎都是机构投资者。这是对本章第二节所进行理论性讨论的一个现实支撑和印证。这充分说明，自20世纪80年代以来兴起的机构投资者干预主义在美国公司治理中的影响一直持续至今。只是起初它们凭借股份公司对其手中金融资源的依靠，而获得了对股份公司实际资源配置施加影响的权力。而到目前，这种对股份公司实际资源配置施加影响的权力转化为了直接凭借所有权而获取的更为直接的控制权。也就是机构投资者一方面作为股份公司的大股东而拥有对股份资本的所有权，另一方面凭借这种相对多数的所有权而同时拥有对股份资本的实际控制权。

**表 5-2　2019 年美国最大 50 家非金融公司前十大股东持股情况①**

| 公司名称 | 前十大股东 | 持股份额 | 持股比例（%） | 股东类型 |
|---|---|---|---|---|
| 1. 沃尔玛 | John T. Walton Estate Trust | 1415891131 | 44.22 | 房地产信托公司 |
| | Vanguard Group Inc | 130107288 | 4.56 | 基金公司 |
| | BlackRock Inc | 85644468 | 3.00 | 私募股权基金公司 |
| | Norinchukin Zenkyoren Asset Mgmt Co. , Ltd | 70114420 | 2.46 | 资产管理公司 |
| | Nochu JA Asset Plan Fund Growth | 70044267 | 2.45 | 基金公司 |
| | State Street Corporation | 69626859 | 2.44 | 资产管理公司 |
| | State Street Corp | 65612279 | 2.22 | 资产管理公司 |
| | Wal-Mart Stores Profit Sharing and 401K Plan | 67738185 | 1.78 | 雇员养老金管理 |
| | BlackRock Asset Management Canada Ltd | 44575759 | 1.55 | 资产管理公司 |
| | Vanguard Investments Australia Ltd | 40632641 | 1.42 | 投资公司 |
| 2. 埃克森美孚石油公司 | Vanguard Group Inc | 347643903 | 8.22 | 基金公司 |
| | BlackRock Inc | 280882107 | 6.64 | 私募股权基金公司 |
| | State Street Corp | 207623330 | 4.90 | 资产管理公司 |
| | State Street Corporation | 200531057 | 4.74 | 资产管理公司 |
| | BlackRock Asset Management Canada Ltd | 131263521 | 3.10 | 资产管理公司 |
| | Vanguard Investments Australia Ltd | 120329007 | 2.84 | 投资公司 |
| | Vanguard Total Stock Market Index Fund | 118590912 | 2.80 | 基金公司 |
| | Capital Research and Management Company | 117108452 | 2.77 | 资产管理公司 |
| | BlackRock Institutional Trust Company NA | 106305667 | 2.51 | 信托公司 |
| | Vanguard Total Stock Mkt Idx | 106415015 | 2.51 | 基金公司 |
| 3. 苹果公司 | Vanguard Group Inc | 335113666 | 7.42 | 基金公司 |
| | BlackRock Inc | 281455821 | 6.23 | 私募股权基金公司 |
| | Berkshire Hathaway Inc | 249589329 | 5.52 | 保险公司 |
| | State Street Corporation | 187085416 | 4.14 | 资产管理公司 |
| | National Indemnity Company | 182733582 | 4.04 | 保险公司 |
| | State Street Corp | 191494434 | 3.95 | 资产管理公司 |
| | BlackRock Asset Management Canada Ltd | 138166091 | 3.00 | 资产管理公司 |
| | Fidelity Management & Research Company | 124257598 | 2.75 | 资产管理公司 |
| | Vanguard Investments Australia Ltd | 115901222 | 2.56 | 投资公司 |
| | BlackRock Institutional Trust Company NA | 121390089 | 2.56 | 信托公司 |

① 根据各大公司公开披露数据整理制表。

续表

| 公司名称 | 前十大股东 | 持股份额 | 持股比例(%) | 股东类型 |
|---|---|---|---|---|
| 4. 亚马逊公司 | Vanguard Group Inc | 31312832 | 6. 33 | 基金公司 |
| | BlackRock Inc | 26082028 | 5. 27 | 私募股权基金公司 |
| | Fidelity Management & Research Company | 18264507 | 3. 69 | 资产管理公司 |
| | FMR Inc | 16715040 | 3. 38 | 基金公司 |
| | State Street Corporation | 16567448 | 3. 35 | 资产管理公司 |
| | Fidelity Management and Research Company | 16383663 | 3. 31 | 资产管理公司 |
| | VA CollegeAmerica Growth Fund of America | 14940195 | 3. 20 | 基金公司 |
| | T. Rowe Price Associates, Inc | 15737256 | 3. 18 | 私募股权基金公司 |
| | State Street Corp | 15227463 | 3. 13 | 资产管理公司 |
| | BlackRock Asset Management Canada Ltd | 12744218 | 2. 59 | 资产管理公司 |
| 5. 联合健康集团 | Capital Research and Management Company | 91746526 | 9. 68 | 资产管理公司 |
| | Vanguard Group Inc | 70535500 | 7. 44 | 基金公司 |
| | BlackRock Inc | 69977097 | 7. 38 | 私募股权基金公司 |
| | FMR Inc | 61185511 | 6. 46 | 基金公司 |
| | Fidelity Management and Research Company | 59662065 | 6. 30 | 资产管理公司 |
| | Fidelity Management & Research Company | 55263073 | 5. 83 | 资产管理公司 |
| | Capital World Investors | 45956536 | 4. 85 | 投资公司 |
| | State Street Corporation | 45700737 | 4. 82 | 资产管理公司 |
| | State Street Corp | 42366516 | 4. 40 | 资产管理公司 |
| | Norinchukin Zenkyoren Asset Mgmt Co., Ltd | 34087438 | 3. 60 | 资产管理公司 |
| 6. 麦克森医药 | Vanguard Group Inc | 16094692 | 8. 70 | 基金公司 |
| | BlackRock Inc | 15097053 | 8. 16 | 私募股权基金公司 |
| | The Vanguard Group | 12066320 | 6. 00 | 基金公司 |
| | Edward C. Johnson | 13543087 | 6. 00 | 个人 |
| | BlackRock Inc | 14887788 | 6. 00 | 私募股权基金公司 |
| | Capital Research Global Investors | 11486482 | 5. 08 | 投资公司 |
| | State Street Corporation | 8832074 | 4. 78 | 资产管理公司 |
| | State Street Corp | 8508809 | 4. 26 | 资产管理公司 |
| | Vanguard Health Care Inv | 6985304 | 3. 50 | 投资公司 |
| | Fidelity Management & Research Company | 5982938 | 3. 24 | 资产管理公司 |

续表

| 公司名称 | 前十大股东 | 持股份额 | 持股比例（%） | 股东类型 |
|---|---|---|---|---|
| 7. CVS 健康公司 | Vanguard Group Inc | 102367899 | 7.87 | 基金公司 |
| | BlackRock Inc | 90163601 | 6.93 | 私募股权基金公司 |
| | State Street Corporation | 60767926 | 4.67 | 资产管理公司 |
| | State Street Corp | 39944362 | 3.93 | 资产管理公司 |
| | BlackRock Asset Management Canada Ltd | 40464077 | 3.11 | 资产管理公司 |
| | FMR LLC | 59503472 | 3.00 | 基金公司 |
| | BlackRock, Inc | 66879743 | 3.00 | 私募股权基金公司 |
| | The Vanguard Group, Inc | 68055811 | 3.00 | 基金公司 |
| | Fidelity Management & Research Company | 38220145 | 2.94 | 资产管理公司 |
| | Vanguard Investments Australia Ltd | 36997728 | 2.84 | 投资公司 |
| 8. 美国电话电报公司 | The Vanguard Group | 280533698 | 12.00 | 基金公司 |
| | BlackRock Inc | 287637623 | 12.00 | 私募股权基金公司 |
| | Vanguard Group Inc | 563398685 | 7.71 | 基金公司 |
| | BlackRock Inc | 459849300 | 6.29 | 私募股权基金公司 |
| | State Street Corporation | 296759400 | 4.06 | 资产管理公司 |
| | State Street Corp | 280859593 | 3.87 | 资产管理公司 |
| | Evercore Trust Company, N. A | 208299814 | 3.39 | 信托公司 |
| | BlackRock Asset Management Canada Ltd | 226538421 | 3.10 | 资产管理公司 |
| | Vanguard Investments Australia Ltd | 207673631 | 2.84 | 投资公司 |
| | Vanguard Total Stock Market Index Fund | 204576271 | 2.80 | 基金公司 |
| 9. 美源伯根公司 | Ornella Barra | 11461043 | 12.00 | 个人 |
| | Morgan Stanley | 11533670 | 12.00 | 金融服务公司 |
| | Vanguard Group Inc | 15390455 | 12.00 | 基金公司 |
| | Vanguard Group Inc | 18910594 | 9.08 | 基金公司 |
| | BlackRock Inc | 12325863 | 5.92 | 私募股权基金公司 |
| | State Street Corporation | 7213444 | 3.46 | 资产管理公司 |
| | J. P. Morgan Investment Management Inc | 7099772 | 3.27 | 投资公司 |
| | State Street Corp | 6593599 | 3.04 | 资产管理公司 |
| | Morgan Stanley & Co Inc | 6518255 | 2.96 | 金融服务公司 |
| | Fidelity Management & Research Company | 5998081 | 2.88 | 资产管理公司 |

续表

| 公司名称 | 前十大股东 | 持股份额 | 持股比例（%） | 股东类型 |
|---|---|---|---|---|
| 10. 雪佛龙公司 | Vanguard Group Inc | 157513617 | 8.30 | 基金公司 |
| | BlackRock Inc | 131522440 | 6.93 | 私募股权基金公司 |
| | State Street Corporation | 114215995 | 6.02 | 资产管理公司 |
| | State Street Corp | 114859646 | 5.99 | 资产管理公司 |
| | Chevron Corporation Employee Savings Investment Plan | 93803079 | 4.67 | 雇员储蓄投资公司 |
| | BlackRock Asset Management Canada Ltd | 58748270 | 3.08 | 资产管理公司 |
| | The Vanguard Group | 106508112 | 3.00 | 基金公司 |
| | BlackRock, Inc | 118754384 | 3.00 | 私募股权基金公司 |
| | Vanguard Investments Australia Ltd | 53991826 | 2.84 | 投资公司 |
| | Vanguard Total Stock Market Index Fund | 53210519 | 2.80 | 基金公司 |
| 11. 福特汽车 | Vanguard Group Inc | 301331027 | 7.55 | 基金公司 |
| | BlackRock Inc | 282132515 | 7.07 | 私募股权基金公司 |
| | Evercore Trust Company, N. A | 195831961 | 4.97 | 信托公司 |
| | Newport Trust Co | 184731738 | 4.63 | 信托公司 |
| | State Street Corporation | 177800581 | 4.46 | 资产管理公司 |
| | State Street Corp | 157388709 | 3.98 | 资产管理公司 |
| | BlackRock Asset Management Canada Ltd | 121086176 | 3.04 | 资产管理公司 |
| | BlackRock Fund Advisors | 117543405 | 2.95 | 基金顾问公司 |
| | Vanguard Investments Australia Ltd | 111619285 | 2.80 | 投资公司 |
| | Vanguard Total Stock Market Index Fund | 109963807 | 2.76 | 基金公司 |
| 12. 通用汽车 | UAW Retiree Medical Benefits Trust | 140150000 | 9.34 | 雇员福利信托 |
| | Capital Research and Management Company | 126308325 | 8.85 | 资产管理公司 |
| | Capital World Investors | 111824846 | 7.83 | 投资公司 |
| | Vanguard Group Inc | 102571908 | 7.18 | 基金公司 |
| | BlackRock Inc | 90747140 | 6.36 | 私募股权基金公司 |
| | Berkshire Hathaway Inc | 72269696 | 5.06 | 保险公司 |
| | Harris Associates L. P | 60441886 | 4.23 | 对冲基金公司 |
| | State Street Corporation | 58368510 | 4.09 | 资产管理公司 |
| | State Street Corp | 52917432 | 3.75 | 资产管理公司 |
| | BlackRock Asset Management Canada Ltd | 40566193 | 2.86 | 资产管理公司 |

续表

| 公司名称 | 前十大股东 | 持股份额 | 持股比例（%） | 股东类型 |
| --- | --- | --- | --- | --- |
| 13. 好市多公司 costco | Vanguard Group Inc | 37343168 | 8.49 | 基金公司 |
| | BlackRock Inc | 27410158 | 6.23 | 私募股权基金公司 |
| | Capital Research and Management Company | 21431807 | 4.87 | 资产管理公司 |
| | Costco 401K Retirement Plan | 19177108 | 4.39 | 雇员养老金管理 |
| | State Street Corporation | 18264902 | 4.15 | 资产管理公司 |
| | State Street Corp | 16745254 | 3.82 | 资产管理公司 |
| | Fidelity Management & Research Company | 14806687 | 3.37 | 资产管理公司 |
| | BlackRock Asset Management Canada Ltd | 13648039 | 3.10 | 资产管理公司 |
| | Vanguard Investments Australia Ltd | 12518948 | 2.85 | 投资公司 |
| | Vanguard Total Stock Market Index Fund | 12332777 | 2.80 | 基金公司 |
| 14. Alphabet 公司 | Vanguard Group Inc | 22708312 | 3.27 | 基金公司 |
| | BlackRock Inc | 20205186 | 2.91 | 私募股权基金公司 |
| | State Street Corporation | 11682902 | 1.68 | 资产管理公司 |
| | T. Rowe Price Associates, Inc | 11480467 | 1.66 | 私募股权基金公司 |
| | State Street Corp | 11323454 | 1.63 | 资产管理公司 |
| | Fidelity Management & Research Company | 10930404 | 1.58 | 资产管理公司 |
| | Capital Research and Management Company | 10719665 | 1.55 | 资产管理公司 |
| | BlackRock Asset Management Canada Ltd | 9478218 | 1.37 | 资产管理公司 |
| | FMR Inc | 8856977 | 1.28 | 基金公司 |
| | Fidelity Management and Research Company | 8724620 | 1.26 | 资产管理公司 |
| 15. 嘉德诺健康公司 | Vanguard Group Inc | 35800690 | 12.01 | 基金公司 |
| | The Vanguard Group | 20273763 | 9.00 | 基金公司 |
| | BlackRock, Inc | 23201021 | 9.00 | 私募股权基金公司 |
| | Wellington Management Group, LLP | 33236643 | 9.00 | 投资公司 |
| | BlackRock Inc | 21664018 | 7.27 | 私募股权基金公司 |
| | State Street Corporation | 21128069 | 7.09 | 资产管理公司 |
| | State Street Corp | 15632459 | 5.06 | 资产管理公司 |
| | Macquarie Group Ltd | 14736537 | 4.94 | 投资银行 |
| | Delaware Management Business Trust | 12521767 | 4.20 | 信托公司 |
| | Delaware Management Company | 9575144 | 3.21 | 资产管理公司 |

续表

| 公司名称 | 前十大股东 | 持股份额 | 持股比例（%） | 股东类型 |
|---|---|---|---|---|
| 16. 沃博联公司 | Vanguard Group Inc | 69381382 | 7.68 | 基金公司 |
| | BlackRock Inc | 51515218 | 5.70 | 私募股权基金公司 |
| | State Street Corporation | 46326743 | 5.13 | 资产管理公司 |
| | State Street Corp | 42674084 | 4.30 | 资产管理公司 |
| | BlackRock Asset Management Canada Ltd | 24866165 | 2.72 | 资产管理公司 |
| | Nordea InvestmentMgmt Bank Demark A/s | 22592478 | 2.47 | 投资公司 |
| | Vanguard Investments Australia Ltd | 21857637 | 2.42 | 投资公司 |
| | Vanguard Total Stock Market Index Fund | 21528271 | 2.38 | 基金公司 |
| | Franklin Resources Inc | 20581881 | 2.28 | 投资公司 |
| | BlackRock Institutional Trust Company NA | 21093741 | 2.22 | 信托公司 |
| 17. 威瑞森通信公司 | Berkshire Hathaway Inc | 12952745 | 10.94 | 保险公司 |
| | Vanguard Group Inc | 11556414 | 9.76 | 基金公司 |
| | BlackRock Inc | 9860382 | 8.33 | 私募股权基金公司 |
| | Renaissance Technologies LLC | 6826054 | 6.81 | 投资公司 |
| | Renaissance Technologies Corp | 7688276 | 6.50 | 投资公司 |
| | VA CollegeAmerica New Perspective | 5733444 | 5.10 | 基金公司 |
| | VA CollegeAmerica American Balanced | 5400000 | 4.80 | 基金公司 |
| | T. Rowe Price Mid-Cap Growth Fund | 5000000 | 4.50 | 私募股权基金公司 |
| | VA CollegeAmerica Growth Fund of America | 4745000 | 4.20 | 基金公司 |
| | Capital Research & Mgmt Co-Division 3 | 4800000 | 4.06 | 资产管理公司 |
| 18. 克罗格公司 | Vanguard Group Inc | 67614772 | 8.46 | 基金公司 |
| | BlackRock Inc | 56735439 | 7.10 | 私募股权基金公司 |
| | State Street Corporation | 39698767 | 4.97 | 资产管理公司 |
| | Franklin Resources Inc | 35763867 | 4.48 | 投资公司 |
| | State Street Corp | 35040383 | 4.40 | 资产管理公司 |
| | Fidelity Management & Research Company | 28447054 | 3.56 | 资产管理公司 |
| | Kiwi Wealth KiwiSaver Growth | 15276462 | 3.10 | 养老金管理公司 |
| | BlackRock Asset Management Canada Ltd | 24745755 | 3.07 | 资产管理公司 |
| | Vanguard Investments Australia Ltd | 22764731 | 2.85 | 投资公司 |
| | Vanguard Total Stock Market Index Fund | 22420719 | 2.81 | 基金公司 |

续表

| 公司名称 | 前十大股东 | 持股份额 | 持股比例（%） | 股东类型 |
|---|---|---|---|---|
| 19. 通用电气 | The Vanguard Group | 540039055 | 12.00 | 基金公司 |
| | BlackRock Inc | 569952359 | 12.00 | 私募股权基金公司 |
| | Vanguard Group Inc | 648159140 | 7.43 | 基金公司 |
| | Fidelity Management & Research Company | 609179159 | 6.98 | 资产管理公司 |
| | FMR Inc | 548730993 | 6.29 | 基金公司 |
| | BlackRock Inc | 512742827 | 5.88 | 私募股权基金公司 |
| | Fidelity Management and Research Company | 512661746 | 5.87 | 资产管理公司 |
| | GE Savings and Security Program | 457526825 | 4.29 | 雇员储蓄投资公司 |
| | T. Rowe Price Associates, Inc | 365565828 | 4.19 | 私募股权基金公司 |
| | State Street Corporation | 344435927 | 3.95 | 资产管理公司 |
| 20. 菲利普斯 66 公司 | Vanguard Group Inc | 36451696 | 8.13 | 基金公司 |
| | BlackRock Inc | 30441257 | 6.79 | 私募股权基金公司 |
| | State Street Corporation | 21662834 | 4.83 | 资产管理公司 |
| | Vanguard Fiduciary Trust Co | 24559005 | 4.64 | 信托公司 |
| | State Street Corp | 21184333 | 4.56 | 资产管理公司 |
| | Barrow Hanley Mewhinney & Strauss LLC | 13912034 | 3.10 | 公募基金公司 |
| | Vanguard Fiduciary Trust Company, Trustee | 27940298 | 3.00 | 信托公司 |
| | The Vanguard Group | 29854340 | 3.00 | 基金公司 |
| | BlackRock Inc | 43159793 | 3.00 | 私募股权基金公司 |
| | BlackRock Asset Management Canada Ltd | 12958412 | 2.86 | 资产管理公司 |
| 21. 瓦莱罗能源公司 | BlackRock Inc | 34645065 | 8.36 | 私募股权基金公司 |
| | Vanguard Group Inc | 34131975 | 8.24 | 基金公司 |
| | State Street Corp | 22856297 | 5.33 | 资产管理公司 |
| | State Street Corporation | 21694666 | 5.24 | 资产管理公司 |
| | BlackRock Fund Advisors | 12924597 | 3.12 | 基金顾问公司 |
| | BlackRock Asset Management Canada Ltd | 12876835 | 3.09 | 资产管理公司 |
| | Fidelity Management & Research Company | 12219211 | 2.95 | 资产管理公司 |
| | Vanguard Investments Australia Ltd | 11795689 | 2.85 | 投资公司 |
| | Vanguard Total Stock Market Index Fund | 11620454 | 2.80 | 基金公司 |
| | BlackRock Institutional Trust Company NA | 11612141 | 2.74 | 信托公司 |

续表

| 公司名称 | 前十大股东 | 持股份额 | 持股比例（%） | 股东类型 |
|---|---|---|---|---|
| 22. 微软公司 | The Vanguard Group, Inc | 427545970 | 10.00 | 基金公司 |
| | BlackRock Inc | 477140168 | 10.00 | 私募股权基金公司 |
| | Vanguard Group Inc | 613005516 | 8.03 | 基金公司 |
| | BlackRock Inc | 505715724 | 6.62 | 私募股权基金公司 |
| | Capital Research and Management Company | 370369432 | 4.85 | 资产管理公司 |
| | State Street Corporation | 313098610 | 4.10 | 资产管理公司 |
| | State Street Corp | 289618867 | 3.77 | 资产管理公司 |
| | Fidelity Management & Research Company | 275061811 | 3.60 | 资产管理公司 |
| | FMR Inc | 244481246 | 3.20 | 基金公司 |
| | Fidelity Management and Research Company | 236379639 | 3.10 | 资产管理公司 |
| 23. 家得宝公司 | Vanguard Group Inc | 83324407 | 7.57 | 基金公司 |
| | Capital Research and Management Company | 76283012 | 6.93 | 资产管理公司 |
| | BlackRock Inc | 68408878 | 6.22 | 私募股权基金公司 |
| | Capital World Investors | 58715164 | 5.34 | 投资公司 |
| | State Street Corporation | 52690591 | 4.79 | 资产管理公司 |
| | State Street Corp | 49859399 | 4.32 | 资产管理公司 |
| | BlackRock Asset Management Canada Ltd | 34980870 | 3.18 | 资产管理公司 |
| | The Vanguard Group, Inc | 70639618 | 3.00 | 基金公司 |
| | BlackRock Inc | 83613413 | 3.00 | 私募股权基金公司 |
| | Vanguard Investments Australia Ltd | 31152187 | 2.83 | 投资公司 |
| 24. 波音公司 | Vanguard Group Inc | 40214155 | 7.15 | 基金公司 |
| | T. Rowe Price Associates, Inc | 35740551 | 6.35 | 私募股权基金公司 |
| | Capital Research and Management Company | 35263194 | 6.27 | 资产管理公司 |
| | BlackRock Inc | 34081637 | 6.06 | 私募股权基金公司 |
| | Newport Trust Co | 34014796 | 5.76 | 信托公司 |
| | Evercore Trust Company, N. A | 33709874 | 5.64 | 信托公司 |
| | Newport Trust Co | 30669091 | 5.45 | 信托公司 |
| | State Street Corporation | 26128035 | 4.64 | 资产管理公司 |
| | State Street Corp | 26243183 | 4.56 | 资产管理公司 |
| | VA CollegeAmerica Washington Mutual | 19239200 | 2.90 | 基金公司 |

续表

| 公司名称 | 前十大股东 | 持股份额 | 持股比例（%） | 股东类型 |
| --- | --- | --- | --- | --- |
| 25. 马拉松原油公司 | BlackRock Inc | 56398616 | 8.57 | 私募股权基金公司 |
| | Vanguard Group Inc | 54243048 | 8.24 | 基金公司 |
| | State Street Corp | 23724763 | 5.20 | 资产管理公司 |
| | State Street Corporation | 32807564 | 4.98 | 资产管理公司 |
| | JPMorgan Chase & Co | 23045292 | 3.50 | 金融服务公司 |
| | BlackRock Asset Management Canada Ltd | 20818987 | 3.14 | 资产管理公司 |
| | Vanguard Investments Australia Ltd | 18733751 | 2.85 | 投资公司 |
| | Vanguard Total Stock Market Index Fund | 18452376 | 2.80 | 基金公司 |
| | J. P. Morgan Investment Management Inc | 11831709 | 2.59 | 投资公司 |
| | Vanguard Total Stock Mkt Idx | 11604735 | 2.56 | 基金公司 |
| 26. 康卡斯特电信公司 | The Vanguard Group | 125644169 | 9.00 | 基金公司 |
| | BlackRock Inc | 136426786 | 9.00 | 私募股权基金公司 |
| | Vanguard Group Inc | 391492214 | 8.61 | 基金公司 |
| | BlackRock Inc | 325166060 | 7.15 | 私募股权基金公司 |
| | Capital Research and Management Company | 198201051 | 4.36 | 资产管理公司 |
| | State Street Corp | 179172749 | 3.91 | 资产管理公司 |
| | State Street Corporation | 171753070 | 3.78 | 资产管理公司 |
| | Fidelity Management & Research Company | 170219902 | 3.75 | 资产管理公司 |
| | BlackRock Asset Management Canada Ltd | 140051982 | 3.09 | 资产管理公司 |
| | MFS Investment Management KK | 137773801 | 3.03 | 投资公司 |
| 27. Anthem 公司 | BlackRock Inc | 2959420 | 1.21 | 基金公司 |
| | Allianz Income and Growth | 1884030 | 0.80 | 基金公司 |
| | Cnh Partners, LLC | 1920000 | 0.79 | 对冲基金公司 |
| | Allianz Global Investors | 1758835 | 0.72 | 基金公司 |
| | Calamos Advisors LLC | 1590555 | 0.65 | 资产管理公司 |
| | Fidelity Management and Research Company | 1498708 | 0.62 | 资产管理公司 |
| | BlackRock Global Allocation Inv B | 1515402 | 0.57 | 投资公司 |
| | BlackRock Global Allocation Fund | 1277956 | 0.50 | 基金公司 |
| | Invesco Advisers, Inc | 1091378 | 0.45 | 资产管理公司 |
| | BlackRock Fund Advisors | 1152815 | 0.44 | 基金顾问公司 |

续表

| 公司名称 | 前十大股东 | 持股份额 | 持股比例（%） | 股东类型 |
| --- | --- | --- | --- | --- |
| 28. 戴尔公司 | Vanguard Group, Inc | 66594297 | 3.80 | 基金公司 |
| | Southeastern Asset Management Inc | 64516552 | 3.70 | 资产管理公司 |
| | State Street Corp | 59910377 | 3.40 | 资产管理公司 |
| | T. Rowe Price Associates, Inc | 55190760 | 3.10 | 私募股权基金公司 |
| | Temasek Holdings Ltd | 18181818 | 2.53 | 投资公司 |
| | Dodge & Cox | 14640837 | 2.04 | 基金公司 |
| | Dodge & Cox Stock Fund | 14340717 | 2.00 | 基金公司 |
| | Highfields Capital Management LP | 32829515 | 1.90 | 资产管理公司 |
| | Capital Research and Management Company | 13392144 | 1.86 | 资产管理公司 |
| | Franklin Mutual Advisers, LLC | 32224075 | 1.80 | 顾问公司 |
| 29. 杜邦公司 | Vanguard Group Inc | 60806497 | 8.16 | 基金公司 |
| | BlackRock Inc | 49146250 | 6.59 | 私募股权基金公司 |
| | Capital Research and Management Company | 47107812 | 6.32 | 资产管理公司 |
| | Capital World Investors | 43326002 | 5.81 | 投资公司 |
| | State Street Corporation | 40738459 | 5.46 | 资产管理公司 |
| | Vanguard Group, Inc | 48094516 | 5.20 | 基金公司 |
| | State Street Corp | 25835494 | 2.97 | 资产管理公司 |
| | Vanguard Investments Australia Ltd | 21813928 | 2.84 | 投资公司 |
| | Vanguard Total Stock Market Index Fund | 20893528 | 2.80 | 基金公司 |
| | T. Rowe Price Associates, Inc | 20063741 | 2.69 | 私募股权基金公司 |
| 30. 强生公司 | Vanguard Group Inc | 225158988 | 8.53 | 基金公司 |
| | BlackRock Inc | 187850991 | 7.12 | 私募股权基金公司 |
| | State Street Corporation | 152495321 | 5.78 | 资产管理公司 |
| | State Street Corp | 148964793 | 5.55 | 资产管理公司 |
| | BlackRock Asset Management Canada Ltd | 84041206 | 3.17 | 资产管理公司 |
| | Vanguard Investments Australia Ltd | 75085923 | 2.85 | 投资公司 |
| | Vanguard Total Stock Market Index Fund | 73959437 | 2.80 | 基金公司 |
| | BlackRock Institutional Trust Company NA | 68695895 | 2.56 | 信托公司 |
| | Vanguard Total Stock Mkt Idx | 67418502 | 2.51 | 基金公司 |
| | BlackRock Fund Advisors | 62099096 | 2.35 | 基金顾问公司 |

续表

| 公司名称 | 前十大股东 | 持股份额 | 持股比例（%） | 股东类型 |
| --- | --- | --- | --- | --- |
| 31. 国际商业机器公司 | Warren E. Buffett | 76980817 | 12.00 | 个人 |
| | BlackRock Inc | 53231078 | 12.00 | 私募股权基金公司 |
| | The Vanguard Group | 55042685 | 12.00 | 基金公司 |
| | Vanguard Group Inc | 71871784 | 8.11 | 基金公司 |
| | BlackRock Inc | 60483600 | 6.83 | 私募股权基金公司 |
| | State Street Corporation | 53679173 | 6.06 | 资产管理公司 |
| | State Street Corp | 49866766 | 5.46 | 资产管理公司 |
| | Berkshire Hathaway Inc | 37026698 | 4.00 | 保险公司 |
| | BlackRock Asset Management Canada Ltd | 27683582 | 3.12 | 资产管理公司 |
| | Vanguard Investments Australia Ltd | 25203917 | 2.85 | 投资公司 |
| 32. 塔吉特公司 | State Street Corporation | 45051027 | 8.81 | 资产管理公司 |
| | State Street Corp | 44655648 | 8.38 | 资产管理公司 |
| | Vanguard Group Inc | 40186903 | 7.86 | 基金公司 |
| | BlackRock Inc | 38126306 | 7.46 | 私募股权基金公司 |
| | Bank of America Corporation | 22782764 | 4.46 | 银行 |
| | Capital Research and Management Company | 22088050 | 4.32 | 资产管理公司 |
| | The Vanguard Group | 34467771 | 4.00 | 基金公司 |
| | BlackRock Asset Management Canada Ltd | 16357513 | 3.19 | 资产管理公司 |
| | Capital World Investors | 15752594 | 3.08 | 资产管理公司 |
| | BlackRock Institutional Trust Company NA | 16080419 | 3.08 | 信托公司 |
| 33. UPS 快递公司 | Vanguard Group Inc | 55758854 | 6.49 | 基金公司 |
| | BlackRock Inc | 42612710 | 4.96 | 私募股权基金公司 |
| | State Street Corporation | 28221253 | 3.29 | 资产管理公司 |
| | State Street Corp | 26628842 | 3.10 | 资产管理公司 |
| | Capital Research and Management Company | 25521263 | 2.97 | 资产管理公司 |
| | BlackRock Asset Management Canada Ltd | 21484158 | 2.50 | 资产管理公司 |
| | Vanguard Investments Australia Ltd | 19851351 | 2.31 | 投资公司 |
| | Vanguard Total Stock Market Index Fund | 19559403 | 2.28 | 基金公司 |
| | Fidelity Management & Research Company | 18688070 | 2.18 | 资产管理公司 |
| | Vanguard Total Stock Mkt Idx | 17335226 | 2.01 | 基金公司 |

续表

| 公司名称 | 前十大股东 | 持股份额 | 持股比例（%） | 股东类型 |
|---|---|---|---|---|
| 34. 劳氏公司 | Vanguard Group Inc | 66234867 | 8.54 | 基金公司 |
| | BlackRock Inc | 53745915 | 6.93 | 私募股权基金公司 |
| | State Street Corporation | 34999159 | 4.51 | 资产管理公司 |
| | State Street Corp | 33013495 | 4.05 | 资产管理公司 |
| | Capital Research Global Investors | 30058254 | 3.87 | 投资公司 |
| | Fidelity Management & Research Company | 24305755 | 3.13 | 资产管理公司 |
| | BlackRock Asset Management Canada Ltd | 24769538 | 3.11 | 资产管理公司 |
| | Wellington Management Group LLP | 53285584 | 3.00 | 资产管理公司 |
| | BlackRock Inc | 59104604 | 3.00 | 私募股权基金公司 |
| | The Vanguard Group, Inc | 59127623 | 3.00 | 基金公司 |
| 35. 因特尔公司 | Vanguard Group Inc | 363624758 | 8.21 | 基金公司 |
| | BlackRock Inc | 293073773 | 6.62 | 私募股权基金公司 |
| | Capital Research and Management Company | 272406354 | 6.15 | 资产管理公司 |
| | State Street Corporation | 195542175 | 4.41 | 资产管理公司 |
| | State Street Corp | 185917058 | 4.03 | 资产管理公司 |
| | Capital World Investors | 140944001 | 3.18 | 投资公司 |
| | BlackRock Asset Management Canada Ltd | 138816860 | 3.10 | 资产管理公司 |
| | Capital Research &Mgmt Co-Division 3 | 132621929 | 2.99 | 资产管理公司 |
| | Vanguard Investments Australia Ltd | 126017831 | 2.84 | 投资公司 |
| | Vanguard Total Stock Market Index Fund | 124126315 | 2.80 | 基金公司 |
| 36. 美国邮政服务公司 | 无（非上市公司，其控制权由美国政府掌握） | | | |
| 37. 宝洁公司 | Vanguard Group Inc | 218459217 | 8.73 | 基金公司 |
| | The Vanguard Group | 147039654 | 8.00 | 基金公司 |
| | BlackRock Inc | 158709017 | 8.00 | 私募股权基金公司 |
| | BlackRock Inc | 167930647 | 6.71 | 私募股权基金公司 |
| | State Street Corporation | 116868378 | 4.67 | 资产管理公司 |
| | State Street Corp | 108470260 | 4.34 | 资产管理公司 |
| | BlackRock Asset Management Canada Ltd | 77997839 | 3.11 | 资产管理公司 |
| | Procter & Gamble Company Profit Sharing Trust and Employee Stock Ownership | 94377351 | 3.11 | 雇员利润分享信托 |
| | Vanguard Investments Australia Ltd | 71227950 | 2.85 | 投资公司 |
| | Vanguard Total Stock Market Index Fund | 70167955 | 2.80 | 基金公司 |

续表

| 公司名称 | 前十大股东 | 持股份额 | 持股比例（%） | 股东类型 |
|---|---|---|---|---|
| 38. 联合技术公司 | State Street Corp | 88009899 | 11.00 | 资产管理公司 |
| | State Street Corporation | 94461029 | 10.95 | 资产管理公司 |
| | Vanguard Group Inc | 68834966 | 7.98 | 基金公司 |
| | BlackRock Inc | 57136806 | 6.62 | 私募股权基金公司 |
| | The Vanguard Group | 50504078 | 3.00 | 基金公司 |
| | BlackRock, Inc | 51933863 | 3.00 | 私募股权基金公司 |
| | BlackRock Asset Management Canada Ltd | 25041690 | 2.90 | 资产管理公司 |
| | Vanguard Investments Australia Ltd | 24520048 | 2.84 | 投资公司 |
| | Vanguard Total Stock Market Index Fund | 24198464 | 2.80 | 基金公司 |
| | BlackRock Fund Advisors | 22253438 | 2.58 | 基金顾问公司 |
| 39. 联邦快递 | New York Life Insurance Co | 120000400 | 46.00 | 保险公司 |
| | New York Life Insurance & Annuity Corp | 76000500 | 29.13 | 保险公司 |
| | Dodge & Cox | 22585089 | 8.66 | 基金公司 |
| | FMR LLC | 16095204 | 8.00 | 基金公司 |
| | The Vanguard Group, Inc | 16097593 | 8.00 | 基金公司 |
| | BlackRock Inc | 17136196 | 8.00 | 私募股权基金公司 |
| | Frederick W. Smith | 19533041 | 8.00 | 个人 |
| | Vanguard Group Inc | 19749577 | 7.57 | 基金公司 |
| | BlackRock Inc | 16165179 | 6.20 | 私募股权基金公司 |
| | PRIMECAP Management Company | 14953732 | 5.73 | 资产管理公司 |
| 40. 百事公司 | Vanguard Group Inc | 114097547 | 8.16 | 基金公司 |
| | BlackRock Inc | 102361480 | 7.32 | 私募股权基金公司 |
| | State Street Corporation | 65844809 | 4.71 | 资产管理公司 |
| | State Street Corp | 60067140 | 4.25 | 资产管理公司 |
| | BlackRock Asset Management Canada Ltd | 44144355 | 3.15 | 资产管理公司 |
| | BlackRock Inc | 78343156 | 3.00 | 私募股权基金公司 |
| | The Vanguard Group | 93105082 | 3.00 | 基金公司 |
| | Vanguard Investments Australia Ltd | 39817474 | 2.85 | 投资公司 |
| | Vanguard Total Stock Market Index Fund | 39227282 | 2.81 | 基金公司 |
| | BlackRock Institutional Trust Company NA | 36047643 | 2.55 | 信托公司 |

续表

| 公司名称 | 前十大股东 | 持股份额 | 持股比例（%） | 股东类型 |
|---|---|---|---|---|
| 41. ADM 公司 | State Farm Mutual Automobile Ins Co | 54661984 | 9.81 | 保险公司 |
| | Vanguard Group Inc | 44424612 | 7.98 | 基金公司 |
| | BlackRock Inc | 40948018 | 7.35 | 私募股权基金公司 |
| | State Street Corporation | 35959828 | 6.46 | 资产管理公司 |
| | State Street Corp | 31898439 | 5.71 | 资产管理公司 |
| | BlackRock Asset Management Canada Ltd | 17795017 | 3.18 | 资产管理公司 |
| | Macquarie Group Ltd | 17540310 | 3.15 | 投资银行 |
| | BlackRock Inc | 36218168 | 3.00 | 私募股权基金公司 |
| | The Vanguard Group | 38788187 | 3.00 | 基金公司 |
| | State Farm Mutual Automobile Insurance Company and Related Entities | 56594530 | 3.00 | 保险公司 |
| 42. 艾伯森公司 | 非上市公司，无公开披露数据（于 2015 年 7 月 8 日递交 IPO 招股说明书，因故推迟，后于 2018 年 4 月 6 日撤回 IPO 申请）① | | | |
| 43. 华特迪士尼公司 | Vanguard Group Inc | 131103772 | 7.28 | 基金公司 |
| | BlackRock Inc | 110917157 | 6.16 | 私募股权基金公司 |
| | State Street Corp | 63592643 | 4.24 | 资产管理公司 |
| | State Street Corporation | 73122093 | 4.06 | 资产管理公司 |
| | BlackRock Asset Management Canada Ltd | 53909211 | 3.00 | 资产管理公司 |
| | Vanguard Investments Australia Ltd | 51238432 | 2.84 | 投资公司 |
| | Fidelity Management & Research Company | 50431985 | 2.80 | 资产管理公司 |
| | Vanguard Total Stock Market Index Fund | 50477133 | 2.80 | 基金公司 |
| | BlackRock Institutional Trust Company NA | 36860934 | 2.48 | 信托公司 |
| | Vanguard Total Stock Mkt Idx | 35599302 | 2.37 | 基金公司 |

① 依照目前所掌握的状况其控制权应由 Supervalu. Inc、CVS Health Corp. 和 Cerberus 资产管理公司联合掌握。

续表

| 公司名称 | 前十大股东 | 持股份额 | 持股比例（%） | 股东类型 |
|---|---|---|---|---|
| 44. 西斯科公司 | The Vanguard Group and Certain Affiliates | 31239368 | 9. 00 | 基金公司 |
| | Yacktman Asset Management LP | 31631921 | 9. 00 | 资产管理公司 |
| | State Street Corporation and Certain Affiliates | 32257974 | 9. 00 | 资产管理公司 |
| | BlackRock, Inc. and Certain Affiliates | 33049090 | 9. 00 | 私募股权基金公司 |
| | Nelson Peltz | 42061438 | 9. 00 | 个人 |
| | Vanguard Group Inc | 44414289 | 8. 66 | 基金公司 |
| | Trian Fund Management, L. P. | 37656181 | 7. 24 | 基金公司 |
| | BlackRock Inc | 31130419 | 6. 07 | 私募股权基金公司 |
| | State Street Corporation | 25157368 | 4. 91 | 资产管理公司 |
| | Trian Fund Management LP | 23671603 | 4. 62 | 基金公司 |
| 45. 惠普公司 | Vanguard Group Inc | 128721015 | 8. 55 | 基金公司 |
| | Dodge & Cox | 116999173 | 7. 77 | 基金公司 |
| | BlackRock Inc | 99715046 | 6. 62 | 私募股权基金公司 |
| | Dodge & Cox Stock Fund | 74243278 | 4. 93 | 基金公司 |
| | State Street Corporation | 73042565 | 4. 85 | 资产管理公司 |
| | State Street Corp | 71213087 | 4. 42 | 资产管理公司 |
| | Nomura Holdings Inc | 63304360 | 4. 20 | 投资银行 |
| | PRIMECAP Management Company | 59855479 | 3. 97 | 资产管理公司 |
| | Dodge & Cox Stock | 51646578 | 3. 21 | 基金公司 |
| | BlackRock Asset Management Canada Ltd | 47358812 | 3. 09 | 资产管理公司 |
| 46. 哈门那公司 | Capital Research and Management Company | 21754135 | 16. 10 | 资产管理公司 |
| | BlackRock Inc | 12049260 | 8. 92 | 私募股权基金公司 |
| | Vanguard Group Inc | 10226514 | 7. 57 | 基金公司 |
| | Capital Research & Mgmt Co-Division 3 | 10032148 | 7. 43 | 资产管理公司 |
| | FMR Inc | 7295134 | 5. 40 | 基金公司 |
| | Capital Research Global Investors | 6972920 | 5. 16 | 投资公司 |
| | VA CollegeAmerica Washington Mutual | 7620000 | 5. 10 | 基金公司 |
| | Fidelity Management and Research Company | 6806460 | 5. 04 | 资产管理公司 |
| | American Funds Washington Mutual Fund | 6572000 | 4. 86 | 基金公司 |
| | VA CollegeAmerica WA Mutual 529B | 6070000 | 4. 41 | 基金公司 |

续表

| 公司名称 | 前十大股东 | 持股份额 | 持股比例（%） | 股东类型 |
| --- | --- | --- | --- | --- |
| 47. Facebook 公司 | Vanguard Group Inc | 180682575 | 6.33 | 基金公司 |
| | Capital Research and Management Company | 160088243 | 5.61 | 资产管理公司 |
| | BlackRock Inc | 151662410 | 5.32 | 私募股权基金公司 |
| | Fidelity Management & Research Company | 126399628 | 4.43 | 资产管理公司 |
| | FMR Inc | 119350468 | 4.18 | 基金公司 |
| | Fidelity Management and Research Company | 117425782 | 4.12 | 资产管理公司 |
| | T. Rowe Price Associates, Inc | 107134037 | 3.76 | 私募股权基金公司 |
| | State Street Corporation | 92808391 | 3.25 | 资产管理公司 |
| | State Street Corp | 88371153 | 3.06 | 资产管理公司 |
| | BlackRock Asset Management Canada Ltd | 73540355 | 2.58 | 资产管理公司 |
| 48. 卡特彼勒公司 | The Vanguard Group | 37804827 | 12.00 | 基金公司 |
| | State Street Corporation and various direct and indirect subsidiaries | 59086900 | 12.00 | 资产管理公司 |
| | Vanguard Group Inc | 50200890 | 8.92 | 基金公司 |
| | State Street Corporation | 46737659 | 8.31 | 资产管理公司 |
| | State Street Corp | 46702006 | 7.86 | 资产管理公司 |
| | BlackRock Inc | 34992879 | 6.22 | 私募股权基金公司 |
| | State Farm Mutual Automobile Ins Co | 21017733 | 3.74 | 保险公司 |
| | BlackRock Asset Management Canada Ltd | 17779424 | 3.11 | 资产管理公司 |
| | Capital Research Global Investors | 17401260 | 2.97 | 投资公司 |
| | Vanguard Investments Australia Ltd | 16006982 | 2.85 | 投资公司 |
| 49. Energy Transfer 公司 | Harvest Fund Advisors LLC | 55781824 | 4.78 | 基金顾问公司 |
| | Alps Advisors Inc | 52995008 | 4.54 | 顾问公司 |
| | Blackstone Group LP | 49033718 | 4.21 | 私募股权基金公司 |
| | OppenheimerFunds Inc | 45175072 | 3.87 | 基金公司 |
| | UBS Securities LLC | 44255484 | 3.79 | 证券公司 |
| | OFI SteelPath, Inc | 43168247 | 3.70 | 基金公司 |
| | Alerian MLP ETF | 43412583 | 3.68 | 基金公司 |
| | Tortoise Capital Advisors, LLC | 41992731 | 3.60 | 顾问公司 |
| | Goldman Sachs Asset Management LP | 35929490 | 3.08 | 资产管理公司 |
| | Goldman, Sachs & Co | 35400462 | 3.04 | 投资银行 |

续表

| 公司名称 | 前十大股东 | 持股份额 | 持股比例(%) | 股东类型 |
| --- | --- | --- | --- | --- |
| 50. 洛克希德-马丁公司 | State Street Corp | 45439516 | 15. 96 | 资产管理公司 |
| | State Street Corporation | 44107368 | 15. 62 | 资产管理公司 |
| | Capital Research and Management Company | 24691448 | 8. 74 | 资产管理公司 |
| | Vanguard Group Inc | 21642359 | 7. 66 | 基金公司 |
| | BlackRock Inc | 17794495 | 6. 30 | 私募股权基金公司 |
| | Capital World Investors | 17376400 | 6. 15 | 投资公司 |
| | Wellington Management Company LLP | 12622255 | 4. 47 | 资产管理公司 |
| | Bank of America Corp | 9660686 | 3. 42 | 银行 |
| | Bank of America Corporation | 9660686 | 3. 42 | 银行 |
| | VA CollegeAmerica Washington Mutual | 9666900 | 3. 10 | 基金公司 |

从表5-3中可以清楚地看到，在美国最大的50家非金融公司中，第一大股东持股比例超过5%的公司合计有44家，公司数量占比88%，公司资产占比92.91%。而只有4家公司第一大股东持股比例不超过5%，并达到了一个股权极其分散的程度以致不存在拥有相对较多持股比例的股东存在。在美国50家最大的非金融公司中，这些公司是极少数的存在，仅占公司数量的8%，公司资产的6.35%。这说明在美国最大的50家非金融公司中具有相对控制地位的大股东普遍存在。虽然在美国最大的50家非金融公司中几乎不存在持股比例超过50%的具有绝对控制地位的大股东，但由于股权高度分散，那些相对持有一个较高比例的股东就可以掌握股份公司实际的控制权。也就是说，即使前十大股东掌握着少数的所有权（大多数的情况下不超过30%），但对于更加分散的中小股东来说，他们仍然处于能够对实际资本行使控制权的地位。并且，在这些大公司中，凭借少数所有权而掌握控制权的相对较大股东中绝大多数都是机构投资者。因此，可以得出结论，20世纪80年代以来逐渐兴起的机构投资者干预主义的影响一直持续到今天的美国现代公司治理之中，并且机构投资者更为直接地掌握着对股份资本实际控制的权力。如今在美国大型股份公司的资本占有结构中，处于相对控制地位的大股东始终稳定存在，并且这种控制地位是通过其所拥有的对公司股份资本的少数所有权而实现的。

**表 5-3　美国最大 50 家非金融公司第一大股东持股比例分布**

| 第一大股东持股比例 | 公司数量（家） | 公司数量所占比例（%） | 公司资产（百万美元） | 公司资产所占比例（%） |
|---|---|---|---|---|
| 大于 50% | 0 | 0 | 0 | 0 |
| 30%～50% | 2 | 4 | 271625 | 4.22 |
| 5%～30% | 42 | 84 | 5707032.8 | 88.69 |
| 小于 5% | 4 | 8 | 408456 | 6.35 |
| 其　他 | 2 | 4 | 47464 | 0.74 |
| 合　计 | 50 | 100 | 6434577.8 | 100 |

## （二）控制权的归属

在全面了解到美国最大的 50 家非金融公司股东的持股情况后，将进一步讨论这些公司的控制权归属情况。正如在第四章中已经说明的，当一家公司存在一个或几个股东持有相对较多比例之股份时，这些持股比例相对较多的大股东就可以在事实上对公司实际生产和实际资本运用的决策进行影响和控制，而由于股权的分散，大股东往往通过一个很小的持股比例即可实现这种控制。

根据股东持股情况的不同，将这些公司分类为四种控制类型。在分类的过程中，不得不设置一些比较武断的分类标准。一是那些最大股东持股比例超过50%以上的公司，可被归类为多数所有权控制。在这类公司中，大股东凭借其对多数有投票权股票的所有权而实质上被赋予了法律意义上的控制权，尤其是选举公司经营管理者的权力。二是那些最大股东持股比例小于 50%但大于30%的公司，可被归类为近半数所有权控制。在股权极度分散的情况下，存在单一持有超过 50%股权的大股东是极其罕见的情况，就连单一持股比例超过30%也是极不多见的。因此，当一家公司存在持股比例超过 30%的大股东时，即使并未达到 50%持股比例，也可以认为在这些公司中大股东所拥有的近半数所有权意味着几乎不会被动摇的实际控制权。三是那些最大股东持股比例小于30%但大于 5%的公司，可被归类为少数所有权控制。在这类公司中，股权相当分散，如果一个或几个股东持有相对而言较多比例的股票，那么他们就能够凭借其少数所有权而处于公司的控制地位。一般来说，他们控制权力的获取和保持不仅仅在于其所拥有的少数股票所有权，也同时被这一能力而加强，即他们具有能够从极其分散的中小股东手中吸引代理投票权的能力。这些代理投票权与他们实际持有的少数股权相结合，保证了他们在公司实际决策中的控制力。四是那些最大股东持股比例小于 5%的公司，可被归类为经营者控制。在这类公司中，股权的分散程度达到某种极致，以至于没有哪个个人或集团能够持有哪怕是相对较多的足以控制公司决策的股权。也就是没有哪个股东能够仅仅凭借其所持有的股权而处于能够对公司经营者决策施加较大压力的地位，也没有哪个股东能够有能力以其持有的股票为核心集中多数投票权而处于控制地位，在这一类公司中，公司资本的实际控制权由公司经营者掌握。

根据上述分类，表 5-4 列举了美国最大的 50 家非金融公司控制权归属的情况及其所属的控制类型。可以看到，少数所有权控制是当前美国大型公司的常态。在目前美国的大型公司中，与多数所有权控制（或近半数所有权控制）和经营者控制相比，少数所有权控制是更为普遍的现象。大股东往往凭借一个相对其他更为分散的中小股东的较大持股比例就可以在公司的实际决策中获得控制地位，尽管他们持有的股权比例本身处于一个很低的水平。并且这些大股东多数以机构投资者的身份存在，而这些作为大股东的机构投资者背后所对应的是几个十分固定的资本集团。用更为直接的语言表述就是，当前美国巨型公司的大多数控制权都被机构投资者所掌握，而这些机构投资者背后对应的是几家十分固定的大型资本集团。并且，他们的控制地位是通过拥有公司股份资本的少数所有权而实现的，但正是这些少数所有权在股权相当分散的条件下，赋予了他们多数的控制权。因此，他们不仅掌握对其所有资本的控制权，同时被赋予了对更大范围的他人资本的控制权。

**表 5-4　美国最大 50 家非金融公司控制权归属状况**

| 公司名称 | 控制类型 | 主要控制权归属集团 | 资产额（百万美元） |
| --- | --- | --- | --- |
| 1. 沃尔玛 | 近半数所有权控制 | 沃尔顿家族 | 219295 |
| 2. 埃克森美孚石油公司 | 少数所有权控制 | 先锋集团和贝莱德集团 | 346196 |
| 3. 苹果公司 | | 先锋集团、贝莱德集团和伯克希尔—哈撒韦集团 | 365725 |
| 4. 亚马逊公司 | | 先锋集团和贝莱德集团 | 162648 |
| 5. 联合健康集团 | | 资本研究与管理公司、先锋集团、贝莱德集团 | 152221 |
| 6. 麦克森医药 | | 先锋集团和贝莱德集团 | 59672 |

续表

| 公司名称 | 控制类型 | 主要控制权归属集团 | 资产额（百万美元） |
|---|---|---|---|
| 7. CVS 健康公司 | 少数所有权控制 | 先锋集团和贝莱德集团 | 196456 |
| 8. 美国电话电报公司 | | | 531864 |
| 9. 美源伯根公司 | | Ornella Barra（个人）、摩根士丹利集团 | 37669.8 |
| 10. 雪佛龙公司 | | 先锋集团、贝莱德集团、道富集团 | 253863 |
| 11. 福特汽车 | | 先锋集团和贝莱德集团 | 256540 |
| 12. 通用汽车 | | 全美汽车工人联合会退休人员医疗福利信托、资本研究与管理公司 | 227339 |
| 13. 好市多公司 | | 先锋集团和贝莱德集团 | 40830 |
| 14. Alphabet 公司 | 经营者控制 | 公司经营者 | 136819 |
| 15. 嘉德诺健康公司 | 少数所有权控制 | 先锋集团和贝莱德集团 | 39951 |
| 16. 沃博联公司 | | | 68124 |
| 17. 威瑞森通信公司 | | 伯克希尔哈撒韦集团、先锋集团、贝莱德集团 | 264829 |
| 18. 克罗格公司 | | 先锋集团和贝莱德集团 | 38118 |
| 19. 通用电气 | | | 309129 |
| 20. 菲利普斯 66 公司 | | | 54302 |
| 21. 瓦莱罗能源公司 | | | 50155 |
| 22. 微软公司 | | | 258848 |
| 23. 家得宝公司 | | 先锋集团、资本研究与管理公司、贝莱德集团 | 44003 |
| 24. 波音公司 | | 先锋集团、T. Rowe Price 集团、资本研究与管理公司、贝莱德集团 | 117359 |
| 25. 马拉松原油公司 | | 贝莱德集团和先锋集团 | 92940 |
| 26. 康卡斯特电信公司 | | 先锋集团和贝莱德集团 | 251684 |
| 27. Anthem 公司 | 经营者控制 | 公司经营者 | 71571 |
| 28. 戴尔公司 | | | 111820 |
| 29. 杜邦公司 | 少数所有权控制 | 先锋集团和贝莱德集团 | 188030 |
| 30. 强生公司 | | | 152954 |
| 31. 国际商业机器公司 | | Warren E. Buffett（个人）、先锋集团和贝莱德集团 | 123382 |

续表

| 公司名称 | 控制类型 | 主要控制权归属集团 | 资产额（百万美元） |
| --- | --- | --- | --- |
| 32. 塔吉特公司 | 少数所有权控制 | 先锋集团和贝莱德集团 | 41290 |
| 33. UPS 快递公司 | | | 50016 |
| 34. 劳氏公司 | | | 34508 |
| 35. 因特尔公司 | | | 127963 |
| 36. 美国邮政服务公司 | 其他 | 美国政府 | 26688 |
| 37. 宝洁公司 | 少数所有权控制 | 先锋集团和贝莱德集团 | 118310 |
| 38. 联合技术公司 | | 道富集团、先锋集团和贝莱德集团 | 134211 |
| 39. 联邦快递 | 近半数所有权控制 | 纽约人寿保险集团 | 52330 |
| 40. 百事公司 | 少数所有权控制 | 先锋集团和贝莱德集团 | 77648 |
| 41. ADM 公司 | | State Farm 保险集团、先锋集团、贝莱德集团 | 40833 |
| 42. 艾伯森公司 | 其他 | Supervalu Inc.、CVS Health Corp 和 Cerberus 资产管理公司 | 20776 |
| 43. 华特迪士尼公司 | 少数所有权控制 | 先锋集团和贝莱德集团 | 98598 |
| 44. 西斯科公司 | | 先锋集团、雅克曼集团、道富集团、贝莱德集团、Nelson Peltz（个人） | 18070 |
| 45. 惠普公司 | | 先锋集团、道奇集团、贝莱德集团 | 34622 |
| 46. 哈门那公司 | | 资本研究与管理公司、贝莱德集团、先锋集团 | 25413 |
| 47. Facebook 公司 | | 先锋集团、资本研究与管理公司、贝莱德集团 | 97334 |
| 48. 卡特彼勒公司 | | 先锋集团、道富集团、贝莱德集团 | 78509 |
| 49. Energy Transfer 公司 | 经营者控制 | 公司经营者 | 88246 |
| 50. 洛克希德—马丁公司 | 少数所有权控制 | 道富集团、资本研究与管理公司、先锋集团、贝莱德集团 | 44876 |

资料来源：根据美国最大50家非金融公司股东持股情况和公开披露数据整理制表。

由表5-5可知，在美国最大的50家非金融公司中，少数所有权控制类型的公司有42家，数量占比84%，资产占比达88.69%。这更直观地表明，在当前美国巨型公司中少数所有权控制的普遍性。与之相对应，经营者控制类型的公司有4家，数量占比8%，资产占比6.35%；而近半数所有权控制类型的公司仅有2家，资产占比仅4%。这就表明，与伯利和米恩斯所研究的20世纪30年代的情况完全不同，经营者控制已不再是美国巨型公司控制权归属的多数情况。取而代之的是随着机构投资者干预主义的兴起，机构投资者已成为拥有少数股权的控股股东。而这些机构投资者的背后对应着某几个十分固定的资本集团。也就是对这些公司的控制权越来越多地集中于这些少数资本集团的手中。

**表5-5　美国最大50家非金融公司控制类型**

| 控制类型 | 公司数量（家） | 公司数量占比（%） | 公司资产（百万美元） | 公司资产占比（%） |
|---|---|---|---|---|
| 多数所有权控制 | 0 | 0 | 0 | 0 |
| 近半数所有权控制 | 2 | 4 | 271625 | 4.22 |
| 少数所有权控制 | 42 | 84 | 5707032.8 | 88.69 |
| 经营者控制 | 4 | 8 | 408456 | 6.35 |
| 其他 | 2 | 4 | 47464 | 0.74 |
| 合计 | 50 | 100% | 6434577.8 | 100 |

如表5-6所示，在美国最大的50家非金融公司中，由先锋集团和贝莱德集团联合控制或参与控制的公司达40家，控制公司数量占比80%，控制公司资产占比达84.57%。除此之外，资本研究与管理公司、道富集团、伯克希尔—哈撒韦集团、沃尔顿家族、摩根士丹利集团、纽约人寿保险集团、道奇集团等都是美国巨型公司控制权的主要归属者。这更加充分地表明，不仅美国巨型公司的控制权普遍被作为大股东的拥有少数所有权的机构投资者所掌握，而且这些机构投资者背后对应着的是几个十分固定和集中的资本集团。因此，不难得出结论，在当前美国巨型现代公司的治理结构中，一方面，机构投资者掌握着股份资本的少数所有权；另一方面，它们同时掌握着对股份资本的实际控制权。股份资本的所有权与控制权在一个相当集中的主体手中实现了合一。

**表 5-6　美国最大 50 家非金融公司最终控制权主要所属集团**

| 直接或参与控制的集团名称 | 控制公司数量（家） | 控制公司数量占比（%） | 控制公司资产（百万美元） | 控制公司资产占比（%） |
|---|---|---|---|---|
| 先锋集团 | 40 | 80 | 5442024 | 84. 57 |
| 贝莱德集团 | 40 | 80 | 5442024 | 84. 57 |
| 资本研究与管理公司 | 7 | 14 | 708545 | 11. 01 |
| 道富集团 | 5 | 10 | 529529 | 8. 23 |
| 伯克希尔—哈撒韦集团 | 2 | 4 | 630054 | 9. 79 |
| 沃尔顿家族 | 1 | 2 | 219295 | 3. 41 |
| 摩根士丹利集团 | 1 | 2 | 37669. 8 | 2. 82 |
| 纽约人寿保险集团 | 1 | 2 | 52330 | 0. 81 |
| 道奇集团 | 1 | 2 | 34622 | 0. 54 |

## （三）所有权与控制权合一与分离情况

在清楚地明确了美国最大的 50 家非金融公司控制权的归属情况以后，将据此进一步考察在这些大型股份公司治理之中所有权与控制权合一与分离的情况。

总体来说，在美国最大的 50 家非金融公司的控制类型中，无论是从公司数量还是从控制的公司资产来看，少数所有权控制都占据了压倒性的绝大多数。在这些股份公司之中，一个或几个大股东的集合凭借其所拥有的公司股份资本的少数私人所有权而获得了在股份公司实际运行和决策中的控制地位。对于这些大股东而言，他们既掌握公司股份资本的一部分私人所有权，同时又掌握对公司全部股份资本作为职能资本的控制权。因此，私人所有权与控制权在他们的手中实现了合一，并且这种控制权的获取完全是建立在他们对其所拥有的那一小部分股份资本的私人权力之上。对于其他中小股东而言，由于股权的极度分散，他们对公司实际运行和决策所能施加影响的能力和动机都十分微弱。因此，对中小股东来说，他们所掌握的仅仅是对各自那一小部分股份资本的私人所有权，却几乎完全不具有对公司职能资本控制的权力。在中小股东的手中是私人所有权与控制权的分离，但这丝毫不能改变他们所丧失的那部分控制权，被同样作为私人所有者的大股东所掌握的事实。因此，在这里发生的仅仅是对职能资本的控制权从分散的中小股东手中转移到了大股东手中。也就是说，对中小股东而言的两权分离对应着大股东的两权合一。

上述分析对近半数所有权控制类型的公司几乎完全适用。唯一的不同可能仅仅在于，在近半数所有权控制的公司中，大股东对于公司职能资本控制的权力相较于少数所有权控制的公司来说更加地不可动摇。在这里，中小股东私人所有权所对应的那部分控制权，被更加坚定地让渡给了居于稳定控制地位的大股东。

对于经营者控制的公司而言，由于几乎不存在持有相对较高持股比例的大股东，因此所有股东都是作为中小股东的存在。在这类公司中，几乎没有任何个人或集团能够凭借对股份资本的私人所有权而获取对其职能形态的控制地位。这时，这种控制权便很有可能被直接参与公司决策活动的公司经营管理者所掌握。因此，在这里，股份资本的私人所有权就同其作为职能资本的控制权几乎完全分离。

表5-7详细列举了在美国最大的50家非金融公司治理中所有权与控制权合一与分离的情况。并且在表5-8中对这一情况进行了一个大致的归纳。从中可知，与20世纪30年代的情况截然不同，当前美国大型股份公司所有权与控制权的分离已经不再是普遍存在的现象，取而代之的是股份资本所有权与控制权重新同时被拥有少数所有权的大股东所掌握。且这些大股东大多以机构投资者的身份存在，而在这些机构投资者背后所对应的往往是几个固定的资本集团。因而也可以这样认为，自20世纪80年代机构投资者干预主义兴起以来，在美国现代公司治理中，股份资本的所有权与控制权从分离逐渐走向了更为集中的合一。目前，这种所有权与控制权的合一在美国大型现代公司治理中以极其集中的程度表现出来，并且两权合一主体的集中同时对应着在更加广泛且分散的大众投资者手中所有权与控制权的分离。也就是中小股东的基于私人所有权所对应的那部分控制权力的丧失，这同时对应着大股东同样基于私人所有权的更大范围控制权力的获取。这种控制权范围的扩大主要表现在大股东不仅掌握着基于自身私人所有权的职能资本的实际控制权，同时也掌握着基于他人私人所有权所对应的那部分职能资本的控制权。因此可以说，股份资本的所有权与控制权在一个更加集中的主体手中实现了合一。

**表 5-7　美国最大 50 家非金融公司所有权与控制权分离与合一情况**

| 公司名称 | 是否存在大股东 | 所有权集中掌握者 | 控制权掌握者 | 所有权与控制权分离与合一 |
|---|---|---|---|---|
| 1. 沃尔玛 | 是 | 沃尔顿家族 | 沃尔顿家族 | 合一 |
| 2. 埃克森美孚石油公司 | | 先锋集团和贝莱德集团 | 先锋集团和贝莱德集团 | |
| 3. 苹果公司 | | 先锋集团、贝莱德集团和伯克希尔—哈撒韦集团 | 先锋集团、贝莱德集团和伯克希尔—哈撒韦集团 | |
| 4. 亚马逊公司 | | 先锋集团和贝莱德集团 | 先锋集团和贝莱德集团 | |
| 5. 联合健康集团 | | 资本研究与管理公司、先锋集团、贝莱德集团 | 资本研究与管理公司、先锋集团、贝莱德集团 | |
| 6. 麦克森医药 | | 先锋集团和贝莱德集团 | 先锋集团和贝莱德集团 | |
| 7. CVS 健康公司 | | | | |
| 8. 美国电话电报公司 | | | | |
| 9. 美源伯根公司 | | Ornella Barra（个人）、摩根士丹利集团 | Ornella Barra（个人）、摩根士丹利集团 | |
| 10. 雪佛龙公司 | | 先锋集团、贝莱德集团、道富集团 | 先锋集团、贝莱德集团、道富集团 | |
| 11. 福特汽车 | | 先锋集团和贝莱德集团 | 先锋集团和贝莱德集团 | |
| 12. 通用汽车 | | 全美汽车工人联合会退休人员医疗福利信托、资本研究与管理公司 | 全美汽车工人联合会退休人员医疗福利信托、资本研究与管理公司 | |
| 13. 好市多公司 | | 先锋集团和贝莱德集团 | 先锋集团和贝莱德集团 | |
| 14. Alphabet 公司 | 否 | 无 | 公司经营者 | 分离 |
| 15. 嘉德诺健康公司 | 是 | 先锋集团和贝莱德集团 | 先锋集团和贝莱德集团 | 合一 |
| 16. 沃博联公司 | | | | |
| 17. 威瑞森通信公司 | | 伯克希尔—哈撒韦集团、先锋集团、贝莱德集团 | 伯克希尔—哈撒韦集团、先锋集团、贝莱德集团 | |
| 18. 克罗格公司 | | 先锋集团和贝莱德集团 | 先锋集团和贝莱德集团 | |
| 19. 通用电气 | | | | |
| 20. 菲利普斯 66 公司 | | | | |
| 21. 瓦莱罗能源公司 | | | | |

续表

| 公司名称 | 是否存在大股东 | 所有权集中掌握者 | 控制权掌握者 | 所有权与控制权分离与合一 |
| --- | --- | --- | --- | --- |
| 22. 微软公司 | 是 | 先锋集团和贝莱德集团 | 先锋集团和贝莱德集团 | 合一 |
| 23. 家得宝公司 | | 先锋集团、资本研究与管理公司、贝莱德集团 | 先锋集团、资本研究与管理公司、贝莱德集团 | |
| 24. 波音公司 | | 先锋集团、T. Rowe Price 集团、资本研究与管理公司、贝莱德集团 | 先锋集团、T. Rowe Price 集团、资本研究与管理公司、贝莱德集团 | |
| 25. 马拉松原油公司 | | 贝莱德集团和先锋集团 | 贝莱德集团和先锋集团 | |
| 26. 康卡斯特电信公司 | | 先锋集团和贝莱德集团 | 先锋集团和贝莱德集团 | |
| 27. Anthem 公司 | 否 | 无 | 公司经营者 | 分离 |
| 28. 戴尔公司 | | | | |
| 29. 杜邦公司 | 是 | 先锋集团和贝莱德集团 | 先锋集团和贝莱德集团 | 合一 |
| 30. 强生公司 | | | | |
| 31. 国际商业机器公司 | | Warren E. Buffett（个人）、先锋集团和贝莱德集团 | Warren E. Buffett（个人）、先锋集团和贝莱德集团 | |
| 32. 塔吉特公司 | | 先锋集团和贝莱德集团 | 先锋集团和贝莱德集团 | |
| 33. UPS 快递公司 | | | | |
| 34. 劳氏公司 | | | | |
| 35. 因特尔公司 | | | | |
| 36. 美国邮政服务公司 | 否 | 无 | 美国政府 | 其他 |
| 37. 宝洁公司 | 是 | 先锋集团和贝莱德集团 | 先锋集团和贝莱德集团 | 合一 |
| 38. 联合技术公司 | | 道富集团、先锋集团和贝莱德集团 | 道富集团、先锋集团和贝莱德集团 | |
| 39. 联邦快递 | | 纽约人寿保险集团 | 纽约人寿保险集团 | |
| 40. 百事公司 | | 先锋集团和贝莱德集团 | 先锋集团和贝莱德集团 | |
| 41. ADM 公司 | | State Farm 保险集团、先锋集团、贝莱德集团 | State Farm 保险集团、先锋集团、贝莱德集团 | |
| 42. 艾伯森公司 | 否 | 无 | Supervalu Inc、CVS Health Corp 和 Cerberus 资产管理公司 | 其他 |

续表

| 公司名称 | 是否存在大股东 | 所有权集中掌握者 | 控制权掌握者 | 所有权与控制权分离与合一 |
|---|---|---|---|---|
| 43. 华特迪士尼公司 | 是 | 先锋集团和贝莱德集团 | 先锋集团和贝莱德集团 | 合一 |
| 44. 西斯科公司 | | 先锋集团、雅克曼集团、道富集团、贝莱德集团、Nelson Peltz（个人） | 先锋集团、雅克曼集团、道富集团、贝莱德集团、Nelson Peltz（个人） | |
| 45. 惠普公司 | | 先锋集团、道奇集团、贝莱德集团 | 先锋集团、道奇集团、贝莱德集团 | |
| 46. 哈门那公司 | | 资本研究与管理公司、贝莱德集团、先锋集团 | 资本研究与管理公司、贝莱德集团、先锋集团 | |
| 47. Facebook 公司 | | 先锋集团、资本研究与管理公司、贝莱德集团 | 先锋集团、资本研究与管理公司、贝莱德集团 | |
| 48. 卡特彼勒公司 | | 先锋集团、道富集团、贝莱德集团 | 先锋集团、道富集团、贝莱德集团 | |
| 49. Energy Transfer 公司 | 否 | 无 | 公司经营者 | 分离 |
| 50. 洛克希德—马丁公司 | 是 | 道富集团、资本研究与管理公司、先锋集团、贝莱德集团 | 道富集团、资本研究与管理公司、先锋集团、贝莱德集团 | 合一 |

**表 5-8　美国最大 50 家非金融公司所有权与控制权合一与分离数据统计**

| 两权分离与合一情况 | 公司数量（家） | 公司数量占比（%） | 公司资产（百万美元） | 公司资产占比（%） |
|---|---|---|---|---|
| 两权合一 | 44 | 88 | 5978657. 8 | 92. 91 |
| 两权分离 | 4 | 8 | 408456 | 6. 35 |
| 其他 | 2 | 4 | 47464 | 0. 74 |
| 合计 | 50 | 100% | 6434577. 8 | 100 |

# 第四节　股份资本私人性与社会性的矛盾发展及其可能的演进方向

截至目前，应该已经十分清楚地了解了 20 世纪 80 年代以来股份资本职能形态与虚拟形态及股份资本两权合一与两权分离在美国现代公司治理中的现实状况（包括经济现实和经济指标两个方面的考察）。在这里，将基于这些经济现实来反观私人性与社会性之矛盾在其中的发展，即将股份资本私人性与社会性的内在矛盾，置于 20 世纪 80 年代以来的特殊社会历史条件下，来反观这一对矛盾在美国现代公司治理中发展的程度。在这一过程之中，仍然借助股份资本的职能形态与虚拟形态及股份资本的两权合一与两权分离这两对中介范畴，来对私人性与社会性矛盾运动和发展的情况进行考察。

## 一、职能形态与虚拟形态的形式对立与价值偏离

我们已经知道，股份资本职能形态与虚拟形态在存在形式上的分离与对立，是私人性与社会性内在矛盾的外部实现形式。更进一步地，在股份资本虚拟形态价格偏离其职能形态价值的过程中，私人性与社会性之间的内在矛盾被表面化起来，并在这种偏离逐渐扩大的过程之中不断被激化。因此，可以认为，股票价格泡沫形成和破裂的周期性过程，就是股份资本虚拟形态价格偏离其职能形态价值并在危机中复位的周期性过程，也是股份资本私人性与社会性之间矛盾运动的结果，和这一对矛盾逐渐深化、激化、尖锐化的过程。

反观历次股市泡沫及其危机，无一不是如此。人们对股票预期回报的贪婪追求是他们进行股票投机的根本性动力，也是股票市场泡沫形成的根本性原因。在市场普遍乐观的心理预期支撑下，泡沫开始形成，并在持续的正向反馈循环中不断膨胀。① 也就是说，股票价格泡沫的形成根源于投资者对股票所享

① 正向反馈循环过程可以表述如下：过去的股票价格的上涨即其投资价值的提升，增强了投资者的信心及期望，这些投资者将进一步抬升股价。而高股价所带来的财富幻想又进一步吸引了更多的投资者，并增强他们的信心。这种循环不断进行下去，最终造成对原始因素所诱发股价上涨的放大效应（［美］罗伯特·J. 希勒. 非理性繁荣［M］. 李心丹，俞红海，陈莹，岑咏华译. 北京：中国人民大学出版社，2016：109）。

有的私人占有和支配的权力。在这种私人权力的驱使下，投资者最直接的动机只有一个，即通过持有或出售股票而获得私人财富的增殖。这种对股票私人财产价值增殖的贪婪追逐，构成股票价格泡沫形成和不断膨胀的基础。同时，在泡沫膨胀的过程中，即股份资本虚拟形态与其职能形态价值偏离不断扩大的过程中，股票占有和支配的私人权力不断膨胀，其与在职能资本形态上作为联合的资本的社会权力之间的矛盾不断激化。当这一对矛盾发展到极其尖锐的程度之时，价格泡沫破裂的危机在所难免。在危机中，随着股票价格泡沫的破裂，股份资本虚拟形态与职能形态价值的偏离被强行修正。但由于信用的紧缩和市场信心的下降，在危机之后股票市场往往会进入一个或长或短的低谷和衰退期。在衰退期过后，对股票这种私人财产价值增殖的贪婪追逐又开始酝酿下一轮的泡沫而进入下一轮的周期。总之，对股票资产的私人占有和支配的权力决定了投资者对这种私人财产价值增殖的贪婪追逐，这种追逐既是一切股市泡沫形成的根本性原因，也是股份资本虚拟形态价格与职能形态价值发生偏离的根本性原因。正是在这种贪婪的追逐中，股票价格泡沫不断膨胀，股份资本私人性与社会性之间的矛盾不断激化，最终在危机中被强行修正。

基于对美国股份资本职能形态与虚拟形态的价值偏离在经济现实和经济指标测度两个层面的考察，其泡沫形成和破裂的周期性过程在 20 世纪 80 年代以后呈现五个比较明显的特征。

第一，完全不可否认的是自 20 世纪 80 年代以来，股份资本虚拟形态价格同职能形态价值偏离的存在性和周期性。在大多数情况下，股份资本虚拟形态价格同其职能形态价值的正向偏离始终存在，并在历次金融危机之前达到顶峰。而随着金融危机的发生，这种偏离的程度将会有所回落甚至出现短暂的负向偏离。股份资本虚拟形态与职能形态价值偏离程度的波动具有周期性性质并与金融市场波动周期基本吻合。这就表明，这种偏离程度的周期性波动不仅代表股票价格泡沫形成、膨胀及破裂的周期性过程，也代表金融脆弱性不断累积和崩溃的周期性过程。在这种周期性波动过程的背后，是对股票占有和支配的私人权力不断膨胀的结果，也是在虚拟形态上的股份资本与其在职能资本形态上作为资本联合的社会权力之间矛盾运动的结果，即股份资本私人性与社会性之间内在矛盾运动、激化和强行修正的结果。从另一个角度来说，股份资本职能形态与虚拟形态价值偏离的存在性和周期性波动，正是股份资本私人性与社会性之矛盾运动在现实经济中的表现。

第二，自 20 世纪 80 年代以来，股份资本职能形态与虚拟形态价值偏离程度的波动周期不再与经济繁荣和衰退的周期高度吻合。随着资本主义经济金融化的不断发展，虚拟资本越来越脱离实体经济而形成一个相对独立的运动和膨胀方式。似乎在虚拟资本交易市场中存在着另外一个独立的世界，在这个世界中人们凭借对可能带来未来收益的资产价值的幻想而进行交易，却完全不顾这种资产能够代表的实际资本价值变动。这时股份资本虚拟形态价格同其职能形态价值的偏离，完全是投资者基于其所拥有财产的私人权力而对它们价值增殖的贪婪追求而直接导致的结果。因此，这种偏离也变得更加具有幻想性并更加脆弱。在这一经济表象的背后所对应的正是股票占有和支配的私人权力不断膨胀与在职能资本形态上作为联合资本的社会权力之间矛盾的不断加深，即股份资本私人性与社会性之间内在矛盾的不断加深。

第三，自 20 世纪 80 年代以来，股份资本职能形态与虚拟形态的价值偏离从低谷到复苏的周期明显缩短，也就是股票市场的衰退期明显缩短。这与在历次危机发生后当局采取的一系列利于股票市场快速复苏的干预手段密切相关。然而实际上，这些干预措施并不能解决导致危机爆发的根本性问题，只是从表面上对从危机到复苏的过程进行外部干预。这种外部干预从本质上来讲其实是对在危机中完成股份资本虚拟形态与职能形态价值偏离进行强行修正的外部干扰。当上一次股份资本虚拟形态价格同其职能形态价值的偏离还未在危机中实现彻底修正之时，下一轮的泡沫和非理性繁荣就已经在酝酿之中，并很快膨胀成一个更加巨大的泡沫。一个直接的结果就是，20 世纪 80 年代以后，股份资本的价值偏离没有一次得到过彻底修正，而是在一轮轮迅速的恢复和繁荣当中不断累积成更大的偏离和泡沫。即在人们对股票资产价值增殖的追逐和当局外部政策的干预下，本来能够在危机中被强行修正的股份资本价值偏离并未被彻底修正，而在危机中被彻底激化的私人性与社会性之间的矛盾也在其中继续激化和累积。除此之外，美国作为现代世界体系中最核心国家之一，其国内股票价格泡沫的产生及其复苏的过程本身带有一定的特殊性，其本质是对其他外围国家生产的剩余价值进行收割的过程。美元作为世界货币，是整个信用体系的支撑，美国股市也是全世界资本青睐的投资对象。美联储通过发行美元无限制地刺激股市泡沫，为投资者营造虚假的繁荣而吸引国际资本进入美股市场。而在一轮轮的泡沫及其破裂的过程中，无数投资者被洗劫一空，他们的财富被无情地转移到大型资本集团手中。即在这种价值的转移和变动中，小鱼被鲨鱼所吞掉，羊被狼所吞掉。通过发行货币无限制的刺激股市泡沫是只有美国凭借其美元的世界货币地位才能实现的。因此，20 世纪 80 年代以来美国股票市场衰退期的明显缩短是带有一定的特殊性的，是美联储发行美元而无限制刺激股市泡沫的结果之一。也正是因为这一原因在金融化的过程中，美国作为中心国家总能在股票价格泡沫中独善其身，其本质是将风险全部转嫁给外围资本，而成为在股市泡沫中价值转移和变动的唯一受益者。

第四，自 20 世纪 80 年代以来，股份资本职能形态与虚拟形态价值偏离程度的波动频率与幅度都有所提升，即股票市场价格的波动和震荡变得愈加频繁和剧烈。这种更为频繁和剧烈的波动和震荡本身就是私人性与社会性之间矛盾不断积累和加深的现实表现之一。也可以认为，股票市场更为频繁和剧烈的波动与震荡，意味着金融系统向着更为脆弱的方向演进，这种更加脆弱的金融体系的形成也是私人性与社会性矛盾不断积累和加深的表现。因为金融系统的脆弱性并非源于金融系统本身，而是在其与实体经济既紧密又脆弱的联系中被触发。金融的脆弱性是内生于资本主义经济的，是资本主义经济体系中私人性与社会性之间内在矛盾不断运动和激化的结果，也是私人性与社会性之间矛盾在现实经济中的表面化展现。因此可以说，金融系统向着更为脆弱的方向演进，意味着内生于资本主义经济的私人性与社会性之间矛盾的不断积累和加深。

第五，自 20 世纪 80 年代以来，股份资本职能形态与虚拟形态价值偏离的原因，被更多地归结为人们对私人所有权的崇尚和对“回报至上”主义的奉行。这种对私有财产所有权空前的崇尚，使人们对在市场经济中基于所拥有财产的私人权力而对其价值增殖的追逐日益增强。也就是对股票作为一种私人财产的价值增殖的狂热追求是催生股份资本职能形态与虚拟形态价值偏离的最重要因素。这种强烈的投机和赌博的心理动机，也使 20 世纪 80 年代以来股份资本虚拟形态同职能形态价值偏离的泡沫不再相对温和。当这种偏离的形成更多地归因于股票所有者对其作为一种私有财产价值增殖的狂热追逐之时，股票占有和支配的私人权力不断膨胀与在职能资本形态上作为联合资本的社会权力之间矛盾的不断加深，即股份资本私人性与社会性之间内在矛盾的不断加深。

因此，从 20 世纪 80 年代以后美国股票市场泡沫形成和破裂周期所表现出的种种特征来看，美国在 1980 年之后股份资本虚拟形态价格同职能形态价值偏离的程度在一步步增加。因此，以之为表面化形式的股份资本私人性与社会性之间的内在矛盾也在一步步加深。我们知道，20 世纪 80 年代以后的股票市场泡沫形成的根本原因在于生产领域私人性与社会性之间的矛盾——生产的绝对过剩及其与消费不足之间的对抗性矛盾的激化。资本大量涌入股票市场正是为了逃避由这一对矛盾所决定的生产停滞而导致的利润率的下降。而这一过程又恰恰在金融领域诱发了股份资本虚拟形态与其职能形态价值偏离程度的扩大，从而导致私人性与社会性的矛盾在股份资本中的进一步激化和更大范围的金融危机的出现。因此，可以这样认为，私人性与社会性之间的矛盾激化，既是 20 世纪 80 年代以来股票市场泡沫产生的原因，也是在股市泡沫膨胀过程中必然导致的结果。只是这一对矛盾在生产领域还未被解决，就又在金融领域被进一步扩大开来。总之，不论是从经济事实还是从现实经济指标来看，股份资本私人性与社会性之间的矛盾在 20 世纪 80 年代以来都处于不断积累、加深和进一步激化的过程之中。

## 二、所有权与控制权从分离走向合一

在所有权与控制权的分离和对立中，股份资本私人性与社会性之间的内在矛盾找到了它在其中借以实现和解决的运动形式。即在两权分离之中，股份资本私人性与社会性的内在矛盾转化为所有权主体同控制权主体之间的外部对立。同时，所有权与控制权的分离与对立使得对股份资本作为职能资本的控制权不再基于占有的私人权力获得了理论上的可能性。但是，随着 20 世纪 80 年代以来机构投资者干预主义的兴起，使这一理论的可能性成为泡影，并导致股份资本导向一个更具私人性的存在，使其私人性与社会性的矛盾在一个更为狭窄的空间内不断激化。

自 20 世纪 80 年代以来，机构投资干预主义的兴起对美国现代公司治理结构产生了重大的影响。这种影响不仅表现为重新对实现股东更大价值的重视，更表现为现代公司的控制权单独由公司经营管理者所掌握的可能性逐渐消失。在美国的现代公司治理中，随着机构投资者干预主义的兴起，在公司控制权的争夺上发生了公司管理者同作为大资本代表的机构投资者之间的博弈。机构投资者获得了公司的终极控制权，并且最终在大多数情况下两者达到了某种利益上的一致。这一变化的直接结果是：由于股份资本所有权与控制权相分离使其不能具有的特殊社会性质逐渐消失，因为在这里，作为少数大资本代表的机构投资者既掌握股份资本所有权同时又掌握股份资本作为职能资本的控制权，所有权与控制权在一个更为集中的主体手中合二为一，这代表着股份资本私人性更加集中的回归，也代表着其私人性与社会性之间的内在矛盾进一步加深。

股份资本特殊的社会性质主要体现在它的职能形态作为更加联合和更具社会性质的资本形式，被区别于其私人所有者的主体所控制。对股份资本作为职能资本，即作为一种更加具有社会性质的联合起来的资本的控制权便与它在资本主义条件下必须存在的私人所有权相分离。这种分离使股份资本作为更具有社会性质的联合起来的资本职能的控制权不再直接由全部股份资本的私人所有者所掌握，大多数私人所有者失去了对其所有资本在实际控制中的私人权力。当对实际资本占有、支配、使用的权力同资本所有权相分离时，资本职能也就摆脱了私人权力，转化为一种社会职能。因为在这种情况下，资本职能与资本私人占有权力之间直接的逻辑联系被打破，从而转化成了一种具有社会化实现形式的资本职能。

然而有一点必须清楚，股份资本这种社会性质表现的关键不仅在于股份资本作为职能资本的控制权同其私人所有权的分离，更在于在分离之后控制权被哪一个集团所掌握。如果掌握控制权的集团能够更多地以公司或社会公共利益为目的组织生产和利润分配，或是控制权能够被更具社会化的主体——即直接参与生产劳动的主体所掌握，那么股份资本将向着更加具有社会性质的方向发展，其占有的私人性与生产的社会性之间的矛盾也将趋于缓和。如果掌握控制权的主体作为一个新的独立集团而与直接参与生产劳动的社会化主体相分离，或者他们行使控制权的目的是为了其私人利益抑或是为了其所代表的一小部分脱离生产劳动主体的私人利益，那么即使在所有权与控制权相分离的情况下，股份资本的社会性质也难以实现。20 世纪 80 年代以前美国现代公司治理中的“经营者控制”正是后一种情况。也就是说，虽然股份资本的所有权与控制权在大多数私人所有者手中发生了分离，但他们所让渡出来的不再基于私人所有权的控制权却被公司经营管理者作为一个独立的利益集团所掌握。在公司内部经营管理者阶层同一线劳动者之间的僵硬分割和企业科层等级制度使得在公司中直接参与生产劳动的社会化主体几乎没有参与资本运用和生产决策的权力。而这一权力完全被公司经营管理者及其可能代表的资本集团所掌握，且他们行使控制权的目的也大大丧失了他们本该代表的更具有社会性质的生产目的——为社会公共利益而组织生产，相反却更加偏向于私人利益或其背后所代表的利益集团私人利益的实现。这也就注定了虽然在“经营者控制”中股份资本的控制权同其私人所有权在大多数人的手中发生了分离，但却并不能很好地体现这种分离背后可能具有的社会性质。这也是美国现代公司治理的“经营者控制”模式阻滞企业创新并无法应对国际竞争这一表面现象背后所对应的本质原因。

20 世纪 80 年代以后机构投资者干预主义的兴起，从表面上看，是为了弥补现代公司治理中“经营者控制”的缺陷，以重新提高企业治理的效率。但从本质上来看，却是股份资本私人性质更为集中的回归，股份资本私人性与社会性之间的内在矛盾在一个更加狭小的空间里被不断激化和加深。如果说在“经营者控制”的模式及其所有权与控制权的分离中，股份资本社会性质得以表现的可能性极其微弱，那么在这里就连这种可能性也已经不存在了。因为在机构投资者作为大资本的代表掌握公司控制权时，它行使其控制权的根本目的是为了满足其所代表的那一部分精英集团的私人利益，且这种私人利益的满足一定是基于其所拥有资本的私人所有权。它既作为股份资本的私人所有者又同时作为其职能形态的控制者，也就是所有权与控制权在更少数的大资本集团手中实现了合一，以及股份资本的私人性质更为集中的回归。20 世纪 80 年代以来美国现代公司对股东价值的更大重视和“裁员加分红”的政策，都是对这一问题最好的阐释。在这种政策下，一线工作者不论作为直接参与生产的劳动者还是在大多数情况下作为中小股东都处于被剥夺的地位。一方面，他们作为中小股东所丧失的对其所有股份资本作为职能资本的控制权转移到了作为大资本代表的机构投资者手中，这便赋予了少数精英阶层控制他人资本，即社会资本的权力。但这种社会权力背后对应的却是他们私人利益的实现。另一方面，他们作为一线劳动者，不仅几乎完全丧失了在实际工作中参与资本运用和生产决策的机会，甚至连他们的工作机会也在这一过程中变得朝不保夕。

因此，自 20 世纪 80 年代以来股份资本从两权分离走向两权合一的过程，其本质是对股份资本作为职能资本的控制权主体的改变，即其控制权从主要由公司经营管理者集团掌握，转变为由作为相对较大股东的机构投资者掌握。不论是哪一种情况，对于中小股东来说都无一例外的是所有权与控制权的分离，即在对实际资本控制权的归属上，他们要么被公司经营管理者“驱逐”要么被公司大股东“驱逐”。只是在后一种情况中，与中小股东的所有权与控制权分离相对立的，是作为机构投资者的大股东手中所有权与一种更加广泛的控制权的合一。因此，并不是说在 20 世纪 80 年代以来美国股份资本所有权与控制权的分离不复存在，关键在于这种合一与分离是在哪个主体手中实现的。之所以说随着机构投资者干预主义的兴起是股份资本从两权分离走向两权合一的过程，是因为所有权与控制权重新在大股东手中的合一足以引起股份资本的某种质的改变，并影响其内在矛盾能否得以扬弃的可能。因而是自 20 世纪 80 年代以来美国股份资本呈现的本质特征和最鲜明的特点。但与股份资本的所有权与控制权在一个更为集中的主体手中合一相对应的，正是在更多的中小股东手中这两种权力的更大程度的分离。在这种情况下，他们作为更具社会化的主体掌握公司实际资本控制权的可能性将更加微弱。

从现实经济指标的衡量来看，自 20 世纪 80 年代以来，在美国的大型现代公司中，机构投资者作为现代公司的较大股东普遍地掌握着对股份资本的控制权，并且这些机构投资者背后所对应的是几个稳定而集中的资本集团，即股份资本的所有权与控制权在一个更为集中的主体手中实现了合一。这时，机构投资者既作为股份公司的大股东掌握股份资本一部分的所有权，又作为股份公司的实际控制者而掌握股份资本全部作为职能资本的控制权。在这里，公司经营管理者将不作为一个独立的控制者集团而存在，更多的是依附于作为机构投资者的大股东或在博弈中达成两者利益的一致。因此，由于股份资本所有权与控制权相分离而使其所具有的特殊社会性质在这一过程中丧失了实现的可能，因为在这里，作为少数大资本代表的机构投资者既掌握股份资本的所有权，又掌握股份资本作为职能资本的控制权，所有权与控制权在一个更为集中的群体手中合二为一，这代表股份资本导向一个更加具有私人性质的存在。

股份资本从两权分离走向两权合一的过程，就是其导向一个更具私人性的存在的过程，也是股份资本私人性与社会性的矛盾在一个更为狭窄的范围内不断尖锐化的过程。因为股份资本的两权合一意味着在两权分离中被打破的社会化资本职能与资本私人占有权力之间直接逻辑联系的复归。也就是在两权合一中，对股份资本控制权的获取是基于其所占有资本所有权的私人性，而这一控制权力的实施同样也是基于满足对自身所拥有私人财产最大化价值增殖的目的。当机构投资者作为大资本集团的代表掌握公司控制权时，它行使控制权的根本目的一定是为了满足其所代表的那一部分精英资本集团的私人利益，且这种私人利益的满足一定是基于其所拥有资本的私人所有权。它既作为股份资本的私人所有者，同时又作为其职能形态的控制者，即所有权与控制权在更少数的大资本集团手中实现了合一，股份资本的私人性更为集中的回归。因此，在这里所有权的私人性和基于此的控制权相结合，股份资本的私人性质得到了大规模的集中回归。

当股份资本的一部分所有权与全部的控制权在作为大股东的机构投资者手中合一时，与之相对应的是中小股东对其所拥有的那部分股份资本控制权的完全丧失。也就是与中小股东的股份资本所有权相对应的那部分职能资本的控制权被完全让渡给了作为大股东的机构投资者，而这些机构投资者及其背后所对应的资本集团在行使其控制权力时所依照的唯一准则就是他们自身私人利益的实现。

总体而言，机构投资者干预主义的兴起，即机构投资者普遍地作为较大股东而掌握公司的控制权，使股份资本所有权与控制权在更少的人手中合一，并使股份资本的私人性质获得了集中的回归。同时，随着生产和资本规模的扩大，生产的社会化同股份资本作为职能资本的私人所有权与控制权合一所导致的私人性质不断集中之间的矛盾将不断激化，私人性与社会性之间的内在矛盾在一个更为狭小的空间内不断加深。

## 三、矛盾的激化及其原因

我们已经知道，在股份资本职能形态与虚拟形态的价值偏离以及其所有权与控制权从分离走向合一的过程中，资本私人性与社会性的矛盾被逐渐外化和表面化起来。不论是从 20 世纪 80 年代以来美国股份资本价值偏离的现实特点，还是从其所有权与控制权走向在一个更加少数、更加集中的主体手中合一的现实过程来看，股份资本都导向了一个更具私人性质的存在。这种私人性质逐渐膨胀的导向同与生产力发展相适应的、不可逆转的资本主义生产社会化的发展之间的矛盾将不断加深和激化。换言之，股份资本私人性与社会性之间矛盾的激化，一方面，表现为其职能形态与虚拟形态价值偏离程度和波动频率的提高；另一方面，表现为其所有权与更加广泛的控制权在一个更为集中的主体手中合一。

首先，就股份资本价值偏离程度和波动频率的提高而言，其背后的表层原因可被归结为投资者普遍对私人财产所有权的崇尚和对“回报至上”主义的奉行。这种对私人财产所有权的追逐在 20 世纪 80 年代以来表现得越来越狂热，且在 2009 年之后似乎带有一些被动的色彩而变成了一种不得已而为之的选择。我们知道，在股份资本中完成的对资本私人性与社会性矛盾扬弃的消极性主要在于保留了生产资料的私人所有制。虽然在股份资本职能形态与虚拟形态相分离的过程中，其占有的私人性主要表现为对其虚拟形态，即股票的占有和支配上，但这仍不能改变其依旧是私人占有的事实。而基于对股票等虚拟资本的私人财产价值增殖的追逐，即股份资本私人权力的膨胀，是现实经济中股市泡沫产生的根源。特别是在后次贷危机时代，人们对股票等私人财产价值增殖的追逐似乎成为一种不得已而为之的选择。2008 年次贷危机之后，公司为了重新恢复盈利普遍采取了削减成本的措施，而这不可避免地增加了劳动者对失业的担心和焦虑。人们对失业的焦虑可能进一步助长了低利率驱动的“回报至上”主义，即人们宁愿现在承受较大的投资风险，也必须要为未来失业以后仍能过上体面的生活而下个赌注。这决定了他们对于股票等冒险性投资的偏见性倾向的增加，对现实的不稳定的恐惧让人们更加依赖靠想象出来的资产价值而获得价值增殖，即人们更愿意在幻想出来的泡沫中毫不费力地获得财产的增殖。此外，不平等现象的日益加剧也是后次贷繁荣时代股票等资产价格上涨的重要推手之一。收入前 1%的人群的剩余所得份额增长可以通过一系列机制推高资产价格，并在一轮轮推高资产价格的过程之中更加加剧这种不平等。对于不平等的感知也促使中等收入人群奉行“回报至上”主义而导致他们强烈的对股票等冒险性投资的偏见。

如果究其背后的深层次原因，20 世纪 80 年代以来由投资者普遍对私人财产所有权的崇尚决定的股份资本价值偏离程度和波动幅度提高仍应归结为，在后危机时代由资本主义内在矛盾决定的生产和资本过剩的必然结果。自 20 世纪 80 年代以来，以美国为主导的发达资本主义国家，资本主义条件的主要变化可以用三个特征性术语来描述：新自由主义、全球化和金融化。[①] 资本主义这三个方面的变化都直接或间接对股票市场泡沫的形成及其周期性波动特征产生了或多或少的影响。特别是资本主义经济的金融化，使金融业资本（很大一部分是虚拟资本）与职能资本的关系发生了根本性改变，金融业资本越来越脱离职能资本而形成自身独立的运动，并反过来对职能资本剩余价值的实际生产和分配实行长期有效的控制。[②] 随着资本主义垄断的发展及其必然引发的生产领域的停滞，20 世纪 80 年代以后的股市泡沫更多的是资本主义经济金融化的结果，是大量资本涌入股票市场而催生出的股票价格泡沫，是资本主义为了解决“剩余的吸收”（Absorption of the Surplus）这一根本性问题的必然选择。[③] 在成熟的资本主义中，垄断必然导致不断扩大的剩余，这些剩余无法被生产领域吸收，从而导致经济的停滞。为了缓解这种停滞，出现了非生产性消费的不可阻挡的增长。也就是说，生产在剩余的重压下停滞不前，资本开始在

---

① John Bellamy Foster. The Financialization of Capitalism［J］. Monthly Review，2007（4）：1. 在这篇文章中，资本主义的金融化被定义为：经济活动的重心从生产领域（甚至从大部分不断增长的服务业）转移到金融领域。

② 马慎萧．资本主义金融化转型机制研究［M］．北京：经济科学出版社，2018：4.

③ ［美］保罗·巴兰，保罗·斯威齐．垄断资本［M］．南开大学政治经济学系译．北京：商务印书馆，1977：80.

流通中寻找庇护，尤其是在与金融有关的投机活动中。金融化是在生产领域被可投资的剩余淹没时出现的。[①] 在这样的驱使之下，资本大量涌入金融投机市场而催生出资产价格的泡沫。因此，20 世纪 80 年代以后的股票市场泡沫的形成，是生产领域私人性与社会性之间矛盾，生产的绝对过剩及其与消费不足之间的对抗性矛盾激化的结果。资本大量涌入股票市场就是为了逃避生产停滞而导致的利润率的下降。而这一过程又恰恰在金融领域诱发了股份资本虚拟形态与其职能形态价值的偏离，从而导致私人性与社会性的矛盾在股份资本中的激化和更大范围的金融危机的出现。

其次，就股份资本从两权分离走向两权合一的现实过程而言，其背后的表层原因可被归结为 20 世纪 80 年代以前美国现代公司“经营者控制”中的战略分割和作为解决方式的机构投资者干预主义的兴起。在“经营者控制”模式中，虽然所有权与控制权实现了在不同主体手中的最大程度的分离，且在这种分离中资本职能与资本私人占有之间直接的逻辑联系被打破而转化为一种具有社会化实现形式的资本职能。然而，必须强调的是，即使在股份资本所有权与控制权在不同主体手中分离的情况下，其特殊的社会化实现形式得以表现的可能性仅仅在于，当控制权能够被一个更具社会化的主体，即直接参与生产劳动的集体所掌握时，股份资本得以向更具社会性质的方向演进才有可能性。如果在两权分离中，掌握控制权的主体仅仅作为一个新的独立的集团而与直接参与生产劳动的社会化主体之间形成僵硬的分割和对立，那么即使在所有权与控制权相分离的情况下，股份资本的社会性质也难以表现。这正是 20 世纪 80 年代以前，美国现代公司中的“经营者控制”模式无法很好地应对国际竞争的内在原因。而人们只看到了美国在国际竞争中失利的事实，并将其原因归结为“经营者控制”模式本身，以及在其所有权与控制权相分离条件下对实现股东价值的漠视。基于此，机构投资者干预主义就是针对这一问题的现实解决。这种解决方式却又不可避免地导致了更深层次的问题（因其对问题产生原因的认识本身就是不正确的），即股份资本的所有权及其更广泛的控制权被更为少数、更为集中的主体所掌握，这代表着股份资本导向了一个更具私人性的存在且其与生产社会化之间的矛盾也更加激化。

如果究其背后的深层次原因，20 世纪 80 年代以来机构投资者干预主义的

① Costas Lapavitsas. Theorizing Financialization [J]. Radical Review of Political Economy, 2011, 25 (4): 611-626.

兴起及其必然导致的结果，股份资本从两权分离走向两权合一，或可归因于以信息技术和互联网技术等高新技术的发展为主要特征的社会生产力发展，这在一定程度上决定了以机构投资者获取公司控制权为主要表现的现代公司治理组织和结构的变革，而这种变革则以资本集团同公司其他集团之间经济力量的博弈结果为导向。20 世纪 80 年代以来，随着以信息技术和互联网技术为主要特征的社会生产力的发展，美国现代公司“经营者控制”模式之中公司经营管理者与一线劳动者之间僵硬的战略分割对创新的阻滞使其无法很好地应对来自代表更高技术水平国家的竞争压力。因此，为了适应生产力发展的需要和应对国际竞争，美国现代公司开始了公司治理结构的变革。这一变革主要表现为机构投资者干预主义的兴起。在机构投资者同时作为大股东和公司实际资本的控制者时，所有权与控制权即在同一主体手中实现了合一。因此，推动其从两权分离走向两权合一的深层次原因在于社会生产力的发展。在公司治理结构的变革中，之所以产生如此导向，即分散的股权重新以机构投资者的形式组织起来而形成具有强大力量的资本集团，则是资本集团同公司其他集团之间经济力量的博弈结果。也就是当分散的资本权力重新以机构投资者的形式组织起来时，其可能具有的货币力量及其经济地位则足以让它在与公司其他集团的博弈中占据上风。因此，为适应生产力发展而进行的公司治理结构的变革以大资本集团实际利益的实现作为导向，即以机构投资者作为大股东且同时掌握公司实际资本的更广泛的控制权为其博弈的结果。

## 四、可能的演进方向

在《资本论》中，马克思对股份资本所具有的专门的社会性质进行过讨论，并认为股份资本的出现使“那种本身建立在社会生产方式的基础上并以生产资料和劳动力的社会集中为前提的资本，在这里直接取得了社会资本（即那些直接联合起来的个人的资本）的形式，而与私人资本相对立，并且它的企业也表现为社会的企业，而与私人企业相对立。这是作为私人财产的资本在资本主义生产方式本身范围内的扬弃”。[①] 虽然在资本主义条件下，这种扬弃是消极的，是一种自行扬弃的矛盾，但股份资本独特的社会性质使它有可能

① 中共中央马克思恩格斯列宁斯大林著作编译局. 马克思恩格斯全集（第二版）（46）［M］. 北京：人民出版社，2003：494-495.

成为“资本再转化为生产者的财产所必需的过渡点”[①]。也就是虽然在股份资本形态上，私人性与社会性之间内在矛盾的扬弃始终局限于资本主义生产方式本身的范围之内，但股份资本和股份公司的出现，是“资本主义生产方式转化为联合的生产方式的过渡形式”[②]。同时，马克思将股份资本看作是“单个资本的表面独立性和独立存在”被扬弃的“最高形式”，也是“资本在与它相适应的形式中的最终确立”[③]，“在这里资本不仅按它的实体来说自在地存在着，而且在它的形式上也表现为社会力量和社会产物”[④]。从这个意义上来讲，股份资本是资本主义生产关系界限之内的资本自我扬弃的最高形式，是对“资本主义的私人产业的扬弃”[⑤]。

因此，依照理论逻辑的推演，股份资本作为个别资本表面上的独立性和独立存在被扬弃的最高形态，应是资本主义生产方式向联合的生产方式过渡的资本形式，也是资本私人性和社会矛盾的扬弃形式，可以作为“导向共产主义的”最完善的资本形式[⑥]。虽然这种扬弃是消极的，并始终局限在资本主义生产关系之中。从消极的扬弃向积极的扬弃转变的关键之处在于资本主义生产资料私有制的废除。这是实现由资本主义股份公司和股份资本形式向更高的社会形态转化的根本性条件。只有在生产资料公有制的基础之上，股份资本形态才能导向更具社会性质的存在，这时这种社会性质不仅表现在专业管理者和一线劳动者对实际生产活动与生产决策的参与和对职能资本的控制，更表现为生产资料的共同所有。因而在这种条件下，资本的所有权和控制权在作为一个整体的联合劳动者的手中合二为一，因此作为一个整体的联合劳动者共同所有、共同治理，从而共同享有社会财富。在这一意义上才能完全摒弃股份资本的私人性质而真正实现股份资本的完全的社会性质，才能消除财富作为私人财富和作

---

① 中共中央马克思恩格斯列宁斯大林著作编译局．马克思恩格斯全集（第二版）（46）［M］．北京：人民出版社，2003：495.

② 中共中央马克思恩格斯列宁斯大林著作编译局．马克思恩格斯全集（第二版）（46）［M］．北京：人民出版社，2003：499.

③ 中共中央马克思恩格斯列宁斯大林著作编译局．马克思恩格斯全集（30）［M］．北京：人民出版社，1995：50.

④ 中共中央马克思恩格斯列宁斯大林著作编译局．马克思恩格斯全集（30）［M］．北京：人民出版社，1995：528.

⑤ 中共中央马克思恩格斯列宁斯大林著作编译局．马克思恩格斯全集（第二版）（46）［M］．北京：人民出版社，2003：497.

⑥ 中共中央马克思恩格斯列宁斯大林著作编译局．马克思恩格斯全集（29）［M］．北京：人民出版社，1974：299.

为社会财富之间的对立，才能使资本私人性与社会性之间的矛盾得到积极的扬弃，完成由股份资本和股份公司作为过渡点，向更高级的社会形态的过渡。因此，只有在社会主体公有制的前提下才能彻底实现股份资本对资本私人性与社会性矛盾的积极扬弃。

但是，按照现实逻辑的发展，显然这种理论上的过渡过程的实现异常艰难。一个难以逾越的鸿沟就是，资本主义制度依旧十分稳固，因此，与之相对应的是，生产资料私有制和资本主义经济关系都还处于一个几乎无法撼动的地位。只要资本主义制度及其所有制关系不被废除，股份资本的私人性质及其与日益社会化的生产方式之间的矛盾就始终无法得到积极扬弃，即私人性与社会性之间的矛盾无法得到积极扬弃，其扬弃的程度最多只能达到上述第三个层次。在现实逻辑中，一个极为可能的演进方向是，股份资本导向了一个更具私人性质的存在，并未向着更高层次的扬弃的演进。也就是在 20 世纪 80 年代以前的“经理革命”中达到的第二个层次的扬弃也无法实现，反而倒退回第一个层次的扬弃程度之上，以至于其私人性与社会性的矛盾在一个更为狭窄的范围内不断积累和加深。不论是从 20 世纪 80 年代以来美国股份资本虚拟形态与职能形态的形式对立和价值偏离的特点，还是从其所有权与控制权从分离走向在一个更为集中的主体手中合一的过程而言，股份资本都导向了一个私人权力逐渐集中和膨胀的存在。一方面，对股份资本虚拟形态占有和支配的私人权力的膨胀使其虚拟形态同职能形态的偏离程度不断增强，波动也变得更为剧烈。而以这种偏离为表面化展现的私人性与社会性之间的内在矛盾，也在股份资本作为虚拟资本逐渐膨胀的私人权力同其作为社会化资本职能的对立中被不断激化。另一方面，在股份资本从两权分离走向两权合一的过程中，其所有权和控制权同时被更少数的资本集团所掌握。这样对股份资本控制权的行使将基于更少数主体的私人所有权，这不仅恢复了本应在股份资本两权分离中所打破的实际资本控制权与私人所有权的直接逻辑联系，更将与中小所有者对应的那部分控制权悉数转移到了同样作为私人所有者的大股东手中。也就是在控制权的归属上大股东完成了对中小股东的“驱逐”。这使股份资本获得了更加导向私人性质的存在，并且这种私人权力的行使局限于一个更为集中的经济主体手中。在这一过程中，它同时作为私人财富的性质和作为社会财富的性质之间的对立逐渐加深，即私人性与社会性的矛盾不断激化。

# 第六章

# 结　论

本书试图从一个全新的视角对现代公司治理问题展开研究，并提出一个初步的理论研究框架。在这一理论框架中，对现代公司治理的研究对象不再局限于现代公司本身，而是将现代公司治理置于股份资本私人性与社会性及其矛盾运动之下，并以期将其还原为一个“具有许多规定和关系的丰富的总体”①。具体而言，主要结论有以下四点：

第一，股份资本是私人性与社会性矛盾的对立统一，并且相较于个别资本，是一种更加具有社会性质的资本存在形态。这是资本一般私人性与社会性矛盾的内在规定性在股份资本中的进一步展开。一方面，股份资本的出现是私人性与社会性矛盾运动的产物，并且在股份资本形态上找到了这一对矛盾在其中得以实现和解决的运动形式，使它具有了特殊的社会性质；另一方面，在资本主义私有制条件下，股份资本永远无法摆脱它的私人性质而依然是私人性与社会性矛盾的对立统一。在股份资本形态上，分散的个别资本被联合起来的个人的资本所代替，分散的独立的生产被联合起来的生产所代替，分散的私人的企业被更大规模更加适应生产社会化的股份公司所代替。因此，股份资本是比个别资本更加具有社会性质的资本形态，是使个别资本联合起来的有效形式，且股份资本的社会性质在其职能形态与虚拟形态相分离及其所有权与控制权相分离的双重过程之中被加强。但是，在资本主义私有制条件下，由个别资本向更具社会性质的股份资本的转化，依然局限于资本主义生产关系的界限之内。因此，股份资本是资本社会性质与私人性质之间对立的消极扬弃，虽然它具有特殊的社会性质，但它依然是私人性与社会性的对立统一。

第二，资本私人性与社会性的内在矛盾在股份资本中首先外化为其职能形

① 中共中央马克思恩格斯列宁斯大林著作编译局．马克思恩格斯全集（第一版）（46）（上）［M］．北京：人民出版社，1979：38.

态与虚拟形态的对立统一，即在两者存在形式的分离中获得了外部独立的实现形式，并在其价值偏离的过程中不断表面化。即在股份资本职能形态与虚拟形态的对立统一中，私人性与社会性的内在矛盾找到了在其中借以实现和解决的运动形式，即将这一对矛盾外化为其职能形态与虚拟形态的外部对立。这不仅表现为股份资本职能形态与虚拟形态存在形式上的对立统一，更进一步地，这一对矛盾的运动表现为这两种形态价值的偏离，并在这种偏离中逐渐完成矛盾的激化。然而，虽然股份资本职能形态与虚拟形态存在形式上的分离与对立，是其私人性与社会性内在矛盾的外化形式，并找到了这一对矛盾在其中运动的形式。但这并没有改变这一对矛盾存在的实质，也没有完成对这一对矛盾积极的扬弃。私人性与社会性之间的矛盾在股份资本职能形态同其虚拟形态的价值偏离中被表面化，并在这种偏离逐渐扩大的过程之中不断被激化。

第三，在私人性与社会性的矛盾运动中，股份资本从两权合一走向了两权分离，并因此找到了这一对矛盾在其中借以实现和解决的运动形式，即使这一对矛盾能够获得扬弃的方式之一。也就是将私人性与社会性之间的内在矛盾外化为其所有权与控制权之间的对立统一，即在股份资本中获得了其外部独立的实现形式。在这一过程中，私人性与社会性之间的内在矛盾获得了在资本主义条件下得以消极扬弃的可能性。也是在这一过程中，股份资本获得了更具社会性质的存在形式。因为在这里，大多数私人所有者失去了对其所有资本在实际控制中的私人权力。当对实际资本占有、支配、使用的权力同资本私人所有权相分离时，资本职能也就摆脱了私人权力，从而转化为一种社会职能。在这种情况下，资本职能与资本私人占有权力之间直接的逻辑联系被打破，从而转化为一种具有社会化实现形式的资本职能。因此，所有权与控制权越是在两个不同的主体手中分离，股份资本的特殊社会性质就越可能得到表现。但必须加以考虑这样的情况：当这种控制权越来越多地掌握在本身就拥有股份资本私人所有权的越来越少的大资本集团手中时，资本的所有权和控制权就将在更少数的私人资本家手中合一。这时实际资本的控制权落入了更少私人所有者手中，并为他们“提供在一定界限内绝对支配他人的资本，他人的财产从而他人的劳动的权利”①，从而导致股份资本的私人性质在一个更加集中的主体手中的回归。具体而言，股份资本作为从资本主义生产方式向联合的生产方式过渡的资

① 中共中央马克思恩格斯列宁斯大林著作编译局．马克思恩格斯全集（第二版）（46）［M］．北京：人民出版社，2003：497.

本形式，其对私人性与社会性矛盾扬弃的程度从低到高大体可分为四个层次，并在这四个层次的扬弃中，私人性与社会性的矛盾在股份资本中得以不同程度的解决，也是这一对矛盾在股份资本中的特殊运动规律。第一个层次是在资本主义私有制的前提下，其所有权与控制权同时掌握在一个少数的精英资本阶层手中，他们凭借部分所有权掌握着几乎全部公司资本的控制权，并被赋予了支配他人资本的权力。在这一层次上，其私人性与社会性之间的矛盾得以扬弃的可能性甚微，两者之间的矛盾进一步加深（20 世纪 80 年代以来美国股份资本的情况及其演进的方向）。第二个层次是在资本主体私有制的前提下，在股份资本中实现其所有权与控制权在不同主体手中的分离，即对公司实际资本的控制权不再基于对其占有权力的私人性，但控制权却被公司内部一个独立的阶层经营管理者集团所掌握。这时经营管理者集团作为一个独立的精英阶层，与直接参与生产劳动的社会化主体之间形成僵硬的分割。他们或是代表其自身的私人利益，或是仍代表大资本的利益。在这一层次上，股份资本在两权分离中特殊的社会性质难以表现，而其对资本私人性与社会性矛盾的扬弃也仅停留于可能性（“经营者控制”模式下美国现代公司股份资本的情况）。第三个层次是在资本主义私有制的前提下，股份资本的所有权与控制权相分离，而控制权掌握在直接参与生产劳动的更具社会性的主体手中。在这种情况下，资本职能与资本私人占有之间直接的逻辑联系被打破，其私人性与社会性之间矛盾也可在一定程度上获得扬弃（消极的）。这一层次是在资本主义私有制条件下对资本私人性与社会性矛盾扬弃的最后形式。第四个层次是在废除生产资料私有制的前提下，即建立社会主义公有制的条件下，私人财产关系被完全废除，资本所有权与控制权都可同时掌握在更具社会化的主体，即直接参与生产劳动的集体手中。这时股份资本的社会性质不仅体现在社会化主体对实际生产活动和生产决策的参与，更体现在生产资料的共同所有。因此，在这一层次上可以实现对资本私人性与社会性矛盾的积极扬弃，完成向更高级社会形态的过渡。但需要注意的是，在私有制已废除且社会主义公有制已建立的条件下，虽然在占有上的私人财产权利已被废除，但其控制权依然存在不被作为一线生产者集体掌握的危险。因为在社会主义条件下，依然存在产生一个脱离实际生产的管理者经营阶层完全掌握控制权的可能，如果实际资本的控制权被不能完全代表社会公共利益的精英集团所掌握，那么在这里对资本私人性与社会性之间矛盾的扬弃也依然是不彻底的。这四个层次的扬弃是私人性与社会性矛盾在股份资本中扬弃程度由低到高的实现形式，它们分别代表这一对矛盾在股份资本中不同程度的解决，也代表在股份资本中这一对矛盾从消极扬弃走向积极扬弃的过程。随着生产社会化水平的提高，由于较低层次的扬弃已经不足以使私人性与社会性之间矛盾在股份资本中得以解决，而这时必将会发生生产关系的变革以适应这一对矛盾的运动，即使之获得更高层次的扬弃。也就是私人性与社会性之间矛盾的运动和激化也是推动这一对矛盾在股份资本中扬弃程度由低到高的决定因素本身。

第四，20 世纪 80 年代以来，美国股份资本职能形态与虚拟形态价值偏离的周期性过程所表现出的特征表明，这种偏离的程度在不断增加，并且偏离程度周期性波动的独立性、幅度和频率都有所提高。加之外部金融政策的干预以及人们对私人所有权的崇尚和对“回报至上”主义的奉行，使这一偏离不能及时修正并在一个更高的水平上进一步累积。因此，以之为表面化形式的股份资本私人性与社会性之间的内在矛盾也在一步步加深。此外，20 世纪 80 年代以来，随着机构投资者干预主义的兴起，机构投资者作为现代公司的大股东普遍地掌握着对股份资本的控制权，并且这些机构投资者背后对应的是几个稳定而集中的资本集团，即股份资本的所有权与控制权在一个更为集中的主体中实现了合一。这时机构投资者既作为股份公司的大股东掌握股份资本一部分的所有权，又作为股份公司的实际控制者而掌握股份资本全部作为职能资本的控制权。因此，由于股份资本所有权与控制权相分离使其所具有的特殊社会性质在这一过程中丧失了得以表现的可能性，因为在这里所有权与控制权在一个更为集中的群体手中合二为一，这代表着股份资本导向了一个更具私人性质的存在，也代表着私人性与社会性之间的内在矛盾在一个更为狭小的空间内不断加深。即在美国现代公司治理的现实情况中，私人性与社会性之间矛盾在现代公司治理中的扬弃从第二个层次返回了第一个层次，是一种逆向趋势的变动。但这种逆向变动带来的一个直接后果就是构成了私人性与社会性矛盾更进一步的加深，而这一对矛盾的加深和激化也势必是推动其不断向更高层次的扬弃演化的决定性因素。

总而言之，就目前在以美国为代表的主要资本主义国家的情况来看，实现马克思当年所设想的，在股份资本中完成私人性与社会性之间矛盾的积极扬弃，并完成经由股份资本和股份公司作为过渡点的，向更高级的社会形态的过渡依然遥不可及，甚至正在向着相反的方向演进。并且从现实情况来看，这种演进甚至形成了一种趋势性的后果，即资本集团的力量更加集中和壮大起来，而与之相对立的劳动的力量和组织都无比弱小，几乎丝毫无法动摇前者的地位。这也决定了在资本集团与其他集团在争取公司控制权进行博弈的过程中占据压倒性优势和绝对上风的结果。因此，从目前来看，股份资本正在导向一个更具私人性质的存在趋势，以至于其私人性与社会性的矛盾在一个更为狭窄的范围内不断积累和深化。这种导向不论从 20 世纪 80 年代以来美国股份资本虚拟形态与职能形态的形式对立和价值偏离的特点，还是从其所有权与控制权从分离走向在一个更为集中的主体手中合一的过程来看，都能得到非常清楚的印证。但反过来说，随着不可逆转的生产社会化的发展，这一对矛盾将在一个更为狭窄的空间内不断激化，而这种矛盾的激化到一定程度也势必会推动其在股份资本形式上向着更高的扬弃程度演进。

# 参考文献

[1] Alfred Rappaport. Creating Shareholder Value: The New Standard for Business Performance [M]. New York: Free Press, 1986.

[2] Andrei Shleifer and Robert W. Vishny. A Survey of Corporate Governance [J]. The Journal of Finance, 1997, 52 (2).

[3] Artur Sajnog. Share Capital Increase Strategies and the Efficiency of Listed Companies [J]. Comparative Economic Research, 2014, 17 (2).

[4] Byrne J. The Whiz Kids: The Founding Fathers of American Business and the Legacy They Left Us [M]. New York: Currency Doubleday, 1993.

[5] Cochran P. and Wartick S. Corporate Governance: A Literature Review [M]. New York: USA Financial Executives Research Foundation, 1988.

[6] Coffee J. C. The Future as History: The Prospects for Global Convergence in Corporate Governance and Its Implications [R]. Columbia Law School Center for Law and Economic Studies, Working Paper, 1999: 144.

[7] Colin Mayer. Corporate Governance in Market and Transition Economics [J]. For Presentation at the International Conference on Chinese Corporate Governance, Shanghai, 1995 (10).

[8] Corbett J. and Jenkinson T. The Financing of Industry, 1970-1989: An International Comparison [J]. Journal of the Japanese and International Economics, 1996, 10 (1).

[9] Costas Lapavitsas. Theorizing Financialization [J]. Radical Review of Political Economy, 2011, 25 (4).

[10] Farber H. The Changing Face of Job Loss in the United States [J]. Brooking Papers: Microeconomics, 1997: 55-142.

[11] Henry Hansmann and Reinier Kraakman. The End of History for Corporate Law [J]. SSRN Electronic Journal, 2000, 89 (2).

[12] Hyman Minsky. A Theory of Systemic Fragility [M] //Financial Crises: Institutions and Markets in a Fragile Environment, Edited by Edward Altman and Arnold Sametz, New York: John Wiley and Sons, 1977.

[13] Hyman Minsky. How "Standard" is Standard Economics? [J]. Society, 1977, 14 (3).

[14] Hyman Minsky. Stabilizing an Unstable Economy [M]. New York: McGraw-Hill Professional Publishing, 2008.

[15] Jean Tirole. Corporate Governance [J]. Econometrica, 2001, 69 (1).

[16] Jensen M. and Meckling W. Theory of the Firm: Managerial Behavior, Agency Costs and Ownership Structure [J]. Journal of Financial Economics, 1976, 3 (4).

[17] Jensen M. and Murphy K. Performance Pay and Top-Management Incentives [J]. Journal of Political Economy, 1990, 98 (2).

[18] John Bellamy Foster and Szlajfer H. The Faltering Economy: The Problem of Accumulation under Monopoly Capitalism [M]. New York: Monthly Review Press, 1984.

[19] John Bellamy Foster. The Financialization of Capitalism [J]. Monthly Review, 2007 (4).

[20] Jones T. M. Instrumental Stakeholder Theory: A Synthesis of Ethics and Economics [J]. Academy of Management Review, 1995, 20 (20).

[21] Keith Cowling. Monopoly Capitalism [M]. London: Macmillan Press Ltd., 1982.

[22] Khanna T., et al. Globalization and Similarities in Corporate Governance: A Cross-Country Analysis [R]. Harvard Business School, Working Papers, 2002.

[23] Louis Lowenstein. Shareholder Voting Rights: A Response to SEC Rule 19c-4 and to Professor Gilson [J]. Columbia Law Review, 1989, 89 (5): 979-1014.

[24] Mauro F. Guillen. Corporate Governance and Globalization: Arguments and Evidence Against Convergence [R]. University of Pennsylvania Wharton School. Reginald H. Jones Center, Working Paper, 1999.

[25] Michael P. Smith. Shareholder Activism by Institutional Investors: Evi-

dence from CalPERS [J]. Journal of Finance, 1996, 51 (1).

[26] Nesbitt S. L. Long-term Rewards from Shareholder Activism: A Study of the CalPERS Effect [J]. Journal of Applied Corporate Finance, 1994, 6 (4).

[27] Oliver E. Williamson. Corporate Finance and Corporate Governance [J]. The Journal of Finance, 1988, 43 (3).

[28] Oliver E. Williamson. Corporate Governance [J]. The Yale Law Journal 1984 (93).

[29] Oliver Hart. Corporate Governance: Some Theory and Implications [J]. The Economic Journal, 1995, 105 (430).

[30] Oskar Lange and Fred M. Taylor. On the Economic Theory of Socialism [M]. Minnesota: University of Minnesota Press, 1938.

[31] Paul M. Sweezy. Four Lectures on Marxism [M]. New York: Monthly Review Press, 1981.

[32] Pieter W. Moerland. Alternative Disciplinary Mechanisms in Different Corporate Systems [J]. Journal of Behavior & Organization, 1995, 26 (1).

[33] Poterba J. and Samwick A. Stock Ownership Patterns, Stock Market Fluctuations, and Consumption [J]. Brookings Papers on Economics Activity, 1995 (2).

[34] Rafael La Porta, Florencio Lopez-de-Silanes and Andrei Shleifer. Corporate Ownership around the World [J]. Journal of Finance, 1999, 54 (2).

[35] Rafael La Porta, Florencio Lopez - de - Silanes, Andrei Shleifer and Robert W. Vishny. Law and Finnace [J]. Journal of Political Economy, 1998, 106 (6): 1113-1155.

[36] Simon Johnson, Rafael La Porta, Florencio Lopez-de-Silanes and Andrei Shleifer. Tunneling [J]. The American Economic Review, 2000, 90 (2).

[37] William Lazonick. Business Organization and the Myth of the Market Economy [M]. Cambridge: University Press, 1993.

[38] William Lazonick and Mary O'Sullivan. Maximizing Shareholder Value: A New Ideology of Corporate Governance [J]. Economy and Society, 2000, 29 (1).

[39] [美] 阿道夫·A. 伯利，加德纳·C. 米恩斯. 现代公司与私有财产 [M]. 甘华鸣，罗锐韧，蔡如海译. 北京：商务印书馆，2005.

[40] 安丰明. 欧美公司治理的最新发展 [J]. 国有资产管理，2008 (5).

［41］［英］安格斯·麦迪森．世界经济千年史［M］．伍晓鹰，许宪春，叶燕斐，施发启译．北京：北京大学出版社，2003.

［42］［日］奥村宏．股份制向何处去——法人资本主义的命运［M］．张承耀译．北京：中国计划出版社，1996.

［43］［波］奥斯卡·R. 兰格．政治经济学（第一卷）［M］．王宏昌译．北京：商务印书馆，2017.

［44］［日］板谷敏彦．世界金融史［M］．王宇新译．北京：机械工业出版社，2018.

［45］包睿．公司治理模式的比较与借鉴［J］．财政监督，2008（3）.

［46］［美］保罗·巴兰，保罗·斯威齐．垄断资本［M］．南开大学政治经济学系译．北京：商务印书馆，1977：80.

［47］［美］保罗·斯威齐．资本主义发展论——马克思主义政治经济学原理［M］．陈观烈，秦亚男译．北京：商务印书馆，1997.

［48］鲍睿．公司治理模式的国际比较与借鉴［J］．财会月刊（综合），2008（3）.

［49］毕克新，高岩．美日公司治理模式对技术创新的影响及对我国的启示［J］．科技进步与对策，2008（6）.

［50］卞江．美国公司治理的危机与应对［C］．第五届（2010）中国管理学年会——公司治理分会场论文集，2010.

［51］［英］E. E. 里奇，C. H. 威尔逊．剑桥欧洲经济史（第五卷）［M］．高德步，蔡挺，张林等译．北京：经济科学出版社，2002.

［52］曹凤岐．股份经济论［M］．北京：北京大学出版社，2001.

［53］曹凤岐．资本市场论［M］．北京：北京大学出版社，2002.

［54］曹雷．股份制、混合经济与利益统筹［J］．海派经济学，2004（7）.

［55］常宗耀．当代资本主义社会经济两重性与启示［J］．财经问题研究，2005（2）.

［56］陈永正．所有权构造论［D］．成都：四川大学博士学位论文，2002.

［57］成保良．现代资本所有制形式和资本主义发展阶段［J］．当代经济研究，2005（9）.

［58］程恩富．马克思的股份资本理论［J］．学术月刊，1985（10）.

［59］程秀生，曹征．利益相关者共同治理现代企业的法律经济学价值［J］．国外理论动态，2008（4）.

［60］楚金桥．美国公司治理模式的变迁及启示［J］．经济经纬，2003（1）．

［61］束长星．马克思股份资本理论及其实践意义［J］．安徽大学学报（哲学社会科学版），1987（3）．

［62］崔之元．美国二十九个州公司法变革的理论背景［J］．经济研究，1996（4）．

［63］崔之元．美国公司法变革的启示［J］．当代世界与社会主义，1996（4）．

［64］戴德明，夏鹏．安然事件之后美国的重整公司治理浪潮［J］．上海会计，2004（1）．

［65］丁为民．略论资本自我扬弃的起点、实质与走向［J］．天津师范大学学报，1991（3）．

［66］董华春．浅析美国机构投资者在公司治理中的作用［J］．证券市场导报，2003（6）．

［67］［比利时］厄尔奈斯特·曼德尔．晚期资本主义［M］．马清文译．哈尔滨：黑龙江人民出版社，1983．

［68］费方域．企业的产权分析［M］．北京：生活·读书·新知三联书店，1998．

［69］［美］弗兰克·伊斯特布鲁克，丹尼尔·费希尔．公司法的经济结构（中译本第二版）［M］．罗培新，张建伟译．北京：北京大学出版社，2014．

［70］傅尔基．《资本论》中的股票理论和社会主义的股票探索［J］．浙江师范大学学报（社会科学版），1986（1）．

［71］高菲．争议中的双层股权结构：国际经验及对中国启示［J］．理论月刊，2018（8）．

［72］龚唯平．资本社会化与社会化资本——对马克思社会资本理论的再探索［J］．学习与探索，1992（1）．

［73］顾海良．马克思“不惑之年”的思考［M］．北京：中国人民大学出版社，1993．

［74］顾海良．在马克思经济学道路上［M］．保定：河北大学出版社，1997．

［75］顾海良，张雷声．20世纪国外马克思主义经济思想史［M］．北京：经济科学出版社，2006．

［76］顾乃忠．股份制研究综述［J］．唯实，1992（4）．

［77］顾钰民．科学认识股份制的性质、功能和作用［J］．毛泽东邓小平

理论研究，2016（9）.

［78］管仁勤，李娟娟. 日、美企业融资结构与公司治理比较［J］. 金融理论与实践，2003（5）.

［79］［美］海曼·P. 明斯基. 稳定不稳定的经济［M］. 石宝峰，张慧卉译. 北京：清华大学出版社，2015.

［80］韩志国. 股份公司模式的国际比较［J］. 经济理论与经济管理，1990（3）.

［81］何自力. 公司治理模式：比较与借鉴［J］. 南开学报（哲学社会科学版），1999（6）.

［82］何自力. 论机构投资者在美国公司治理中的作用［J］. 南开经济研究，1998（3）.

［83］何自力. 论美国法人资本所有制的崛起及其历史地位［J］. 南开学报（哲学社会科学版），1997（2）.

［84］何自力. 美国大公司股份资本占有结构的新变化［J］. 世界经济，1997（4）.

［85］洪功翔. 美国公司治理变迁阶段研究［J］. 商业研究，2009（2）.

［86］侯恒，崔朝栋. 马克思股份公司理论的几个问题［J］. 中州学刊，1991（5）.

［87］胡钧."重建个人所有制"是共产主义高级阶段的所有制关系——兼评把它与社会主义公有制和股份制等同的观点［J］. 经济学动态，2009（1）.

［88］胡钧. 国有企业股份制改革的实质是什么——"新公有制""现代公有制"评析［J］. 经济学动态，2005（9）.

［89］胡钧. 正确认识股份制［J］. 党建研究，1998（5）.

［90］胡钧，沈尤佳. 马克思经济危机理论——与凯恩斯危机理论的区别［J］. 当代经济研究，2008（11）.

［91］胡新文，颜光华. 现代公司治理理论述评及民营企业的治理观［J］. 财贸研究，2003（5）.

［92］胡义成. 欧美"股份制社会主义"思潮述评［J］. 经济评论，1999（1）.

［93］黄磊，闫存岩，孟宪伟. 现代公司治理理论基础的分析［J］. 经济问题，2008（8）.

［94］黄一义. 从两权分离到两权合流——美国公司治理100年［J］. 新

财经，2005（2-4）.

［95］黄迎，张卉. 上市公司股权集中度对公司治理影响研究的文献综述［J］. 知识经济，2016（24）.

［96］纪显举. 公司治理结构：比较、借鉴与创新［J］. 财经问题研究，2003（9）.

［97］姜华未. 美、日公司治理结构的比较分析［J］. 理论前沿，2001（20）.

［98］蒋学模. 关于股份公司的几点理论思考［J］. 复旦学报（社会科学版），1997（5）.

［99］蒋一苇. 股份经济辞典［M］. 北京：中国发展出版社，1992.

［100］［美］杰瑞·马克汉姆. 美国金融史（第三和第六卷）［M］. 李涛，王湑凯，金风伟等译，北京：中国金融出版社，2018.

［101］［英］克里斯·弗里曼，弗朗西斯科·卢桑. 光阴似箭——从工业革命到信息革命［M］. 沈宏亮主译. 北京：中国人民大学出版社，2007.

［102］中共中央马克思恩格斯列宁斯大林著作编译局. 拉法格文选（下卷）［M］. 北京：人民出版社，1985.

［103］［阿根廷］劳尔·普雷维什. 外围资本主义［M］. 苏振兴，袁兴昌译. 北京：商务印书馆，2015.

［104］李达昌等. 战后西方国家股份制的新变化［M］. 北京：商务印书馆，2000.

［105］李俊江，李晗，盛冰樨. 美国公司治理模式的特点及对我国企业改革的启示［J］. 吉林大学社会科学学报，2003（6）.

［106］李凯. 美国上市公司治理制度的演进［J］. 经济管理，2008（7）.

［107］李黎力. 明斯基经济思想研究［M］. 北京：商务印书馆，2018.

［108］李黎力. “明斯基时刻”之考辨［J］. 经济理论与经济管理，2013（7）.

［109］李其庆. 马克思股份资本理论及其现实性［J］. 马克思主义与现实，1998（1）.

［110］李青. 美、日公司治理模式比较研究［J］. 特区经济，2008（2）.

［111］李慎明. 李慎明论金融危机［M］. 北京：社会科学文献出版社，2018.

［112］李淑珍，刘刚. 美德两国公司治理经验对完善我国独立董事制度的

启示［J］. 价格月刊，2008（8）.

［113］李维安等. 现代公司治理研究——资本结构、公司治理和国有企业股份制改造［M］. 北京：中国人民大学出版社，2002.

［114］李秀萍. 日美德企业观念与公司治理机制［J］. 现代日本经济，1999（3）.

［115］李永杰等. 国外股份经济 100 年［M］. 广州：广州出版社，1997.

［116］厉以宁，曹凤岐. 中国企业管理教学案例［M］. 北京：北京大学出版社，1999.

［117］厉以宁. 论加尔布雷思的制度经济学说［M］. 北京：商务印书馆，1979.

［118］连建辉，傅明华. 代理权争夺与公司治理［J］. 福建师范大学学报（哲学社会科学版），2002（2）.

［119］梁能. 公司治理结构：中国的实践与美国的经验［M］. 北京：中国人民大学出版社，2000.

［120］梁仆. 马克思论资本关系的自我扬弃［J］. 人文杂志，1983（2）.

［121］列宁. 列宁专题文集（论资本主义）［M］. 北京：人民出版社，2009.

［122］林澍. 关于股份制作用的述评［J］. 经济纵横，1992（12）.

［123］林忠. 马克思、恩格斯的股份公司理论研究［J］. 财经问题研究，1995（4）.

［124］刘永谋，周金泉. 现代公司治理的制度成因与问题分析［J］. 经济问题，2007（2）.

［125］娄淑志，宫玉松. 安然事件、日本股灾与公司治理趋同——美日两国公司股权结构比较分析［J］. 国际金融研究，2004（3）.

［126］卢嘉瑞. 马克思的股份资本理论及其在中国的实践［J］. 汉江论坛，1987（9）.

［127］［苏］卢森贝.《资本论》注释（第一卷、第二卷、第三卷）［M］. 赵木斋，朱培兴译. 北京：生活·读书·新知三联书店，1963.

［128］［德］鲁道夫·希法亭. 金融资本［M］. 福民等译. 北京：商务印书馆，1994.

［129］吕立志. 马克思资本理论当代性研究——从资本形态嬗变视域透视［D］. 南京：南京航空航天大学博士学位论文，2007.

[130] [美] 罗伯特·J. 希勒. 非理性繁荣 [M]. 李心丹，俞红海，陈莹，岑咏华译. 北京：中国人民大学出版社，2016.

[131] [德] 罗莎·卢森堡. 社会改良还是社会革命? [M]. 徐坚译. 北京：生活·读书·新知三联书店，1958.

[132] 中共中央马克思恩格斯列宁斯大林著作编译局. 马克思恩格斯全集（4）[M]. 北京：人民出版社，1858.

[133] 中共中央马克思恩格斯列宁斯大林著作编译局. 马克思恩格斯全集（10）[M]. 北京：人民出版社，1998.

[134] 中共中央马克思恩格斯列宁斯大林著作编译局. 马克思恩格斯全集（26）[M]. 北京：人民出版社，2014.

[135] 中共中央马克思恩格斯列宁斯大林著作编译局. 马克思恩格斯全集（29）[M]. 北京：人民出版社，1974.

[136] 中共中央马克思恩格斯列宁斯大林著作编译局. 马克思恩格斯全集（30）[M]. 北京：人民出版社，1995.

[137] 中共中央马克思恩格斯列宁斯大林著作编译局. 马克思恩格斯全集（31）[M]. 北京：人民出版社，1998.

[138] 中共中央马克思恩格斯列宁斯大林著作编译局. 马克思恩格斯全集（44）[M]. 北京：人民出版社，2001.

[139] 中共中央马克思恩格斯列宁斯大林著作编译局. 马克思恩格斯全集（45）[M]. 北京：人民出版社，2003.

[140] 中共中央马克思恩格斯列宁斯大林著作编译局. 马克思恩格斯全集（第二版）（46）[M]. 北京：人民出版社，2003.

[141] 中共中央马克思恩格斯列宁斯大林著作编译局. 马克思恩格斯全集（第一版）（46）（上）[M]. 北京：人民出版社，1979.

[142] 马立行. 美国双层股权结构的经验及其对我国的启示 [J]. 世界经济研究，2013（4）.

[143] 马慎萧. 资本主义金融化转型机制研究 [M]. 北京：经济科学出版社，2018.

[144] [美] 玛格丽特·M. 布莱尔. 所有权与控制——面向 21 世纪的公司治理探索 [M]. 张荣刚译. 北京：中国社会科学出版社，1999.

[145] [美] 玛丽·奥沙利文. 公司治理百年——美国和德国公司治理演变 [M]. 黄一义，谭晓青，冀书鹏译. 北京：人民邮电出版社，2007.

［146］庞冲，谭昵. 美国公司治理模式的借鉴与反思［J］. 大众商务，2010（8）.

［147］乔学华，李健，彭群真. 核心利益相关者参与公司治理的动因分析［J］. 企业活力，2006（2）.

［148］［日］青木昌彦，钱颖一. 转轨经济中的治理结构：内部人控制和银行的作用［M］. 北京：中国经济出版社，1995.

［149］曲扬. 后金融危机时代如何完善我国上市公司治理模式［J］. 中央财经大学学报，2010（6）.

［150］［埃及］萨米尔·阿明. 不平等的发展——论外围资本主义的社会形态［M］. 高铦译. 北京：社会科学文献出版社，2017.

［151］沈越. 从美国公司会计丑闻看美国公司治理神话的破灭［J］. 经济学动态，2002（11）.

［152］舒廷飞，黎文武. 论股票市场与实体经济的关联互动［J］. 对外经济贸易大学学报，2003（4）.

［153］［美］斯坦利·L. 恩格尔曼，罗伯特·E. 高尔曼. 剑桥美国经济史（第二卷、第三卷）［M］. 高德步，王珏总译校. 北京：中国人民大学出版社，2018.

［154］隋成竹. 马克思资本主义生产关系自我扬弃思想与当代现实［D］. 北京：中国社会科学院研究生院博士学位论文，2005.

［155］孙菲，施建欣. 对宏观基本分析与股票价格决定的研究［J］. 石河子大学学报（哲学社会科学版），2005（9）.

［156］［美］唐纳德·H. 邱. 公司财务和治理机制：美国、日本和欧洲的比较［M］. 杨其静，林妍英，聂辉华，林毅英等译. 北京：中国人民大学出版社，2005.

［157］唐青阳. 马克思恩格斯的股份制基本理论探讨［J］. 重庆师范学院学报（哲学社会科学版），1998（2）.

［158］唐英凯，赵宏宇. 基于控制权私有收益的现代公司治理框架优化［J］. 经济体制改革，2006（4）.

［159］田广研. 对资本社会化作用的再认识［J］. 商业研究，2005（14）.

［160］［美］托尔斯坦·凡勃伦. 企业论［M］. 蔡受百译. 北京：商务印书馆，2012.

［161］王初根. 试论当代资本主义国家多层次的所有制结构［J］. 江西师

范大学学报（哲学社会科学版），1987（4）.

［162］王俊奇. 论当代资本主义所有制关系的部分质变［J］. 社会主义研究，2003（4）.

［163］王志毅.《资本论》中的股份制理论及其现实意义［J］. 晋阳学刊，1993（6）.

［164］［美］威廉・彼得・汉密尔顿. 股市晴雨表［M］. 沈国华译. 上海：上海财经大学出版社，2016.

［165］［美］威廉・戈兹曼. 千年金融史［M］. 张亚光，熊金武译. 北京：中信出版集团，2017.

［166］［美］威廉・拉让尼克，玛丽・奥苏丽文. 公司治理与产业发展——一种基于创新的治理理论及其经验依据［M］. 黄一义等译. 北京：人民邮电出版社，2005.

［167］卫兴华. 股份制的性质和作用问题［J］. 理论前沿，1998（2）.

［168］卫兴华. 关于股份制的发展历史和马克思恩格斯的论述［J］. 中国青年政治学院学报，2000（1）.

［169］卫兴华. 关于股份制与重建个人所有制问题研究［J］. 经济学动态，2008（6）.

［170］卫兴华. 简论所有制与股份制的联系与区别——走出股份制认识问题上的误区［J］. 晋阳学刊，2004（1）.

［171］吴海山，苏布德. 论资本社会化与资本主义、社会主义的关系［J］. 内蒙古师范大学学报（哲学社会科学版），2006（5）.

［172］吴海山. 马克思主义资本社会化理论及其启示和意义［J］. 当代世界与社会主义，2003（6）.

［173］吴敬琏. 现代公司与企业改革［M］. 天津：天津人民出版社，1994.

［174］吴学渊. 马克思的股份资本理论与我国企业股份制［J］. 当代经济研究，1992（2）.

［175］吴幼喜. 论股份制经济的“扬弃”作用［J］. 兰州学刊，1994（1）.

［176］项荣建，王峰明. 马克思对商品拜物教的批判及其当代启示——对《商品的拜物教性质及其秘密》的文本学再解读［J］. 学习与探索，2016（8）.

［177］［美］小艾尔弗雷德・D. 钱德勒. 看得见的手——美国企业的管理革命［M］. 重武译. 北京：商务印书馆，1987.

［178］谢冲. 完善公司治理的外部因素——对美国的考察和我国的借鉴

[J]. 江苏商论，2003 (12).

[179] 邢占军.《资本论》中的股份经济理论 [J]. 发展论坛，1999 (7).

[180] 熊志军. 马克思的股份资本理论与社会主义股份公司 [J]. 经济问题，1986 (1).

[181] 徐明，杨柏国. 经济危机下的公司治理问题及应对 [J]. 法学，2010 (6).

[182] [英] 亚当·斯密. 国民财富的性质及原因的研究（下卷）[M]. 郭大力，王亚南译. 北京：商务印书馆，1974.

[183] 杨得前. 纵观美国公司治理结构 [J]. 经济论坛，2004 (6).

[184] 杨虎涛，魏栋. 公司治理与企业发展：创新型企业理论的创新 [J]. 学习与实践，2014 (5).

[185] 姚迈. 关于股份制度的所有制性质问题 [J]. 学术研究，1992 (4).

[186] 姚迈. 要科学地理解马克思对股份制的有关论述 [J]. 南方经济，1998 (1).

[187] 叶祥松. 关于现代公司治理结构的两个基本问题 [J]. 北京大学学报（哲学社会科学版），2001 (4).

[188] [日] 伊藤·诚，[希] 考斯拉斯·拉帕维查斯. 货币金融政治经济学 [M]. 孙刚，戴淑艳译. 北京：经济科学出版社，2001.

[189] 余文烈，吴海山. 论资本社会化 [J]. 马克思主义研究，2006 (12).

[190] 余兴厚. 从马克思股份制两权分离理论看现代公司制度的完善——剖析美国上市公司业绩造假的深层原因 [J]. 商业研究，2003 (21).

[191] [美] 约翰·肯尼斯·加尔布雷思. 经济学与公共目标 [M]. 于海生译. 北京：华夏出版社，2010.

[192] [美] 约翰·肯尼斯·加尔布雷思. 权力的分析 [M]. 陶远华，苏世军译. 石家庄：河北人民出版社，1988.

[193] [美] 约翰·肯尼斯·加尔布雷思. 1929年大崩盘 [M]. 沈国华译. 上海：上海财经大学出版社，2017.

[194] [英] 约翰·梅纳德·凯恩斯. 就业、利息与货币通论 [M]. 高鸿业译. 北京：商务印书馆，1999.

[195] [英] 约翰·伊特韦尔，[美] 默里·米尔盖特，[美] 彼得·纽曼. 新帕尔格雷夫经济学大辞典（第一卷：A-D）[M]. 北京：经济科学出版

社，1996.

［196］张春敏，肖志家. 从资本形态的演变看次贷危机爆发的制度性原因［J］. 教学与研究，2009（1）.

［197］张舫. 美国“一股一权”制度的兴衰及其启示［J］. 现代法学，2012（2）.

［198］张钢，陈佳乐. 公司治理、组织二元性与企业长短期绩效［J］. 浙江大学学报（人文社会科学版），2014（3）.

［199］张建伟. 论资本形态的历史演变［D］. 苏州：苏州大学硕士学位论文，2010.

［200］张清，严清华. 机构投资者的介入与公司治理模式的演进与趋同［J］. 中南财经政法大学学报，2005（1）.

［201］张彤玉. 论股份资本的二重性质［J］. 当代经济研究，2002（1）.

［202］张维昊. 希法亭股份资本理论研究［J］. 科学·经济·社会，2015（3）.

［203］张宪成等. 股份经济［M］. 广州：中山大学出版社，1988.

［204］张协隆，秦淑娟. 股份制理论探讨综述［J］. 大庆高等专科学校学报，1994（1）.

［205］张旭. 马克思经济学体系研究［M］. 北京：中国人民大学出版社，2002.

［206］张旭. 马克思主义政治经济学研究对象和方法的确立［J］. 经济纵横，2018（5）.

［207］张义忠. 对美国公司治理中股权分散与流动的辩证思考［J］. 经济问题，2003（1）.

［208］张玉梅. 关于马克思股份制理论两个论点的再思考［J］. 经济问题，1992（6）.

［209］张云来. 美国公司治理模式改革及其启示［J］. 中国农业会计，2006（11）.

［210］张资. 美国公司财务与治理机制的发展及对我国的启示［J］. 商业会计，2010（12）.

［211］赵凤彬. 论股份资本关系社会化形式在当代的新发展［J］. 经济纵横，1986（7）.

［212］赵福春，李玉凤. 股份经济学［M］. 北京：中国农业出版社，2010.

[213] 赵俊臣. 马克思的股份资本理论和我国企业的股份化 [J]. 思想战线，1987 (1).

[214] 赵文绪. 关于股份资本的增加和平均利润率的关系 [J]. 湘潭大学学报 (社会科学版)，1986 (2).

[215] 赵增耀. 西方公司治理结构争论中的几个理论观点 [J]. 经济学动态，1998 (10).

[216] 郑步淮. 马克思、恩格斯论股份公司 [J]. 江苏商论，1988 (2).

[217] 钟伟，王涛. 马克思股份资本理论和资本市场理论初探 [J]. 马克思主义研究，1998 (4).

[218] 周鸣阳. 马克思股份资本理论与中国股份经济的思考 [J]. 华东经济管理，2000 (3).

[219] 周宁. 马克思论股份制 [J]. 马克思主义研究，1998 (2).

[220] 周新城. 股份制的性质和作用再辨析 [J]. 毛泽东邓小平理论研究，2016 (5).

[221] 朱伟一. 法官帮闲：美国公司治理的新动向 [J]. 国际融资，2014 (6).

[222] 朱宗炎. 恩格斯对马克思股份公司理论的补充和阐发 [J]. 安徽大学学报 (哲学社会科学版)，2000 (5).

[223] 邹树平. 中美上市公司内部控制环境差异分析 [J]. 财会月刊 (理论)，2008 (1).

[224] [日] 佐藤孝弘. 社会责任对公司治理的影响——美国、日本、德国的比较 [J]. 东北大学学报 (社会科学版)，2009 (5).

# 后　记

本书是在我博士论文的基础上修改而成的。在本书的写作过程中，我深深地体会到时光匆匆与长夜漫漫是可以并存的，也许是因为太过执着于同一件任务、同一个目标，抑或是为达成一个问心无愧的结果所必须经历的苦难和艰辛。不得不说，本书的写作过程是痛苦的，是自我的不断否定，但也是稇载而归、受益终生的。

自 2016 年博士研究生入学以来，就不断摸索政治经济学学术论文写作的方法和规范，确实走过很多的弯路，也不止一次地遇到过种种坎坷。从论文的选题、文献的阅读和整理，到研究思路和提纲的一次次修改，再到最后的写作，这中间凝聚了太多的思考与心血。历经近四年的时间，我的博士论文终现成稿并最终得以出版，虽然不尽完美，但至少让我体会到了"朱衣暗点头"的喜悦。一路走来，想感谢的人有太多太多，虽然言语之词略显单薄，但却充满了我万分的诚意与感激之情。

首先，感谢我的导师周新城教授对本书写作的指导和支持。从我的博士论文选题开始，周老师便已倾注了大量心血，时刻把握论文的整体观点和方向，尽量让我在一个正确的大方向上展开研究。在细微之处，周老师更是时刻关注，不仅提醒我尽早开始阅读和动笔，更是随时关心我论文写作的进度和遇到的困难。每次聆听老师教诲后，总是感到醍醐灌顶、重拾信心。近四年来，周老师不仅在学术上给予我指导和帮助，更是在学习精神和人生态度上给了我极大的鼓舞。每当我灰心丧气时，想到老师的学术精神和生活态度，都会信心重振，继续前行。遗憾老师于 2020 年仙逝，无法亲眼看到本书的最终出版。在此以本书的出版深切缅怀敬爱的周新城教授！

其次，感谢张旭教授对本书写作的意见和指导。在多次向张老师请教学术问题的过程中，张老师给我推荐了多本专业经典文献，对我整体的写作大有裨益。同时，张老师也让我对所学专业和科学研究心存敬畏，丝毫不敢懈怠，让我深深体会到作为一名政治经济学学者应该担负起的使命。除此之外，在本书总体方法论的选取、运用以及行文逻辑的构建上，张老师都给予我极大的帮助。

再次，感谢沈尤佳副教授对本书研究对象和研究思路的指点。自选题确定以来，多次向沈老师请教论文的相关问题，每次沈老师都会给出详细的解答和中肯的意见。特别是在确立研究对象和研究框架的过程中，沈老师倾注了大量的心血，也给予我很多指导。同时，感谢孙宗伟副教授、马慎萧副教授、常庆欣副教授在论文开题和预答辩过程中提供的帮助和指导。

又次，感谢隋筱童博士和石瑶博士在本书写作过程中给予的支持和帮助。每次与她们进行的学术讨论都让我有所收获，也让我不断努力。

最后，感谢我的家人在本书写作期间给予我的鼓励和支持。感谢我的爱人李志鹏每次在我难过、失意时的安慰和鼓励，感谢我的父母在我写作期间给予我生活方面的支持。没有他们后方的稳定保障，也就没有我在本书写作战场上的拼命厮杀。

乔　涵

2021 年 7 月 6 日